KB203765

화진포 성 전경. 셔우드 홀의 제안으로 독일인 H. 베버가 지었다.

1932년부터 결핵 퇴치 기금을 모으기 위해 발행된 크리스마스 씰들.
왼쪽부터 남대문(1932), 캐롤 부르는 소년소녀(1933), 아기를 업은 여인(1934)의 모습이다.
씰 발행을 허가해주지 않아 첫 씰에는 '해주구세요양원'이 새겨져 있다.

윌리엄 제임스 홀과 로제타 셔우드 홀.
각각 캐나다와 미국 선교사였던 이들은 조선에 오기 전부터
의료 선교를 함께하며 사랑을 키웠다.

우리나라 최초의 여의사 박에스더(김점동). 로제타 홀을 따라 미국으로 건너가
볼티모어여자의과대학을 졸업하고 1900년에 귀국하였다.
여성병원인 보구여관 등에서 일하다가 폐결핵으로 1910년에 사망하였다.

박유산과 김점동(박에스더)의 혼인 사진. 박유산은 윌리엄 제임스 홀의 일을 돕던 사람으로
아내가 의학을 공부하는 동안 뒷바라지를 하다가 폐결핵으로 미국 땅에 묻혔다.

셔우드 홀은 아버지 윌리엄 홀과 어머니 로제타 홀 사이에서 장남으로 태어났다.
1926년부터 황해도 해주 구세병원에서 아내 매리언과 함께 의료 선교를 시작하였고,
우리나라 최초의 결핵요양소인 구세요양원을 설립하였다.

43년간 조선에서 선교 사역을 한 어머니 로제타 홀을 송별하며 찍은 가족 사진(1933).
셔우드, 매리언 부부와 첫째 윌리엄, 둘째 조지프 그리고 로제타 홀.

The Medical Missionary Story of the Doctor Hall Family
닥터 홀 가의 의료 선교 이야기

화진포의 성

황연옥 지음

홍성사

믿음이란 한 알의 밀알이 땅에 떨어져 죽음으로 많은 열매를 맺음과 같이 진리의 열매를 위하여
스스로 죽는 것을 뜻합니다. 눈으로 볼 수는 없으나 영원히 살아 있는 진리와 목숨을 맞바꾸는 자들을
우리는 믿는 이라고 부릅니다.「믿음의 글들」은 평생, 혹은 가장 귀한 순간에 진리를 위하여 죽거나
죽기를 결단하는 참 믿는 이들의, 참 믿는 이들을 위한, 참 믿음의 글들입니다.

화진포의 성, 좋은 이야기

이 세상에는 '좋은 이야기'와 '나쁜 이야기'가 있다. 좋은 이야기는 사람들에게 영감을 주고, 희망을 주고, 좋은 세상으로 진화하게 한다. 반면 나쁜 이야기는 세상을 미워하게 만들고, 싸우게 하고, 불행 속에 빠지게 하고, 결국 피아를 파멸의 길로 끌고 간다. 이것은 누구나 다 아는 사실이지만, 나쁜 이야기에 몰두하는 사람이 너무 많은 것이 현실이다. 좋은 이야기는 서로 나누어 가질수록 좋다. 많이 퍼뜨릴수록 좋다.

강원도 고성 출신으로 오랜 교직 생활에서 은퇴한 문학가 황연옥 선생이 '화진포의 성'이라는 제목으로 하나의 좋은 이야기를 실록소설로 재구성하여 펴내게 되었다. 이 책의 본 줄거리는 1978년 미국에서 출간한 "With Stethoscope in Asia : Korea(청진기를 가지고 조선에서)"에 근거한 것이다. 이 책은 필자가 한글로 옮겨서 1984년에 '닥터 홀의 조선회상'이라는 제목으로 동아일보사에서 출간하였고, 후에 절판이 되자 2003년에 도서출판 좋은씨앗이 판권을 이어받아 지금까지 계속 출간하고 있다. 이 책은 752페이지가 되는 두꺼운 책이어서 책을 좋아하는 많은 이들도 처음에는 읽기가 부담되어 머뭇거리기도 한다.

그러므로 한글판이 나온 후에 뜻있는 독지가들이 이 이야기를 더 널리 퍼뜨리고자 하는 열망에서 줄거리를 압축·재구성하여 청소년을 위한 책으로, 그림책 형식으로 출판하였다. 연극으로 공연도 하였다. 이 이야기를 영화로 제작하고 싶다는 미국 동포도 있었다.

이번에 닥터 홀 가의 이야기를 책으로 펴낸 황연옥 작가는 화진포가 소재하는 강원도 고성 출신이니 화진포의 성에 더욱 애착이 클 것이다. 그런데 그 화진포의 성은 닥터 셔우드 홀이 본의 아니게 경제적으로 가장 힘든 때 지은 별장이었다. 닥터 셔우드 홀이 조선에서 활동했던 일제강점 시기는 모든 것이 힘들었던 때였으나 1940년에 와서는 일본군국의 중국 침략전쟁과 맞물려서 조선인에 대한 정치적 압제와 경제적 수탈이 극한으로 달리고 있었다. 서양인 선교사들에게 온갖 스파이 죄명을 씌워서 추방하고 있었다.

세계적인 경제공황의 여파가 가시지 않았던 관계로 닥터 홀과 닥터 매리언 홀을 조선에 파송한 미국의 감리회 선교 본부도 재정결핍으로 닥터 홀을 도와주지 못했다. 닥터 홀은 개인적으로 미국과 캐나다의 친지들과 독지가들을 접촉하여 비용을 충당하고 있었다. 결핵병으로 죽어가는 환자들을 살리려고 백방으로 노력하며 재정적 고통을 받고 있었을 때였다.

그런데 경제적으로 바닥을 친 상황에서 닥터 셔우드 홀은 어떻게 그런 멋있는 화진포의 성을 지었단 말인가? 그 이야기는 이 책을 보면 잘 나와 있을 것이다. 닥터 홀 가의 의사들이 조선 땅에서 어떻게 파란만장한 이야기를 만들어 갔는지, 어떻게 눈물겨운 이야기가 생겨났는지, 어떻게 숭고한 목표를 성취했는지, 그리고 진정한 인간의 성공이란 과연 무엇인지, 이 책은 보여주리라고 기대한다.

'화진포의 성'은 국내에서 '김일성 별장'이라는 어처구니없는 이름으로 변형되어 알려지고 있었다. 필자가 화진포의 성을 찾을 적마다 눈에 나타난 것은 전시 벽을 장식한 김일성 가족 사진이었을 뿐, 닥터 홀과 관련된 자료는 거의 없었고 닥터 홀의 사진은 어느 구석으로 쫓겨나서 신음하는 듯했다.

연유야 어떻든 간에, 닥터 홀이 화진포의 성을 지었던 만큼 고성이라는 이름을 가진 동해안의 아름다운 그 고장은 이미 닥터 홀과 귀한 인연을 맺은 셈이다. 고성 지방의 뜻있는 분들이 닥터 홀 집안 2대에 걸친 이타 행적에 박수갈채를 보내고,

그들의 고귀한 마음을 널리 알리는 데 이 '화진포의 성'이 유용한 도구가 되면 정말 좋겠다. 그리고 황연옥 작가의 실록소설 '화진포의 성'이 그 뒤에 가려져 있던 감동스러운 이야기를 많은 사람들에게 전해 주면 정말 좋겠다.

캐나다에서

김동열

영혼을 사랑한 한 가족의 역사가 담긴 성

강원도 고성, 화진포에는 바다를 바라보는 작은 성이 있습니다. 한때 김일성 별장이라고 불렸지만, 이 땅의 영혼을 사랑한 선교사 가족의 역사가 담긴 아름다운 이야기를 품고 있는 '화진포의 성'입니다.

이 성을 지은 사람은 의사 셔우드 홀 선교사입니다. 이 가족은 병든 자들을 치료하는 일과 의사를 교육하여 질병 퇴치를 위해 헌신했습니다. 결핵이라는 질병을 퇴치하기 위해 크리스마스 씰을 제작하여 육신의 아픔과 고통을 치료하는 일에 선구자적 역할을 감당한 선한 사람들입니다.

또한 이 성은 학교를 세워 문맹을 퇴치하고 맹아학교와 농아학교를 설립하고 의학교를 창립한 로제타 선교사의 아들에 대한 사랑이 담겨 있는 곳이기도 합니다. 로제타 선교사가 조선에 온 것은 구한말 1890년이었고 미국 감리교재단에서 파송한 처녀 선교사였습니다. 이들은 육신을 치료하는 의사였지만 한 생명의 영혼을 사랑하라는 주님의 명령을 사명으로 감당했던 선교사로, 주님의 사랑을 이 땅에 실천하고 구원의 복음이 선포되기를 소망했던 주님의 일꾼들이었습니다.

오래전 일이라 잊혀질 이야기를 고성 출신 황연옥 작가가 세상에 다시 알리고자 실록 소설로 연재한 것이 단행본으로 나오게 됨을 축하드립니다. 이렇게 한 권의 책으로 묶기까지 흘린 작가의 눈물과 기도하는 마음을, 원고를 읽으며 새삼 느꼈습니다.

사업가가 되어 어머니의 아픔과 힘겨운 삶을 도와주고 싶었던 셔우드가 하디 선교사의 설교를 통해 대를 잇는 의료 선교사가 되어 복음을 전하며 영육을 살리는 의사로, 이 땅에 소망의 빛으로 역사하신 이야기가 이 책에 담겨 있습니다. 또한 슬픔을 극복하고 복음을 전파하며 주님의 사랑을 닮은 선교사 부모님과 아들 부부의 이야기가 담겨 있습니다. 남편과 어린 딸을 전염병으로 잃은 인간적인 아픔을 초월하며 하나님 사명을 감당한 어머니 선교사 로제타 일대기도 감동입니다.

2대에 걸친 50여 년의 선교활동, 그 어려운 시대의 조선에 와서 헌신한 그분들의 삶을 보며 목회자인 저도 가슴이 먹먹합니다. 그리고 이곳에 복음을 전해 주심에 감사드립니다.

오늘도 하나님은 우리를 부르십니다. 그 부르심에 귀를 기울이고 어두운 세상에서 빛으로 살았던 그분들을 기억하며 이 땅에 생명의 빛이 되도록 초대 선교사의 열정으로 살아가는 우리가 되길 소망합니다.

하디 선교사가 122년 전 세운
영동 지방 첫 교회 간성감리교회에서
담임목사 차준만

한국 결핵치료의 귀중한 역사가 담긴 책

한강을 곁에 두고 강변북로를 따라가면 양화진 외국인 선교사 묘원을 만날 수 있습니다. 그리고 그곳에는 1893년 11월, 조선 서울 이북에서 태어난 첫 번째 서양 아이였던 셔우드 홀과 그의 가족의 유해가 묻혀 있습니다.

《화진포의 성》 책장을 넘기면서 셔우드 홀이 살아간 삶을 되짚어보면 당시 전근대적 사회 질서와 풍습의 변화, 그리고 우리 민족이 겪었던 아픔이 마치 영화의 한 장면처럼 눈앞에 펼쳐집니다. 파란 눈의 이방인 셔우드 홀과 그의 가족은 어려운 이웃 나라의 아픔을 외면하지 않았습니다.

의료선교사였던 셔우드 홀은 한국전쟁 직후, 130만 명에 달했던 우리나라 결핵환자를 오늘날 2만 명 수준으로 낮출 수 있었던 근대화된 결핵치료를 이 땅에 도입한 인물로 평가받고 있습니다.

그의 헌신은 우리나라 최초의 민간 항결핵 단체이자 2023

년 창립 70주년을 맞이한 대한결핵협회 창립의 초석이 되었으며, 그가 결핵환자를 돕고자 발행한 크리스마스 씰은 지금 이 순간에도 국내외 결핵 퇴치를 이끄는 원동력이 되고 있습니다.

이 책은 한반도 결핵 퇴치를 위해 헌신했음에도 일제에 의해 누명을 쓰고 조선을 떠나야만 했던 셔우드 홀 박사와 그의 가족이 낯설기만 한, 먼 타국 조선에서 보여준 자기희생과 연민을 잔잔하게 그려냈습니다. 또한 청일전쟁, 동학난, 러일전쟁, 중일전쟁 등 선교사들이 보고 겪은 소용돌이치는 구한말의 역사가 담겨 있습니다..

닥터 셔우드 홀의 인류애를 되돌아보며 오늘을 살아가는 우리가 지향해야 할 삶이 무엇인가, 과연 우리는 오늘의 삶을 후회 없이 살아가고 있는가를 되묻고 있습니다.

이 책을 통해 한국 결핵치료의 귀중한 역사의 일면을 다시 돌아보게 해준 황연옥 작가의 노고에 감사드리며 추천의 글을 마무리합니다.

대한결핵협회장
신민석

2007년, 지인으로부터 《닥터 홀의 조선회상》이라는 책을 소개받았습니다. 닥터 셔우드 홀이 쓰고 김동열 님이 옮긴 그 책은 730여 쪽의 두꺼운 분량이었습니다. 우리나라 초대 의료 선교사 닥터 홀 가(家)의 감동적인 회고록으로, 나의 고향 화진 포에 관한 이야기가 실려 있다고 했습니다.

책을 구매하여 읽으며 놀라운 선교사역에 깊은 감명을 받 았습니다. 그 귀한 일들이 잊히기 전에 나의 필체로 그분들의 사랑과 헌신, 인류애를 세상에 다시 알리고 싶었습니다.

직장에서 퇴임 후 고향에 내려와 그 일을 준비하였습니다. 닥터 셔우드 홀의 자서전을 참고하여 글을 엮었습니다. 코로 나를 앓던 어두운 시절에 지역 신문 〈강원고성신문〉에 이 글 을 연재하였습니다.

새벽 시간에 글을 쓰며, 하나님의 은혜이지만 어떻게 그 일 을 감당하셨는지 여쭙기도 하며 사랑과 박애 정신에 울컥한

때가 많았습니다. 이 책을 읽는 독자들이 구한말, 2대에 걸쳐 부부 선교사로 조선에서 실천한 뜨거운 인류애를 느꼈으면 합니다.

많은 시련을 이기며 여성병원과 의학교를 세운 로제타 선교사, 결핵요양원을 지어 불치병이라 여기던 폐결핵을 고치고 복음을 전한 셔우드 홀 선교사 내외분의 사랑과 믿음을 본받아 우리도 주변을 돌아보며 살았으면 좋겠습니다.

천국에 계실 선교사님들께 이 책을 올립니다.

글을 쓰는 동안 격려해 준 가족들, 기도해 주신 분들께 감사드립니다. 부족한 글의 추천사를 써주신 캐나다에 계신 김동열 선생님, 간성감리교회 차준만 목사님, 대한결핵협회 신민석 회장님께 깊이 감사드립니다. 홍성사 정애주 대표님과 직원분들께도 감사드립니다.

2023년 8월,

화진포의 성에서

모원 황연옥

차례

1 청진기를 들고 조선으로

1893년 11월, 구한말 조선의 서울에서 한 서양 아기가 태어났다. 당시는 조선이 고립정책에서 벗어나 국제 대열에 조금씩 발을 들여놓던 시기였다. 20여 년 전 조선은 병인양요, 신미양요를 겪으며 이 땅을 침략한 외국 오랑캐들과는 천 년간 평화는 없을 것이란 척화비를 세웠다. 그리고 외국인이 한반도, 특히 북쪽 땅에 들어오는 것을 살벌하게 경계하던 시절이었다.

아기의 아버지 닥터 윌리엄 제임스 홀과 어머니 닥터 로제타 셔우드 홀은 미국 감리교 해외 선교 소속인 의료 선교단 일원으로 조선으로 와서 봉사하게 되었고 아기 셔우드 홀은 의료봉사를 온 홀 가의 첫아들로 태어났다.

백인 아이로 서울 이북에서 태어난 아기는 셔우드가 첫아이였다. 사람들은 눈이 파랗고 코가 오뚝한 아기를 보며 신기해하였다. 진료실 밖에 조그만 나무 침대를 만들어 아이를 눕혀 놓았는데 진료받으러 온 사람들보다 아기를 구경하러 온 사람들이 더 많았다. 어떤 사람은 고양이나 강아지 같다고도 하고 어떤 사람은 팔을 살짝 꼬집어 보고 아이가 '으앙' 하고 울면 "음~ 사람 새끼가 맞는구먼……" 하며 돌아갔다.

이렇게 은둔의 나라에서 의료봉사 활동을 어렵게 시작한 아기 아버지 제임스 홀은 1860년 캐나다 온타리오 주 글렌뷰엘의 한 통나무집에서 태어났다. 다섯 형제 중 장남으로 어려서부터 사려 깊은 소년이었다. 가정형편이 어려워 학교를 중단하고 목수 수습공으로 취업을 했는데 건강이 나빠져 중도에 그만두게 되었다. 극도로 허약해진 몸으로 집으로 돌아와 죽을 날만 기다리고 있었다. 그때가 열아홉 살이었다. 부모님의 간절한 기도와 간호로 놀랍게 건강이 회복되어 다시 살아난 그는 통나무집의 조그만 창문으로 바라보이는 하늘을 보며 이렇게 기도하였다.

"이제 나에게 다시 주어진 이 짧은 인생을 어떻게 보내야 가장 뜻있게 보낼 수 있을까요?"

그는 세상에서 쓰임받는 사람이 되기 위해서는 공부를 해야겠다는 생각이 들었다. 글렌뷰엘의 시골 학교에 돌아와 다시 학업에 몰두했다.

3년 후 아덴스 고등학교에 입학하였다. 하숙집 옆집에 병든 퀘이커교도 할머니가 계셨는데 가끔 문병을 갔고 할머니가 부탁하는 대로 약초를 달여서 갖다드리곤 했다. 그 할머니는 독실한 신앙인이었는데 그에게 이 같은 말을 자주 하였다.

"윌리엄 제임스, 너는 인간에게 좋은 일을 하려고 이 세상에 태어난 거야. 그래서 죽을병도 고치게 되었고……. 하나님은 너를 의사로 만드실 테니 사람의 육체와 정신을 고치는 사람이 되어야 해."

어머니의 간절한 소원과 퀘이커 할머니의 기도 때문이었는지 제임스 홀은 스물다섯 살에 온타리오 주 킹스턴 퀸즈대학교 의과대학에 입학하였다. 그곳에서 운명적인 만남이 시작되었다.

대학 2학년이던 1887년 봄학기는 그에게 인생의 전환

점이었다. '해외 선교 학생자원 운동'(SVM)의 인도 지역 책임자 존 포먼 목사가 퀸즈대학을 방문했다. 존 포먼 목사의 설교를 듣고 많은 학생들이 감동과 은혜를 받았다. 22명의 학생이 해외여행에 참여하겠다고 서명을 했고 윌리엄도 그중 한 명이었다.

여름 방학에 조지 다우넛 박사를 만나 뉴욕의 국제 의료선교회에서 의료선교사를 양성하고 훈련한다는 정보를 얻었다. 이 만남을 계기로 의과대학 3, 4학년을 뉴욕 벨레뷰 병원 의과대학에서 공부하였다. 그는 스물아홉 살에 의과대학을 졸업하고 의사 자격을 취득하여 닥터 홀이란 이름을 갖게 되었다.

당시 의료선교회 간부였던 닥터 서머스톤이 그를 회상하는 글을 남겼다.

"닥터 홀은 자애로운 의사였다. 불쌍한 사람들이나 병들어 죽어가는 뉴욕 거리의 사람들을 형제처럼 여기며 아무런 대가도 없이 밤낮을 가리지 않고 돌보았다. 상대가 살인자건, 도둑이건, 어떠한 범죄자라도 가리지 않았고 의사로서 생명을 살리는 일에 그 사명을 다하였다."

닥터 홀은 뉴 로셸이 있는 닥터 스톤의 저택에 기거하

면서 날마다 뉴욕의 빈민가로 출근했다. 감리교 선교위원회 간부였던 닥터 스톤 내외는 닥터 홀을 사랑하였고 아들처럼 대하였다. 닥터 스톤은 윌리엄 제임스 홀을 생각하며 다음과 같은 글을 남겼다.

"그는 날마다 병으로 고통받는 사람들의 아픔을 낮게 해 주고 걱정을 덜어 주며 눈물을 닦아 주고 밝고 더 나은 생활로 인도하는 데 전념했다. 그는 철학적이고 신학적인 이론을 캐는 데 시간을 낭비하기보다는 친절하고 자상한 의사로 사랑을 나누어 주는 행동을 하는 사람이었다."

서른 살이 되던 어느 날, 간호사 젠킨스가 진료실로 들어오며 새 소식을 전했다.

"닥터 홀, 새 의사가 오셨어요. 로제타 셔우드라고 선생님을 도울 여성 의사예요."

닥터 홀은 진료실 문을 열고 들어서는 젊은 여의사를 보는 순간, 가슴이 뛰고 첫눈에 사랑을 느꼈다. 진료실에 들어온 로제타는 닥터 홀에게 공손히 인사했다.

"저는 펜실베니아 여자의과대학을 졸업했고 스테이튼 섬의 어린이 병원에서 인턴과정을 마쳤습니다."

벨레뷰 의과대학의 어스틴 플린트 학장이 써 준 추천서를 들고 있었다. 닥터 홀은 두근거리는 마음을 가라앉히고 태연하게 서류를 차근차근 읽으며 위엄 있는 표정으로 인터뷰를 했지만 그녀와 함께 근무하게 된 일이 기뻤다.

닥터 로제타는 1865년 뉴욕에서 태어났다. 의대에 들어가기 전에 체스넛 릿지 학교에서 잠시 교사로 근무했다. 어느 날 인도의 의료선교사였던 닥터 로번 여사로부터 해외 여성의료선교사가 많이 필요하다는 강연을 듣고 은혜를 받아 의료선교사가 되기로 다짐했다. 다시 펜실베니아 여자의과대학에 들어가 졸업하여 의사가 되었고 감리교 주관사업의 하나인 뉴욕 빈민가 시료원(지금의 보건소 같은 곳)에서 닥터 홀을 만나게 되었다.

두 사람은 서로 사랑하게 되었다. 힘을 모아 헌신하며 어려운 시료원 일도 잘 해냈다. 그들은 해외선교사 일원으로 중국으로 파견될 선교사 후보들이었다.

그해 성탄절, 닥터 홀은 로제타에게 청혼을 했으나 로제타는 망설이며 받아들이지 않았다. 그녀는 결혼 계획이 없었고 미국 감리교 여성해외선교회의 규정에도 의료선교사는 최소 5년은 결혼할 수 없는 규정이 있었기 때문이다. 또한 대학시절 목에 결핵성 종양이 생겨 수술을 받았는데 아직 완치되지 않은 상태였다. 만일 결혼하여 건강이 좋지 않게 된다면 사랑하는 닥터 홀에게 큰 짐이 될 수도 있다고 생각하였다. 그녀는 이미 미국 감리교 여성 해외선교회에 선교사 신청서를 제출해 놓은 상태였다. 그러나 닥터 홀은 사랑을 포기하지 않았다.

"로제타, 둘이 힘을 합쳐 의료선교를 하면 더 많은 일을 할 수 있을 것이오. 먼저 약혼이라도 해요. 약혼 기간이 아무리 길어도, 당신이 어디에 가서 선교활동을 하더라고 나는 당신을 돕고 당신을 기다릴 거요."

닥터 홀은 로제타를 설득하였고 그 이듬해 부활절에 다시 청혼하였다. 셔우드는 닥터 홀의 진실한 사랑에 더 이상 거절하지 못하고 마음을 열었고 두 사람은 약혼하였다.

얼마 후 로제타 셔우드는 해외선교사로 임명을 받았다. 그녀의 임지는 당초 희망했던 중국이 아니라 새로운 선교 대상지로 잘 알려지지 않은 '조선'이라는 작은 나라였다.

1890년 8월, 닥터 로제타는 많은 생각을 잠재우고 사랑하는 약혼자를 두고 조선으로 가기 위해 리버티 집을 떠났다. 닥터 홀은 약혼녀를 당분간 못 만난다는 일이 너무나 고통스러웠지만 그녀가 자신의 욕망을 접고 하나님의 뜻에 순종하는 모습에 감탄했다.

또 다른 차원 깊은 사랑이 그들 마음에 솟아났다. 서우드가 배를 타고 떠나자 배웅을 하고 돌아온 닥터 홀은 그녀에게 사랑이 가득 담긴 편지를 띄웠다.

"당신은 지금쯤 태평양 위에 있겠지요. 시간이 흐를수록 당신이 탄 배는 내게서 멀어져 가지만 내 마음은 전보다 당신과 가까이 있음을 느낍니다. 내가 얼마나 당신을 사랑하는지 당신은 느낄 수 있을 런지요. 당신을 사랑하는 마음은 나를 지배하는 전부가 되어 가고 있습니다. 당신을 향한 나의 사랑은 날이 갈수록 깊고 커집니다.

더없이 소중한 당신, 사랑하는 당신이 멀고 먼 낯선 땅에서 홀로 험난한 길을 헤쳐 가야 한다고 생각하니 잠이 오질 않습니다. 그러나 뉴욕의 빈민가, 연인들이 만나기에는 부적당한 그곳에서 우리는 만났습니다. 사랑하는 나의 약혼녀 로제타, 하나님께서 당신과 함께하시고 지켜주실 줄 믿고 늘 기도합니다."

닥터 홀은 마음을 다잡고 시료원 업무와 빈민가의 환

자 돌보는 일에 집중하였다. 그는 뉴욕 선교사 임기가 끝나는 대로 중국 의료선교사로 떠날 준비를 하였다. 그러나 선교위원회에서 닥터 홀을 중국으로 파견할 자금을 모으지 못하였다. 그때 조선에서도 의료선교사가 필요하다는 연락이 왔다. 닥터 홀은 중국보다는 로제타가 있는 조선으로 파견되기를 간절히 원했으나 선교사에게는 선택의 자유보다는 오직 순종만 있을 뿐이었다.

"주님 길을 열어 주소서. 저는 오직 주님의 뜻을 따를 뿐입니다."

기도하며 캐나다 선교사들과 함께 중국으로 가기 위해 짐을 쌌다. 개인적인 생각으로는 약혼자 로제타를 중국 상해로 올 수 있도록 선교위원회에 허락을 받아서 그곳에서 결혼식을 올리고 중국의 서부 임지로 가서 의료선교를 할 계획이었다.

조선에 온 지 두어 달 후 로제타는 닥터 홀에게서 믿기지 않는 뜻밖의 편지를 받았다. 그가 조선 의료선교사로 가도록 미국 감리교 선교위원회의 임명을 받았다는 것이었다. 로제타는 놀라움과 기쁨으로 가슴이 뛰었다.

'아, 하나님 어떻게 된 일일까요? 기도한 대로 정말 그

를 만나게 되나 봐요!'

중국 선교사로 갈 짐을 싸고 있다는 지난 번 편지를 받은 로제타는 두 마음으로 갈피를 잡지 못했다. 중국으로 가서 제임스 홀과 결혼해서 함께 의료선교를 하고 싶은 마음과 여성 해외선교회와 약속한 5년이라는 의무기간을 조선에서 채워야 한다는 갈림길에서 고심하고 있었다.

이 무렵 미국 감리교선교회의 중책을 맡고 있던 닥터 스크랜턴과 볼드윈은 성실하고 사명감이 강한 닥터 홀을 캐나다 선교회에 다시 보낸다는 것은 미국선교위원회로서는 큰 손실이 된다고 생각하였다. 그래서 캐나다 선교위원회를 설득하여 그를 미국선교회 의료선교사로 약혼녀가 있는 조선에 파견하기로 결정을 보았던 것이다.

로제타는 닥터 홀의 편지를 받고 너무나 기뻤다.

"로제타, 나는 방금 조선 의료선교사로 임명하겠다는 놀라운 소식을 통보받았소. 조선에서 사랑하는 당신과 함께 의료선교를 한다고 생각하니 얼마나 기쁜지 모르겠소. 하나님이 살아서 역사하신다는 것을 실감하게 되오. 나는 주님께 중국이든 어디든 주님 뜻대로 따르겠다고 기도드렸소. 하나님께서는 내가 어디든지 주님을 위해 갈 것이라는 점을 아셨나 보오. 나는 지금 의과 대학원 과정을 좀 더 공부하고 있소. 이 학업이 환자들을 돌보는 일에 귀하게 쓰이길 바랄 뿐이오. 만날 때까지 건강하길 기도하오. 1891. 9. 19. 당신을 사랑하는 제임스."

편지를 읽던 로제타의 눈에 눈물이 고였다. 사랑하던 약혼자를 혼자 미국에 두고 기약 없이 떠나오던 날이 생각났다. 결혼하여 남편과 같이 중국으로 갈 수도 있었지만 조선으로 파견된 약속을 어기고 싶지 않았고, 당시 은둔 왕국으로 잘 알려지지 않은 조선에서 자신이 해야 할 사명이 있을 것이라 생각했다. 그런데 이렇게 약혼자 제임스가 조선으로 온다고 하니 꿈만 같고 말할 수 없는 큰 감동이 밀려왔다.

로제타는 문득 1년 전 조선에 처음 왔을 때의 첫인상이 기억났다. 그녀는 1890년 10월, 부산항에 첫발을 디뎠다. 언더우드 박사는 5년 먼저 조선으로 왔다. 미국 감리교단이 조선에서 선교 활동을 시작한 것은 1885년이다. 조선의 선교는 현지의 관습과 풍습, 미신, 서양인에 대한 경계심 등을 고려하여 매우 세심하고 신중하게 시작해야 했다.

당시 조선은 이씨 왕조가 지배하고 있었다. 여성은 낮에 함부로 외출할 수도 없었고 가급적 남의 눈에 띄지 않게 해야 한다는 관습이 불문율처럼 되어 있었다. 여성들은 대중 앞에 나서지 못하였고 부모 뜻대로 결혼한 뒤에도 남편 집에서 일하며 바깥출입을 하지 않았다.

이러한 풍속 때문에 병이 든 여자를 치료하려면 여의사가 필요했다. 그래서 감리교단 대표 닥터 스크랜턴은 여성 해외선교회에 여자와 아이들만 따로 치료할 수 있는 병원을 만들어 달라고 청원했다. 이 요청이 수락되어 1887년 여의사 닥터 메타 하워드를 조선에 파견하였고 처음으로 여성 전용 병원이 세워졌다.

이 병원은 메리 피치 스크랜턴 여사가 조선에 처음 세운 여학교와 한 장소에 있었다. 명성황후가 '이화학당'이라고 이름을 지어 주었다.

최초로 조선에 온 여의사 닥터 하워드는 수천 명의 여성과 어린이들을 치료하였다. 그러다가 무리하여 건강이 악화되어 어쩔 수 없이 미국으로 귀국하게 되었고 그 뒤를 잇기 위해 로제타 셔우드가 조선에 온 것이다. 부산항에 도착하던 날 로제타는 다음과 같은 일기를 썼다.

"조선 해안이 시야에 들어왔다. 배가 육지에 가까워지면서 당분간 내가 살아갈 이 나라를 비상한 관심으로 바라보았다. 병든 사람들을 고쳐 주려고 어렵게 왔는데 나를 이 나라 사람들은 별로 환영하는 것 같지 않았다. 언덕과 산들이 매우 가파르고 암석이 많고 나무가 없어 삭막해 보였다. 부산항에서 24시간을 체류했다. 나룻배를 타고 육지에 올라 제일 먼저 전신국에 가서 서울 스크랜턴 여사(한국 개신교 최초의 여선교사)에게 부산에 도착했다는 전보를 쳤다. 이 전신국은 부산과 서울을 이어 주는 조선에서 유일한 전신국이다. 마을을 둘러보니 산 근처에서 구불구불한 길을 왕래하는 조선인들을 볼 수 있었는데 모두 위아래 하얀 옷을 입고 있어 그림 같았다. 대부분이 남자였고 여자는 남자가 집에 들어온 뒤 해가 진 다음에야 밖에 나갈 수 있다고 하였다. 미국 남자들이 이 모습을 보면 얼마나 신기해하고 좋아할지 궁금하다."

그녀는 조선에 와서 처음 본 인상 깊은 낯선 풍경들을 폭 15센티미터, 길이 31미터가 되는 아주 긴 종이 두루마리에 써서 뉴욕 리버티에 있는 가족들에게 보냈다. 그 내용 중에는 구한말 조선의 풍경들이 아주 자세하게 묘사되어 있다.

"기차나 철도도 없고 마차가 다닐 수 있는 큰길도 없고
먼 길을 가려면 걸어서 가든지 가마나 말을 타야 했다. 남
자들은 결혼하기 전에는 머리를 길러 가르마를 타서 땋아
뒤로 늘어뜨린다. 쉰 살이 지나도 총각이면 소년 취급을
했다. 중국인들은 정수리 부분을 면도하여 깎는데 조선
남자들은 이 부분을 길러 머리를 위쪽으로 틀어 올려 머
리 중심 앞쪽에 상투를 만든다. 나무나 은으로 만든 핀을
꽂고 말총으로 만든 망건을 써서 머리털이 빠져나오는 것
을 막는다. 또한 그 위에 장신구 비슷한 챙이 넓고 관처럼
생긴 모자를 쓴다. 상투가 관에 들어가게 되어 있고 양쪽
에 끈이 달려 턱 밑에 묶는다. 모자는 '갓'이라 부르며 대
나무를 가늘게 잘라 만든 뼈대에 얇은 천을 씌워서 만들
지만, 고급품들은 말총으로 만들고 색깔은 대부분 검은색
이다."

조선의 남녀 복식을 비롯하여 풍물 생활습관들에 대해
서 자세하게 관찰하고 기록하였다. 그녀가 조선에 와서
제일 눈길을 끈 것은 '지게'이다. 나무로 만든 이젤같이
생긴 것으로 그것을 등에 지고 무거운 짐들을 운반하는

모습이 너무 신기하였다.

로제타는 부산에서 제물포항으로 왔다. 환영 나온 게일 선교사와 학교에서 영어를 가르칠 미국에서 온 마거리트 벵겔 양과 또 다른 한 사람과 4인 1조가 되어 가마를 탔다.

가마 한 대에는 8명의 가마꾼이 따랐다. 한 시간에 평균 6킬로미터의 속도로 빠르게 걷는데 교대할 때는 가마를 내리지 않고 멜빵을 한쪽 어깨에 걸치면서 들어왔다. 이때 다른 편은 물러나는 식으로 민첩하게 교대하는데 걸음이 멈추거나 늦어지지 않았다.

거리에 바퀴 달린 것이라고는 아무것도 볼 수 없었다. 가끔 양쪽에 짐을 지고 가는 작은 말이나 소가 끄는 작은 달구지는 볼 수 있었다. 우리의 여행 트렁크는 제물포에서 서울까지 장장 45킬로미터를 짐꾼들이 지게에 져서 날랐다.

어깨가 얼마나 아플까? 두꺼운 가죽이나 천을 대면 덜 아플 것 같다고 했더니 함께한 게일 선교사가 몇 번을 권해도 자신들의 방법만 고수할 뿐 절대 듣지 않는다고 한다.

앞으로 언어도 통하지 않고 풍습과 문화가 다른 사람
들을 진료하며 얼마나 많은 어려움을 겪어야 할까? 마음
의 각오를 하고 오긴 했지만 로제타의 마음에 갑자기 새
로운 세계에 대한 두려움이 밀려왔다.

'저들을 사랑하고 진심으로 치료해 주고 섬기면 언젠
가는 마음이 열리겠지……'

마음이 숙연해졌다. 로제타는 한강에서 작은 나룻배를
타고 강을 건넜다. 한강에 닿기 전에 모래밭을 지났는데
모래가 많아 마치 사막을 가는 것 같았다. 성문으로 들어
가기 전에 길고 높은 성벽을 보았는데 이 성벽은 1396년
에 건설되었다고 한다. 길이는 20킬로미터, 높이는 6에서
12미터까지인데 어떤 부분은 도시 밖 산의 능선을 따라
쌓인 곳도 있었다.

서대문이라 불리는 성문을 통해 성안으로 들어갔다.
거기에서 여성 해외선교회까지 그리 멀지 않았다. 지대가
높아 도시의 전경과 둘레의 산들이 잘 보였다. 이 지대에
학교, 병원, 닥터 스크랜턴 댁, 아펜젤러 올링거 목사 댁
이 한쪽에 있고 로제타가 기거할 집과 여선교회의 학교(이
화학당)가 있었다. 목사님들의 집과 소년들의 학교(배재학당)

는 벽돌로 지은 미국식 건물이고 그 밖의 건물은 모두 단층 기와지붕인 조선식 건물이었다.

로제타는 본관에서 조금 떨어져 있는 작은 집에 숙소를 정했다. 햇빛이 잘 드는 남쪽의 방에 짐을 풀어 정리하니 마음이 차츰 편해졌다. 다른 방에는 침대와 세면대가 있었는데 조선 돈을 넣어 두는 구리로 장식된 큰 궤가 있었다. 먼저 살던 사람들이 두고 간 것 같다. 얼마나 돈이 많았기에 저렇게 큰 금고에다 돈을 넣을까 신기했다. 금화 1달러어치에 해당하는 돈이 25센트만 한 크기의 엽전 1천 개 정도 되었으므로 적은 액수의 돈을 보관하려 해도 큰 함이 필요하다고 하였다. 사람들은 돈을 주머니에 넣지 않고 줄을 꿰어 등에 메고 다니든지 액수가 많으면 지게에 지거나 말 등에 지우고 다녔다.

로제타가 서울에 도착한 때는 1890년 10월이었다. 도착한 다음 날부터 곧 병원 일을 시작했다. 여성 해외선교회 병원을 돌아보는 로제타의 얼굴에 기쁨이 가득했다.

"예상했던 것보다 시설이 훌륭하네!"

병원은 조선가옥의 구조를 고쳐서 만들었지만 진찰실, 환자 대기실, 약국, 입원환자들을 위한 방도 5개나 있었고 약품도 많이 준비되어 있었다. 선교회 병원 최초의 여의사 닥터 하워드가 병을 얻어 귀국한 뒤 닥터 스크랜턴은 여의사가 좋은 환경에서 일할 수 있도록 여성 전용 병원을 위해 최선을 다해 배려해 주었다. 로제타가 두 번째 여의사로 이 병원에 근무하였고 사람들을 이 작은 병원을 보구여관(保救女館, 여성들을 보호하고 구제하는 집)이라 불렀다.

"아! 주님, 감사합니다."

로제타 입에서 저절로 감사 기도가 나왔다. 로제타는 남아 있는 돈을 다 털어 부족한 의약품을 주문했다. 병원의 감독 겸 간호사인 봉선이 엄마(사라)의 도움으로 진료를 시작한 첫날은 4명, 다음 날은 9명을 진료했다. 그 후 석달 동안 549명의 환자가 와서 진료를 받았다. 눈병, 귓병, 기생충이나 회충, 매독, 연주창(경부 림프에 생기는 결핵) 등이 가장 많았다. 8명의 환자를 보는 데 무려 21가지 전문적인 병을 치료해야 했고 낮과 밤을 가리지 않고 진료를 하였다. 3년 동안 무려 1만 4천 가지나 되는 병을 진료하였다.

이렇게 많은 환자를 진료하여 병을 고치게 되자 서양 의사에 대한 편견도 줄어들고 대부분의 조선인들은 호의적이었다. 동양 의술로 할 수 없는 수술 환자들을 치료해서 완치시켰기 때문이다.

'의사가 한 명 더 파견되어 오면 더 많은 환자를 고쳐 줄 수 있을 텐데……'

로제타는 찾아오는 환자들을 시간에 쫓겨 더 자상하게 돌보지 못해 늘 안타까웠다. 진료소에 오는 환자들은 "많이 고맙소" 하고 감사의 인사를 하였다.

상류층의 여성들은 가끔 가마를 타고 오거나 가마를 보내와 집으로 왕진을 청하기도 한다. 한 번은 민 씨라는 집에 왕진을 갔는데 그 집은 조선식의 아주 큰 건물로 궁궐 근처에 있는 것으로 보아 훌륭한 가문의 한 집인 것 같다. 그 집에서 무려 여섯 사람의 환자를 진료했다. 마치 작은 이동 진료소를 차린 것 같았다.

어느 날, 열여섯 살 난 소녀를 가마에 태우고 그녀의 오빠가 병원을 찾아왔다.

"동생이 오래전에 화상을 입어 손가락 세 개가 손바닥에 붙어 있어요. 선생님, 고칠 수 있을까요?"

소녀를 데리고 온 오빠가 걱정스러운 표정으로 어둡게 말했다. 조선에서는 여자가 16세가 될 때까지 결혼을 못하면 집안의 큰 흉이 되고 수치스럽게 생각한다고 했다. 가족들은 손 때문에 시집을 못 간다고 생각했었나 보다.

로제타는 그 소녀를 입원시켜서 수술하였다. 결과는 성공적이었다. 그러나 손에 흉터가 생기지 않게 하려면 피부 이식 수술을 할 수밖에 없는데 피부가 부족했다.

로제타는 깊은 생각 끝에 자신의 몸에서 피부를 떼어 내어 수술하기로 했다. 그러나 로제타의 피부만으로 환자의 흉터를 다 가릴 수는 없었다. 통역을 통해 피부 이식 수술에 대한 설명을 들은 환자의 가족들과 주변의 사람들까지 나서서 자신들의 피부를 제공했다. 모두 30개의 피부 이식 수술을 했는데 그중 6개 이식한 피부가 성공하여 흉터가 거의 가려졌고 상처가 다 아물었다.

그 소녀는 크리스마스 전날 밝은 얼굴로 퇴원하였고 가족들도 기뻐하였다.

"이제 손도 예뻐졌으니 좋은 남편한테 시집가서 잘 살길 바래요!"

로제타는 웃으며 소녀를 배웅하였다. 서양인 처녀 의사가 조선 소녀를 위하여 자신의 피부를 떼어 주었다는 소문은 기독교에 대한 부정적인 구한말 조선 사회의 인식을 바꾸는 계기가 되었다. 가난한 여성들에게는 거의 돈을 받지 않았다. 남녀의 구별이 엄격하던 시대적 상황에서 여자들은 의사의 진료를 받지 못하고 대부분 굿이나 미신적인 방법에 의존하였다.

장지문을 사이에 두고 실로 진맥을 받던 여성들에게 보구여관은 근대의학의 혜택을 누리게 해 주었고 조선 여성들의 건강과 자기의식을 높여 주는 빛 같은 역할을 하였다.

비가 오는 날 캄캄한 밤중에 난산으로 생명이 위독한 여인을 찾아가 아기와 산모를 구하는 등 로제타의 헌신적인 의료 활동을 보며 사람들은 그녀를 높이 칭찬했다. 하지만 로제타는 칭찬에는 별로 관심이 없었다. 미력한 자신을 이렇게 조선의 여성 환자들을 치료할 수 있게 허락해 주신 하나님께 감사드릴 뿐이었다.

병원 옆에 있는 여학교(이화학당)에는 7세부터 17세까지 26명의 소녀가 있었다. 교과 과목으로 한문, 조선어 읽기, 쓰기, 작문, 지리, 산수, 성경, 영어와 미용체조도 가르쳤다. 저학년은 조선어로 가르쳤고 고학년은 영어로 가르쳤다.

로제타는 총명한 두 소녀에게 진료실에서 자신을 도울

수 있도록 가르쳤다. 열세 살 된 이 소녀들은 3년 동안 학교를 같이 다닌 친구인데 한 소녀는 조선인이고 다른 소녀는 부모가 서울에 사는 일본 소녀이다.

조선 소녀 이름은 '점동'이인데 영어를 잘해 좋은 통역사였고, 일본 소녀의 이름은 '오와끼'이며 약제사 일을 좋아해서 꼬마약제사라 불렀다. 점동이는 가마를 타고 다녀야 했지만 오와끼는 일본인이라 대낮에도 거리를 다닐 수 있어 심부름하는 데도 도움이 되었다. 두 소녀는 로제타의 진료활동에 많은 도움을 주었다.

조선에 와서 1년이 넘도록 환자를 치료하던 로제타는 1891년 10월 생일날, 꿈같은 편지를 받았다. 약혼자 제임스가 중국 선교사로 가려던 계획이 변경되어 조선의 의료 선교사로 임명받았고 연말에 조선으로 온다는 편지였다. 지금까지 자신의 생애에서 가장 기쁘고 기념이 될 생일인 것 같았다. 로제타는 가슴이 벅차 말로는 무어라 표현할 길이 없었다.

'아! 하나님, 사랑하는 제임스와 함께 조선을 위해 일하게 해 주시니 감사합니다.'

로제타는 약혼자 제임스가 도착하는 날을 손꼽아 기다렸다. 1891년 12월, 닥터 제임스 홀이 탄 배가 부산에 도착하였다. 제임스는 부산 세관 전용의사인 캐나다인 닥터 로버트 하디의 마중을 받았다. 그는 훗날 원산에서 선교사를 하며 1901년 현재의 간성감리교회를 창립한 인물이다.

제임스는 배편을 구해 부산에서 제물포로 왔다. 그런데 제물포에서 서울까지 가는 교통편을 수소문했으나 조랑말 한 마리밖에 구할 수 없다며 존스 하버 목사가 난감하다는 연락을 보내왔다.

"괜찮습니다. 키가 큰 제가 조랑말을 타면 발이 땅에 닿을 것 같으니 걸어서 서울까지 가겠습니다. 걱정하지 마십시오."

제임스의 유쾌한 말에 존스 목사는 그가 통이 크고 결단력이 있는 젊은 의사임을 단번에 알 수 있었다. 환영의 자리에서 만난 제임스와 로제타는 멀리서 바라보며 가슴이 벅차 뭐라 말을 할 수가 없었다. 환영회가 끝난 후 그들은 둘만의 시간을 만들어 껴안으며 기쁨의 눈물을 흘렸다.

"로제타 내가 당신 곁에 왔소."

로제타는 비로소 닥터 홀과 약혼한 사이라는 것을 가

까운 사람들에게 말하였다. 기뻐하며 축하해 주는 사람도 있고 깜짝 놀라며 여성해외선교회의 입장에서는 손실이 크다고 말하는 사람도 있었다. 선교사의 결혼을 부정적으로 말하는 사람들에게 로제타는 이렇게 말하였다

"저는 결혼을 하더라도 의사로서, 선교사로서 맡은 일에 충실할 거예요."

닥터 제임스 홀이 서울에 온 다음 날, 로제타는 홀에게 자신이 근무하는 병원을 보여 주었다. 약혼자에게 병원을 구경시키는 로제타의 표정이 너무나 밝고 행복해 보여 주변 사람들은 그녀가 다른 사람 같다고 했다.

닥터 홀은 얼른 결혼 날짜를 정하고 싶었다. 새로운 선교사업 계획을 세우기 위해서도 안정된 생활이 필요했다. 그러나 신혼살림 할 집도 준비되지 않았고 여러 가지 여건이 갖추어 있질 않았다. 그런데 다음 해 여름, 아펜젤러 선교사 부부가 안식년 휴가를 얻어 미국에 가게 될 것을 알고 결혼하고 임지가 정해질 때까지 당분간 그분들의 집을 빌려 쓰면 좋을 것 같아 조심스럽게 사정을 말했다.

아펜젤러 선교사 부부는 쾌히 승낙해 주었다. 그들은 아펜젤러 목사님이 살던 집을 잠시 빌려 신혼생활을 하다

가 임지가 결정되면 떠나기로 마음을 모았다.

어렵게 내린 결혼 결정이지만 로제타를 걱정스럽게 하는 일이 또 하나 있었다. 선교사 5년 계약기간 동안은 결혼할 수 없다는 약속을 어기게 된 일이다. 뉴욕 여성해외선교회에 편지를 썼다. 많은 고심 끝에 내린 결정이고 결혼을 해서 남편과 함께 의료선교를 더 열심히 하겠다는 내용을 써 보냈다.

그러나 답신은 냉담했다. 계약기간을 지키지 않은 것에 큰 실망을 표시했고 조선까지의 여행경비를 반납해야 한다는 답신이 왔다. 로제타는 낙심했다. 결혼하는 것이 하나님 뜻을 거스르는 것이 아니라는 점을 누누이 알렸는데도 소용이 없었다. 여비를 반납할 모든 가능한 방법을 다 생각해 보았지만 현재로는 뾰족한 방법이 없어 여비 반납은 후에 돈을 모아 하기로 하였다.

닥터 홀은 선교회의 지시대로 새로운 선교기지를 찾기 위해서 북쪽으로 오지 탐사를 떠나기로 했다. 조선에 온 지 서너 달이 지난 1892년 3월 초순이었다.

춥고 바람이 센 어느 날 벵겔 양의 약혼자 존스 목사와 로제타의 약혼자 닥터 홀, 두 선교사들은 길을 떠났다. 그들은 서울에서 북쪽으로 560킬로미터 떨어진 만주의 접경지역인 의주까지는 함께 선교지 개척 여행을 하고, 거기에서 서로 헤어져 존스는 북쪽의 산악지방을 더 살펴보고 닥터 홀은 평양을 살펴 본 후 서울로 돌아올 계획을 세웠다.

짐이 있어 약품을 많이 가져가지 못하고 첫날은 11킬로미터를 걸은 후 날이 어두워 겨우 여인숙을 찾았지만 방이 얼마나 작은지 홀이 누워서 다리를 뻗으면 발이 문밖으로 나갔다.

다음 날은 비가 내려 진흙길에 빠져 가며 서울에서 25킬로미터 떨어진 고양에 도착하여 잠시 의료선교를 시작하였다. 외국인 의사가 왔다는 소식이 전해지자 환자들이 몰려왔다. 닥터 홀이 조선에서 첫 번째 의료 활동을 시작한 것이다. 동행한 존스 목사는 다녀와서 이런 글을 남겼다.

"닥터 홀에게서 나는 진정한 선교사 정신을 보았다. 병으로 고통받는 사람들을 치료해 준다는 그 자체가 그에게는 대단한 기쁨인 것 같았다. 고단한 여정 속에서도 환자를 대하는 그의 얼굴은 항상 편안하고 밝았다."

통산을 지나 대동강 변에 있는 큰 평야에 도착했다. 강한 바람과 살을 에는 듯한 추위로 심한 고생을 했다. 얼굴이나 손등, 노출된 부분은 살을 도려내는 것 같았다. 온몸이 얼어 마비가 되었지만 동사하지 않으려면 계속 걸을 수밖에 없었다. 이렇게 50킬로미터 정도를 사지를 걷듯 걸었을 때 드디어 대동강 둑이 보였다.

"아, 이제 살았다!"

두 사람은 이구동성으로 외쳤다. 대동강 물은 60센티 두께로 얼어 있었다. 얼음 카펫을 밟고 강을 건너 평양 시내로 들어갔다. 닥터 홀은 젊은 나이에 자기 생명을 바친 이 도시 '평양'에 첫발을 들여놓은 것이다.

닥터 홀에게 이 여행이 힘들었던 것은 추위나 위험 같은 육체적인 고통이 아니었다. 그보다는 만난 지 얼마 되지 않은 약혼녀 로제타와 오래 떨어져 있어야 한다는 것이 더 괴로웠다. 결혼할 날을 기다리며 사랑하는 마음을 편지로 써 보내곤 하였다.

존스 목사와 약혼한 영어교사 벵겔과 로제타는 두 약혼자가 한 달이 지났는데도 돌아오지 않자 초조한 마음이 들었다. 혹시 자신들의 약혼자들이 "기독교를 포교하면

목을 자른다"는 금령대로 붙잡혀 처형당한 건 아닐까 하는 불안한 마음이 들기도 했지만, 얼른 걱정을 떨쳐버리고 다시 돌아올 것이라는 믿음으로 기도했다.

로제타는 많은 환자들을 돌보고 여의사만 찾는 왕진을 다니다 보니 홀에 대한 걱정에서 어느 정도 벗어날 수 있었다.

닥터 홀이 떠난 지 6주가 지난 어느 날, 로제타는 아펜젤러 목사가 건네준 전보를 받고 기뻐서 환호성을 질렀다.

"닥터 홀, 일주일 후, 서울 도착함."

존스 목사는 선교할 곳을 좀 더 살펴보고 3주 후에 도착한다는 내용도 있었다. 두 약혼녀는 위험한 산골 오지로 약혼자들을 선교 개척 탐방 여행을 보내고도 꽤나 기품 있게 잘 참았다며 두 손을 마주 잡고 활짝 웃었다.

여행에서 돌아온 닥터 홀은 용기백배해 있었다. 힘들 때도 있었지만 조선 사람들에게 친절한 대접을 받았고 흥미 있는 경험도 많이 했다고 했다.

그는 평양이 최적의 선교지라고 해외선교부에 문서로 보고하였다. 평양은 서울과 북경을 연결하는 도로 선상에 위치하여 육로나 해상 교통사정도 용이하다. 또한 찬란한 역사의 도시이고, 인구 10만 정도로 주민들이 성격이 적극적이라 번성할 여지가 있는 도시라고 보고했다.

닥터 홀의 선택이 옳았다는 것은 나중에 증명이 되었다. 후에 평양은 감리교와 장로교의 세계적인 선교 성공지로 평가되었다. 수없이 많은 기독교인들이 태어났고 기독교 계통의 대학과 병원이 설립되었다.

이렇게 차근차근 선교 임지를 준비하던 어느 날, 드디어 닥터 제임스 홀과 로제타 셔우드와의 결혼 날짜가 정해졌다.

'아, 드디어 우리가 결혼하게 되는구나!'

로제타는 기뻤지만 결혼식 준비를 하며 이런저런 풍습의 장벽으로 인한 어려운 일들을 접하게 되어 잠이 오질 않았다. 산을 넘으면 또 산이 있었다.

2 한여름 날의 결혼식

 닥터 제임스 홀과 로제타의 결혼은 조선에서 처음 있
는 국제 결혼식이었다. 신랑은 캐나다인, 신부는 미국인,
주최국은 조선이다. 기독교 신자가 아닌 사람들도 이 결
혼식을 축하하고 처음 보는 서양 결혼예식에 호기심과 관
심이 많았다.

 바로 한 달 전에 미국에서 안식년 휴가를 마치고 돌아
온 스크랜턴 목사 부부는 신랑 신부에게 큰 힘이 되었고
많은 도움을 주었다. 스크랜턴 여사는 인격이 후덕하여 많
은 사람에게 존경을 받았다. 사람들에게 어머니같이 푸근
하게 대하여 조선 사람들은 그녀를 대부인이라고 불렀다.

"아, 의사 선생님, 결혼식을 축하드립니다. 이제야 정말 어른이 되시는군요!"

조선인들은 나이 든 여성이 독신으로 있는 것을 흉으로 여겼다. 훌륭한 여의사가 결혼하여 여자로서 정상적인 생활을 하게 되었다며 아주 기뻐하였다.

그런데 결혼식 준비가 진행되면서 사람들은 이상한 서양식 결혼에 당황하였다. 신부는 결혼 전에 신랑을 볼 수 없는데 신랑감을 보기만 한 것이 아니라 함께 일하고 있다니 놀랐다. 또한, 시댁에 들어가서 시어머니의 지도를 받아야 하는데 시어머니도 가까이 없고, 게다가 신부의 결혼식 예복으로 준비한 옷이 흰색인 걸 보고는 대경실색을 하였다.

"신부는 색깔 있는 밝은 옷을 입어야 하는데 상중에나 입는 흰옷을 입다니……."

풍습의 차이기는 하지만 당시 조선 사람들은 결혼식 날 흰색 옷을 입으면 신부에게 불행이 찾아온다고 믿고 있었다.

"조선인은 모든 풍습이 서양과 반대인 것 같다. 길에서 사람을 만나면 서양 사람들은 오른쪽으로 비켜서지만 조선인들은 왼쪽으로 비켜선다. 상대방과 인사할 때 서양인은 상대방의 손을 잡고 악수하며 인사하지만, 조선인은 자기 손을 맞잡고 인사한다. 상을 당하였을 때 서양은 검은색 모자를 쓰는데 조선은 흰 모자를 쓴다. 글을 읽거나 쓸 때 서양인은 왼쪽에서 오른쪽으로 써나가는데 조선인들은 오른쪽에서 왼쪽으로 쓴다. 방향을 이야기할 때는 서양은 '북동남서' 순으로 말하는데 조선은 '동서남북' 순으로 말한다."

이렇게 관습적 차이가 있으니 결혼 예복 색깔까지도 이해가 안 될 수밖에 없었다. 그러나 로제타는 자신의 결혼 예복 드레스는 본인 취향대로 스스로 만들어 입고 싶었다. 재단사에게 맡겨 신부복을 만들었다. 그런데 뜻하지 않게 벵겔 양과 간호사 루이스가 심하게 아팠다. 병에 걸린 그들을 밤낮으로 돌보느라 로제타는 결혼식을 못 올릴 것 같은 걱정이 들었다. 다행히 두 환자는 그녀의 극진한 간호 덕분에 회복되기 시작했다.

장미꽃이 화사하게 피는 계절에 두 사람의 결혼식은 예정대로 진행되었다. 예식장은 스크랜턴 여사 댁의 아름다운 정원이었다. 정원에는 3개국의 국기가 게양되었다.

두 사람의 국적이 달라 법적인 절차를 밟아야 하므로 오전에는 영국 공사 앞에서, 오후에는 미국 영사 앞에 가서 간단히 식을 올렸다.

정오가 되자 캐나다 온타리오 주 클렌뷰엘 출신의 닥터 윌리엄 제임스 군과 미국 뉴욕 출신인 닥터 로제타 셔우드 양의 결혼식이 거행되었다. 주례는 올링거 목사이고 30여 명의 축하객들이 왔다. 미국의 대리 총영사 알렌도 축하객으로 왔다. 닥터 알렌은 조선 왕자의 상처를 봉합해서 낫게 한 의술 때문에 국왕의 신뢰를 받았고 조선이 서방 국가들과의 문호를 여는 데 큰 도움을 주었던 사람이다.

"아, 멋있어요. 신랑도 잘생기고 신부도 너무 아름답네요!"

처음 보는 하얀 웨딩드레스를 보고 조선 사람들은 언제 그랬냐는 듯 탄성을 보내며 축하해 주었다. 식이 끝난 후 스크랜턴 댁에서 피로연을 열었다. 중국인 요리사가 큰 케이크를 만들어 나누어 주었고 조선의 궁전 악대가 축하연주를 했다. 조선 최초의 서양인 결혼식을 모두 기쁘게 축하해 주었다. 조선의 풍습에 따라 모인 하객들과 문밖에 구걸하러 온 걸인들에게까지 돈(엽전)을 나누어 주었다. 엽전 하나의 가치는 1센트의 10분의 1 정도였다.

결혼식을 마친 두 사람은 그동안의 어려움을 극복하고 이렇게 가정을 이루게 된 일에 감사 기도를 드렸다. 비로소 안정된 행복을 느끼며 집 가까운 곳으로 신혼여행을 떠났다.

신혼여행에서 돌아온 홀 내외는 안식년 휴가를 떠난 아펜젤러 선교사의 빈집에 신혼살림을 차렸다. 신혼이었지만 낯선 땅에 와서 외롭게 생활하는 독신 선교사들을 자주 초대해서 음식을 대접하였다.

닥터 홀은 감리교 연례회의에서 평양에 선교지를 만들어야 한다는 것을 거듭 강조하며 다시 보고서를 제출했다. 새 의사를 평양으로 한 명 더 보내 주면 자신의 봉급 절반을 내어놓아 그 의사의 봉급에 보태겠다고 하였다. 닥터 홀의 평양개척에 대한 강한 의지를 보며 연례회의에서 새 의사를 한 명 더 평양으로 보내 주겠다고 하였다.

서너 달 후, 드디어 닥터 홀은 평양 선교지의 개척자로 임명되었다. 셔우드 홀 부인 로제타는 서울 여성 병원에서 계속 근무하도록 하였다. 닥터 홀은 가장 추운 겨울과 우기의 몇 달을 제외하고는 평양에서 근무하라는 명령을 받았다. 그 당시 북쪽 내륙 지방에서는 아직도 지방의 법으로 외국인이 거주할 수 없다는 금령이 발효 중이었다. 또한 "기독교 포교자는 사형에 처한다"는 법이 엄연히 존재할 때였다. 닥터 홀에게 주어진 임무는 매우 위험한 것이지만 낯선 땅에 처음 가서 사람들의 마음을 얻어 일을 수행하는 데는 의사가 가장 적격이라고 선교위원회에서도 생각했다.

닥터 홀은 결혼한 지 서너 달밖에 안 된 사랑하는 신부를 혼자 서울에 남기고 언제 돌아올지 예측할 수 없는 길, 평양으로 길을 떠났다. 사랑하는 아내를 생각하면 마음이 정말 안쓰러웠지만 주님의 복음을 전하는 일이라 일을 한시라도 지체할 수가 없었다.

새신랑이 혼자 평양으로 간 지 한 달이 지났는데도 아무런 소식이 없자 로제타는 어느 날 일기장에 이런 글을 썼다.

"그가 오랫동안 기약 없이 내 곁을 떠나 있으니 눈물이 앞을 가린다. 낮에는 환자 진료로 바빠서 그다지 슬플 겨를도 없지만 밤에 혼자 있으면 마음을 아무리 담대히 가지려 해도 눈물이 난다. 누가 남편의 이야기를 하면 눈물이 그치지 않는다. 날마다 우리의 사랑은 더 강해지지만 이별은 가슴을 아프게 한다. 그러나 오늘 주일예배를 드리고 위로를 받았다. 이제는 울지 않는다. 오늘 밤에는 혼자 있어도 마음에 평안이 온다. 확실히 하나님이 주시는 평안의 보살핌은 크시다."

새색시가 혼자서 신랑을 그리며 안절부절못하던 어느 날 편지가 왔다. 평양 선교기지의 개척이 생각보다는 순조롭다고 하였다. 평양 관청 행정관의 아들이 병에 걸렸는데 닥터 홀이 치료해 주어 완쾌되었고 그 후로는 행정관의 도움을 받게 되었다고 한다. 아들을 살려 주어 고맙다며 아름다운 정원이 있는 서른다섯 칸 자신의 한옥에서 가장 좋은 방 두 칸을 숙소로 주었다고 한다. 같이 간 그레이엄 리 선교사도 함께 있게 되었다고 했다.

그 집은 도시 한복판에 있어서 병원과 전도소로 쓰기에 적합해서 비슷한 조건의 집을 알아봐 달라 하였다고 한다. 집주인은 자신은 다른 곳에 터가 있으니 집을 지으면 된다며 자식을 살려 주신 분인데 자기 집을 싼 가격에

드리겠다고 했다는 것이다. 병원을 살 자금을 모으는 중이고 사랑하는 로제타와 평양 병원에서 내년부터는 함께 일할 수 있을 것이니 힘들지만 조금만 참고 기다리라는 내용의 편지였다.

'아, 감사합니다!'

로제타는 편지를 읽으며 가슴이 뛰었다. 어려운 평양 의료선교의 길이 조금씩 열림에 감사드렸고 추진력 있는 남편이 하루속히 보고 싶어졌다.

연말이 가까운 어느 날, 닥터 홀은 평양에 병원을 세우는 준비 작업을 어느 정도 마무리하고 서울로 향했다. 놀랍게도 길에서 강도를 만나 쓰러져 있는 사람들을 보게 되었다. 한 사람은 이미 숨이 끊어져 있었고 심한 상처를 입은 사람이 죽은 사람 옆에서 신음소리를 내며 누워 있었다.

아직 숨이 붙어 있는 사람을 그냥 두면 상처가 심해서 살아나지 못할 게 분명했다. 처음에 닥터 홀은 남의 일에 휘말리지 말고 지나가자는 강한 유혹이 들었다. 그러나 곧 자신의 생각을 돌이켰다. 문득 성경에 나오는, 길에서 강도 만난 자를 대하던 '제사장과 사마리아인'이 생각났다.

그는 우선 부상자를 응급치료한 다음, 짐을 실었던 나귀에 그를 태우고 지난밤 잠을 잤던 여관으로 되돌아갔다. 그러나 여관 주인은 강도를 만나 부상당한 사람에게 아무런 동정심도 없었고 오히려 그를 데리고 온 닥터 홀에게 화를 냈다.

"왜 그런 사람을 데리고 왔소. 저 사람을 우리 여관에 재울 수 없어요."

닥터 홀은 가지고 있던 돈을 모두 털어 주고 여관 주인에게 사정하며 설득하였다. 그를 바라보던 여관 주인은 마지못해 다친 사람이 묵을 방을 내놓았다.

"내가 서울 갔다가 다시 평양으로 돌아가는 길에 돈을 좀 더 드리겠으니, 이 사람이 나아서 혼자 거동할 수 있을 때까지 잘 돌봐 주시오. 평양 가는 길에 그 약속을 잘 지켰는지 꼭 확인하겠소."

홀은 가지고 있던 돈을 모두 여관 주인에게 주었으므로 이제 하루 한 끼 정도만 먹을 수 있었다. 제대로 먹지 못하고 먼 길을 걷느라 지쳐서 길에 쓰러질 지경이었다. 길에서 강도를 만나게 되더라도 빼앗길 것도 없으니 잘 되었다고 좋은 쪽으로 위로하며 어서 서울까지 잘 도착할 수 있기를 간절히 기도하였다.

그런데 뜻하지 않은 천사가 나타났다. 얼마 전부터 안면이 있던 일본인 의사가 이 길을 지나가다가 홀을 발견한 것이다. 그는 '하나님이 보낸 사람'이었다. 북쪽 지방을 탐사하던 일본인 의사는 원래 샛길을 통해 여행할 계획이었는데 갑자기 여행 일정을 변경하여 닥터 홀이 가던 길로 뒤따라오게 된 것이라고 했다. 초췌한 모습의 닥터 홀에게 자초지종을 들은 일본 의사는 식사비와 서울까지 갈 경비까지 보태 주었다. 닥터 홀은 식사를 하고 원기를 회복하여 서울에 무사히 도착하였다.

"당신이 오지 않아서 혹시 길에서 사고를 당한 건 아닌가 하고 많이 걱정했어요."

남편이 오지 않아 노심초사하던 로제타는 한시름을 놓았다. 닥터 홀은 노상강도를 만난 사람을 도와주다가 길에서 쓰러져 하마터면 당신을 못 볼 뻔했다며 75킬로미터를 걸어서 사경을 헤매고 왔으니 나는 좋은 신랑이 아니냐고 로제타를 안으며 농담하듯 유쾌하게 말했다. 그는 역시 담력이 큰 의사였다.

그와 함께 선교 개척 여행을 한 노블 목사는 훗날 다음과 같은 회고담을 기록하였다.

"조선에서의 여행은 불편한 게 한두 가지가 아니었다. 선교사의 진정한 모습을 시험하는 것 같은 이상한 고통과 시련들이 많다. 그러나 닥터 홀은 편안한 기차여행이라도 하는 것같이 그런 어려움을 즐겁게 대처해 나간다. 그는 자신의 모든 것을 드릴 자세가 되어 있었다. 한 번은 평양에서 외국인에게 증오심을 가진 군중들이 일어났다. 조선인들의 적개심이 어떤 방향으로 터져 나올지 예측할 수 없는 상황에서 이 상황의 전망을 어떻게 생각하느냐고 물었더니 하나님께서 한 사람을 희생시켜 이 도시의 문을 여실 생각이라면 나는 그 희생자가 되는 것을 피하지 않겠다고 말했다. 닥터 홀이야말로 진정한 주님의 전도자였다."

신혼인데도 며칠 지나서 닥터 홀은 다시 평양으로 돌아갔다. 평양에 병원과 숙소를 구입하였다며 다음에 와서 아내 로제타를 데리고 평양으로 갈 수 있기를 바란다고 하였다. 로제타의 후임 여의사로 닥터 커틀러가 다음 주에 도착한다는 소식이 왔다.

닥터 홀은 하루 오륙십 명의 환자를 돌보았다. 병원이 이렇게 커지고 수월하게 일할 수 있게 된 것은 평안 감사의 덕택이다. 서양인들을 귀신이라며 의사일지라도 쫓아내라고 선동하는 주민들에게 평안 감사는 이렇게 말했다.

"닥터 홀은 나쁜 사람이 아닙니다. 병든 사람을 고쳐 주고 가난한 사람을 도울 줄 아는 정말 좋은 사람이지요. 서울에 있을 때도 많은 사람들의 병을 고쳐 주었소. 그리고 이 외국인은 국왕으로부터 북쪽의 내륙지방을 여행해도 좋고 의술을 행해도 좋다는 허락을 받았소. 누구든지 그가 하는 일을 방해하거나 말썽을 일으키면 관청으로 잡혀갈 것이오."

이렇게 성원해 주는 평안 감사 덕분에 주민들의 외국인에 대한 나쁜 선입견이 조금씩 없어지고 난동도 무마되어 닥터 홀은 마음을 놓고 병원 진료를 볼 수 있었다. 그 관리자도 하나님이 예비해 주신 천사였다.

결혼한 지 어느새 9개월이 지났다. 로제타는 신혼인데도 두세 달 만에 남편을 만날 수 있었다. 위험한 먼 길을 걸어 서울에 오는 남편이 늘 걱정되어 어서 평양으로 임지가 정해져 남편과 함께 환자들을 돌보고 싶었다.

때가 되면 이루어 주실 줄 믿으며 로제타도 남편이 없는 서울에서 열심히 일했다. 여성 해외 선교병원에서 환자를 돌보는 것 이외에 시에서 운영하는 동대문 시료소에서 화요일과 금요일에 의료봉사를 하였고 학교에서는 생리학과 약물학 강의를 하였다.

김점동은 병원 일을 돕기 위해 특별히 뽑힌 학생이었다. 수술 보조는 싫어해서 약을 짓고 환자들을 간호하는 일을 하고 있었다. 어느 날 로제타는 태어날 때부터 언청이인 한 여인을 수술하게 되었다. 수술은 성공적이었다. 입술이 갈라진 흉한 얼굴이라 시집도 못 간 여인이 수술로 고침을 받아 새 희망을 갖게 된 모습을 보며 점동이는 큰 감동을 받았고 그녀에게 변화가 왔다.

'아, 나도 장래 의사가 되어서 선생님처럼 병든 사람들의 몸을 고쳐 주어 기쁨과 희망을 주는 일을 해야겠어…….'

점동이는 영적인 면에서도 성숙이 빨랐다. 선교사들은 여성들에게 세례를 주고 '누구 엄마'라는 이름을 가진 여인들에게 자기 이름을 갖게 해 주었다.

점동이는 열다섯 살에 세례를 받았다. 김점동의 세례
명은 에스더였다. 로제타는 에스더가 원한다면 평양으로
갈 때 그녀를 데리고 가고 싶었다. 그러나 어느 것이 에스
더를 위하는 길인지는 알 수 없었다.

어느 날 로제타는 혹시 이다음에 우리와 같이 평양에
가서 일할 생각이 없느냐고 조심스레 에스더에게 물었다.
에스더는 담담하게 말했다.

"주님이 내게 새 길을 열어 주신다면 어느 곳이라도 가
겠습니다. 평양에 길을 열어 주신다면 그리고 갈 것입니
다. 비록 사람들이 나를 죽인다 할지라도 나는 하나님 사랑
을 전하는 일에 목숨을 내어놓을 각오가 되어 있습니다."

로제타는 어린 에스더에게 큰 감동을 받았다.

그런데 평양에 가는 길은 그리 쉽게 열리지 않았다. 남
쪽 지방에서 봉기가 일어난 것이다. 동학이라는 종교를
가진 농민들이 임금께 외국인들을 조선에서 추방하라고
청원했다. 그러나 임금은 귀를 기울이지 않았다. 그러자
4만 명의 군대들을 몰고 서울로 와서 외국인들을 죽이겠
다고 하였다. 동학군이 서울로 진격해 온다는 소식이 들

리자 외국인들은 조바심을 냈고 일본인들이 더욱 심했다.

한동안 병원을 찾는 사람들이 뜸해졌다. 병원이긴 해도 외국인이 치료하는 병원을 드나들면 자신들도 살해당할까 봐 겁이 났기 때문이다. 얼마 동안이 지나자 경비를 서던 군인들도 제자리로 돌아가고 환자들도 다시 병원을 찾아왔다.

그런데 평양에서도 외국인을 배척하는 위험한 상황이 발생했다. 외국인들이 부동산을 샀다는 사실에 주민들이 경각심을 가지고 감사에게 부동산 환원을 요청했다. 감사는 병원으로 사용하는 일로 집을 구입하는 것을 허락했는데 주민들이 소요하자 다시 환원하라고 하였다.

이런 모든 상황을 종합해 보며 닥터 홀은 아내가 보고 싶었지만 평양으로 오는 것을 조급하게 생각하지 말고 당분간 연기하자고 하였다. 로제타는 슬펐다.

'우리는 조선인들의 병을 고쳐 주고 좋은 것을 나누어 주고 싶어 왔는데 왜 이렇게 험한 장벽이 많을까?'

혼자 지낼 일로 낙심했지만 평양으로 떠나는 닥터 홀을 웃는 얼굴로 배웅하였다.

'주님, 남편과 함께 환자들을 치료할 수 있도록 길을 열

어 주소서!'

로제타는 멀어져 가는 남편의 뒷모습을 바라보며 두 손을 모았다.

1893년 여름, 포스터 감독이 주관한 연례회의에서 닥터 윌리엄 제임스 홀과 그의 아내 닥터 로제타 셔우드 홀은 드디어 평양 개척 의료선교사로 임명되었다. 바라던 일들이 이루어져 홀 내외는 몹시 기뻤다.

평양으로 갈 준비가 차근차근 진행되었다. 평양 개척에 대한 보고서를 낸 후 선교 기지용 건물과 가옥을 사려고 서울에서 모금을 시작했다. 이때 가장 먼저 용기를 준 사람들은 어린 선교사들의 자녀였다. 닥터 홀이 평양에 병원과 선교센터를 마련할 집이 필요로 하다는 상황을 설명할 때 부모와 함께 온 한 어린이가 일어서서 말했다.

"그런 좋은 일이라면 하나님께 병원과 선교하는 집을 사게 해 달라고 기도하겠어요. 그리고 저에게 용돈을 모아 둔 은화 1달러가 있어요. 평양에 집을 사는 데 헌금하겠어요."

버티 올링거 양이 이렇게 말하자 다른 꼬마들도 마음

을 모아 1달러 60센트가 금방 모였다. 이 작은 헌금이, 보리떡 다섯 개와 물고기 두 마리로 오천 명을 먹이신 '오병이어의 기적'을 선물하여 그 후 모금액은 1,480달러가 되었다.

처음으로 평양에 병원과 진료소를 갖게 된 것은 이렇게 어린 심령들의 순수한 마음과 기도에서 이루어진 것이다. 닥터 홀은 이 어린이들의 기도와 성원을 결코 잊지 않을 것이라고 하였다.

병원을 구입하는 문제가 해결되자 닥터 홀을 도울 간호사가 필요했다. 에스더는 평양으로 함께 가겠다고 하였다. 그러나 혼기 찬 아가씨를 생소한 지역에 혼자 데리고 갈 수는 없었다. 마침 닥터 홀이 데리고 있는 사람 중에서 박유산이라는 성실한 총각이 있었다. 박유산은 아버지가 교사를 하다가 5년 전 돌아가셔서 총각으로 가장이 되어 밤낮으로 일하며 가정의 생계를 담당하고 있었다.

로제타는 믿음이 신실한 박유산을 에스더의 남편감으로 소개해 주고 싶었다. 박유산을 신랑감으로 소개했을 때 가난하고 지체가 높지 않은 집안에 시집보내려 하느냐며 에스더와 그녀의 어머니가 원망해도 그녀들을 나무랄

수는 없다고 생각하였다. 실제로 여학교에 있는 학생들은 졸업 후에 자기 집안보다 더 좋은 집안으로 시집을 갔다.

'어떻게 해야 할까? 아, 에스더에게 편지로 그의 생각을 알아봐야겠어.'

로제타는 조심스럽게 박유산을 신랑감으로 추천한다는 편지를 보냈다. 에스더는 이 결혼 문제에 대해 참으로 훌륭한 답신을 보내왔다.

"선생님, 보내 주신 편지를 받고 기뻤어요. 사흘 동안 저는 뜬눈으로 고민했어요. 제 심정을 말씀드릴게요. 저는 남자를 좋아하지도 않고 바느질도 잘 못해요. 하지만 우리나라의 관습은 나이가 차면 누구든지 결혼해야 하지요. 그와 결혼하는 것을 어머니가 좋아하지 않는다고 하더라도 저는 신앙이 있는 그의 아내가 되겠습니다. 저는 부자거나 가난하거나 지체가 높고 낮음을 개의치 않습니다. 예수님을 잘 믿고 성실한 사람이면 됩니다. 선생님, 막상 제가 결혼을 한다고 생각하니 참 묘한 생각이 듭니다."

'아! 사랑하는 에스더, 그녀는 날마다 나에게 새로운 인생을 배우게 하는구나…….'

당시 조선 여자들은 열네 살이 되기 전에 혼인을 하는

것이 관습이었다. 처녀는 머리를 길게 땋아서 등으로 늘어뜨리고, 결혼을 하면 머리를 뒤쪽으로 묶어 비녀로 쪽을 지기 때문에 미혼자와 기혼자가 쉽게 구별된다. 조선에서는 무당이나 병에 걸린 사람만 미혼으로 남는다고 한다.

에스더의 집안은 전도를 받은 기독교 가정이었으나 에스더가 나이가 많아지자 부모들은 믿지 않는 남자에게라도 시집을 보내려 했다. 이런 형편일 때 박유산이 신랑감 후보로 뽑혔다. 박유산은 닥터 홀에게 전도되어 기독교 신자가 된 청년이다. 박유산과 에스더는 1893년 5월 24일 기독교식으로 결혼식을 올렸다.

그해 가을, 닥터 홀에게 또 하나의 큰 기쁨이 생겼다. 아내 로제타가 임신을 하였다. 항상 어린아이들을 사랑했던 홀은 너무나 기뻤다.

'아! 하나님, 감사드립니다. 저를 아버지가 되게 해주시려는군요. 태중의 아기와 아내를 건강하게 지켜주십시오.'

홍조를 띤 그는 기쁨을 감추지 못하고 로제타를 안았다. 홀 부부의 아기는 1893년 11월 10일 서울에서 태어났다. 아기 이름은 셔우드 홀(Sherwood Hall)이라고 지었다. 닥터 홀은 가슴이 벅찼다. 아기가 태어난 날은 닥터 홀의 아버지가 여든아홉 번째 생신을 맞은 날이었다. 셔우드 홀은 할아버지와 같은 날 태어난 것이다. 아기가 태어난 후 닥터 홀은 제일 먼저 서울에 있는 영국 공사관에 출생신고를 했다. 출생신고서의 사본 한 장은 영국 런던의 등록사무소에 보냈다. 혹시 원본이 없어질 경우를 대비해서 취한 조치였는데 역시 서울의 원본은 후에 없어졌다.

닥터 홀은 병원에서 집으로 돌아오는 길에 아기 침대가 될 만한 것이 있는지 살펴보려고 장터에 들렀다. 갈대로 엮어 만든 상자 비슷한 물건이 눈에 띄었다. 이것은 조선 사람들이 '고리'라고 부르는 가방 같은 물건이다. 손잡이도 있고 어깨에 멜 수 있는 가죽끈도 붙어 있었다. 사방의 벽이 꽤나 높아 아기 침대로 고쳐서 쓰기에 안성맞춤이라 생각하였다. 더구나 가볍기 때문에 나중에 평양으로 이사할 때 아기를 넣어 가기에도 안성맞춤이라 생각했다.

셔우드가 태어난 지 3주가 되자 홀은 다시 평양으로 떠나야 했다. 아직 회복하지 못한 산모인 아내와 사랑하는 아기를 두고 떠나는 일은 전보다 훨씬 가슴 아팠다.

그러나 평양에서 들려오는 이야기가 심상치 않아 홀은

평양으로 가야만 했다. 예전 아들의 병을 고쳐 주어 닥터 홀에게 호의적이던 감사는 다른 곳으로 가고 새로운 평안 감사가 부임했는데 그는 주민들과 합세하여 외국인을 쫓아내려 하였다.

닥터 홀이 '아름다운 잔디의 도시'라고 불리는 평양 가까이 이르렀을 때 한 무리의 조선인들이 손을 흔들며 다가오고 있었다.

'저 사람들이 나에게 돌팔매질을 하려고 다가오는 것일까?'

홀은 불안하였다. 돌팔매질을 잘하는 평양 사람들의 성향을 알고 있었기에 더욱 의심스러웠다. 그러나 좀 더 가까워지자 손 흔드는 것이 반가움의 표시라는 것을 알 수 있었다. 그들은 마중 나온 사람들이었고 닥터 홀이 자식을 둔 아버지가 된 일을 축하하고 기뻐하였다.

"아들입니까?"

이것이 그들의 첫 질문이었다. 닥터 홀은 활짝 웃으며 고개를 끄떡였다.

"당신은 정말 복을 받았소. 이제는 당신 부부의 제사를 지내 줄 아들이 있으니 말이오."

닥터 홀은 관습은 다르지만, 진정으로 셔우드의 탄생을 축하해 주는 그들에게 고마운 마음을 느꼈다.

그는 평양에 도착하자마자 선교처로 구입한 집으로 갔다. 외국인에게 부동산을 매입할 수 없다고 하여 전도한 오 씨의 이름으로 구입한 집이다. 그런데 새로 부임한 평안 감사의 심한 반대로 기독교인들은 이 집을 여러 달째 쓰지 못하고 있었다. 매입한 집은 전에 기생들의 권번(교육장소)으로 사용한 집이었다. 이미 돈을 지불하고 매입한 집인데 아직까지도 기생들의 집으로 쓰고 있었다.

'아, 앞으로 다가올 수많은 장벽을 어떤 방법으로 해결해야 할까요? 주님, 도와주십시오.'

닥터 홀은 불안해지려는 마음을 달래며 두 손을 모았다.

3 고난의 평양 개척

새로 부임한 평안 감사는 외국인들을 집에 들이지 말
라는 금령을 내렸다. 닥터 홀은 자신이 돈을 주고 산 집이
기는 하지만 금령을 어기면서까지 집에 들어갈 수가 없어
집 가까운 여인숙에 묵었다.

어느 날 여인숙에서 차를 마시고 있는데 여관에 있던
조선 손님들은 그가 마시는 게 무엇인지 궁금해했다. 호
기심을 참지 못한 그들은 한번 마셔보자고 했다. 조선은
차를 잘 마시는 중국과 일본 사이에 있는 나라인데도 사
람들은 차를 즐겨 마시지 않았다.

조선 사람들과 친해질 기회라 생각해서 홍차에 설탕을

타서 주었더니 맛있다며 입맛을 다시며 마셨다. 연유에도 설탕을 타서 주었더니 맛있다고 하며 무엇으로 만들었냐고 묻기에 소젖으로 만들었다고 하자 역겨워하며 잔을 내동댕이쳤다.

"에이 더러워! 소젖을 어찌 사람이 먹는단 말인가? 우리는 그런 것은 마시지 않소!"

그들은 못 먹을 것을 먹은 것처럼 토하듯 왝왝거리며 침을 뱉고는 떠나갔다. 닥터 홀은 문화와 식습관까지 다른 현실을 극복하며 그들 곁에 다가가는 일이 쉽지 않음을 다시 느꼈다.

얼마 후 닥터 홀은 기생 학교를 폐쇄하고 입주에 성공하였다. 그는 조선어 공부를 계속하기 위해 조선어 선생으로 데리고 온 노 씨와 함께 살았다. 입주한 지 얼마 지나지 않았는데 20여 명의 사람들이 노 씨를 찾아와 큰 소리로 말했다.

"평양의 풍속은 각자의 경제사정에 알맞게 '평양의 신'에게 공양을 해야 되는 법이오. 당신은 큰 도시 서울서 왔고 저 의사도 서양에서 왔으니 우리 신들에게 더 많은 돈을 공양할 수 있을 것이오. 그러면 우리의 신들이 당신들을 보살펴서 여행길도 순탄할 것이고 이곳에 사는 것이 평안할 것이오. 어서 저 서양에서 온 양반에게 통역해 주시오."

노 씨는 처음에 통역을 거절하였으나 궁금해하는 닥터 홀을 더 이상 속일 수 없어 통역하였다. 그들의 말을 알아들은 닥터 홀은 온화한 표정으로 이렇게 말했다.

"우리는 당신들의 신과는 아무 상관이 없으니 돈을 내지 않겠소. 우리는 진정한 신, 곧 당신과 우리를 만드신 하나님을 믿고 있기 때문입니다. 당신들도 그분을 믿게 되길 바랍니다."

그 말을 들은 사람들은 대단히 화가 났다. 모두 밖으로 나가더니 몇 분 지나지 않아 다시 돌아왔다. 그들은 예수를 믿는 소년 하나를 데리고 와서 닥터 홀이 보는 데서 소년의 옷을 찢고 때리고 노 씨까지 주먹으로 때리고 발로 차면서 말했다.

"이것은 우리가 너희를 때리는 게 아니라 우리 신이 주는 벌이다."

노 씨는 훗날 〈성인 하락전〉(聖人 賀樂傳)이라는 글을 썼다. '하락'은 '홀'을 중국식 발음으로 표기한 글자이다. 그는 믿음이 약했던 시절의 자신을 부끄러워하며 아래와 같이 닥터 홀을 회고하는 글을 썼다.

"그들은 나를 한동안 심하게 때린 후 놓아 주었다. 닥터 홀에게 가서 자초지종을 다 이야기하였다. 나는 분을 참을 수가 없어 서울로 돌아가겠다고 하였다. 닥터 홀은 내 마음을 진정시키며 성 바울도 죄도 없이 수없이 매를 맞은 것을 성경에서 읽어 보지 않았느냐며 안타까운 표정으로 나를 위로하려 했다.

'성 바울이 어찌했건 내가 알 바가 아니요. 계속 예수를 믿는다고 당신을 따라다니다가는 내 몸이 성치 못할 거 같아요. 내가 죽은 후에 아무리 좋은 데로 간들 살아서 이런 고통을 당하니 무슨 소용이 있겠소.'

닥터 홀은 부드럽게 나를 감싸 안으며 기도를 하자고 했다. 나는 분이 풀리지 않아 기도할 수가 없다고 했다. 닥터 홀이 나를 위해 기도하였다. 닥터 홀도 많이 속상했지만 아픈 마음을 참으며 사랑과 인내로 나를 진정시키려고 노력하였다.

그런데 닥터 홀이 기도한 후 이상하게 분하던 내 마음이 조금씩 가라앉기 시작하였다. 잠시 후 함께 매를 맞았던 소년이 돌아왔다. 닥터 홀은 소년의 다친 다리를 치료해 주고 찢어진 옷값을 치러 주었다. 그의 눈에 눈물이 고여 있었다.

'형제여, 선한 일을 하다가 곤욕당한 일을 매우 가슴 아프게 생각합니다.'

얼마 동안의 시간이 지나자 닥터 홀에게 화를 냈던 내 자신이 몹시 부끄러워졌다."

이 일이 있고 난 뒤에도 사람들은 가끔 벌 떼처럼 몰려와 닥터 홀을 힘들게 하였고 밤이면 가끔 돌팔매가 빗발치듯 날아들어 문도 열어 놓지 못했다. 그래도 닥터 홀은 그들에게 대적하지 않고 의연하게 대처하였다. 강물에 둥둥 떠 있는 얼음 조각 위에 앉아 있는 기분이었다.

선교위원회에서 이 같은 수난을 알게 되었는지 닥터 스크랜턴은 봄이 되면 평양에 닥터 홀 가족이 거주할 수 있는 서양식 집을 지으라고 하였다. 그러나 서양식 건물을 짓는 일로 평양 주민들의 감정을 상하게 할까 봐 걱정이 되었다. 조선식 건물에서 살아야 평양 사람들과도 가까워질 수 있고, 서양 야만인이 침입해 온다는 인상을 덜어 줄 수 있다고 생각했다. 그들은 아직도 수십 년 전에 겪은 양요 사건으로 척화비를 세우고 서양인들을 경계하며 서양인을 '서양 야만인'이라 불렀던 선입견을 지우지 않고 있었다.

닥터 홀은 여행에 필요한 여권을 내려고 영국 공사관에 갔다가 이 같은 고충을 말했다. 영국 영사 웰킨스가 자신도 중국에서 이와 비슷한 일을 많이 경험하였다고 하며 그의 생각에 동조하였다. 영국이나 미국 공사관에서도 아무런 보호를 해줄 수가 없고 현재로서는 서양식 건물을 짓는 일은 여건이 맞지 않는다고 하였다. 닥터 스크랜턴도 평양에 와서 상황을 보고는 건축을 미루자는 닥터 홀의 의견에 동의하였다.

우선 서울 사는 조선 기독교인들을 평양으로 보내서 유 씨 이름으로 구입한 집에 살게 하다가 기회가 되면 합류하는 것이 현명한 방법인 것 같았다. 올링거의 요리사로 있는 김창식이라는 사람이 있었는데 열성적인 기독교 신자였다. 김창식과 박유산을 먼저 평양에 보내기로 하였고 그들도 흔쾌히 이 결정에 따랐다.

두 사람은 닥터 홀과 평양에서 지내며 진실한 믿음으

로 평양선교의 기반을 닦았다. 소년들이 공부하는 광성학교를 개교하였는데 13명으로 시작하였다. 차츰 학교가 알려지자 학생 수가 점점 늘어났고 성실한 기독교인 교사도 자원하여 부임했다. 닥터 홀이 진료하는 병원도 환자의 수가 점점 늘어났다. 어느 날은 하루 16명의 환자를 치료하고 멀리 세 곳을 왕진하기도 했다.

차츰 평양의 생활이 안정되어 가자 닥터 홀은 아내 로제타와 아들 셔우드를 데려와야겠다고 생각하였다. 서울에서 혼자 힘겹게 아기를 키우며 환자를 돌보는 아내가 늘 마음에 걸렸다. 서울에서 평양까지 육로로 가면 편도만 일주일이 걸렸다. 해상여행의 가능성을 조사해 보았다. 기선이 매우 불규칙하게 운행되었지만 시간은 절반으로 줄일 수 있었다. 배편을 이용하여 가족들을 평양으로 데려오기로 하였다.

1894년 5월, 홀 가족은 제물포에서 평양으로 가는 작은 해안용 기선(증기 기관의 동력으로 움직이는 배)을 탔다. 닥터 홀 세 식구, 아기를 돌보는 실비아, 박유산과 에스더, 모두 6명의 가족이었다. 그들은 아름다운 해안의 경치를 즐겼다.

닥터 홀은 비로소 마음에 여유가 생겼다. 사랑하는 아내와 동행하는 에스더 부부와 실비아를 바라보며 따뜻한 미소를 보냈다. 로제타도 얼굴에 감개무량한 빛이 역력했다.

한나절을 운항했는데 갑자기 먹구름이 몰려오고 바람이 심하게 불더니 배가 흔들렸다. 태풍이 심하게 몰아쳤다. 물에 뜬 나무 조각들이 해안선을 따라 밀려왔다. 동행한 김창식과 박유산이 걱정스러운 얼굴로 봄철이라 아직 태풍이 불어올 계절은 아니라며 의아한 표정을 지었다. 아기가 멀미를 하는지 얼굴이 노랗게 뜨고 토하려 했다.

'아! 하나님, 우리의 평양으로 가는 길을 지켜 주십시오!'

모두들 두 손 모아 간절히 기도했다. 그러나 태풍은 점점 격렬하게 몰아쳤다. 근방에 있는 작은 섬에 배를 간신히 정박시켰다. 로제타는 평양에서의 의료 선교가 순탄하지 않을 것 같은 예감이 들었으나 얼른 걱정스러운 마음을 지웠다. 섬에서 이틀 정도 피신해 있다가 태풍이 잦아들자 다시 항해하였다. 배는 대동강 입구에 들어왔고 평양에서 40킬로미터 거리에 있는 보산이라는 곳까지 강을 거슬러 올라갔다. 여기까지가 기선이 안전하게 항해할 수 있는 지점이었다.

닥터 홀은 로제타에게 30여 년 전인 1866년, 이 강에서 불에 타 함몰되어 마지막 운명을 맞았던 상선 제너럴셔만호 이야기를 들려주었다. 당시 홍수와 조수로 강 수위가 높았는데 선장은 수심이 깊은 줄 착각하고 보산을 지나 상류까지 올라가서 통상을 요구하다가 사건이 발생하였다고 한다. 나중에 알게 된 일인데 미국 상선 제너럴셔만호의 함몰 작전계획을 세운 그 조선인은 후에 기독교 신자가 되었다는 이야기를 들었다고 한다.

홀 가족은 나룻배로 갈아타고 강변으로 갔다. 평양의 교인들이 마중나와 손을 흔들고 있었다. 많은 남자와 여자들이 홀 부인과 아기 셔우드 주위에 모여들었다. 백인 여자와 백인 아기를 처음 보는 주민들은 호기심이 가득하였다. 닥터 홀은 오늘은 집에 가서 짐 정리를 해야 하니 내일 집으로 오면 아기를 보게 해주겠다고 하였다.

"내일 아기를 보러 오는 사람들이 많이 오면 못 볼 것 같으니 오늘 더 보게 해주세요!"

사람들은 졸라대며 자리를 비켜 주지 않았다. 홀은 10명씩 한 조가 되어 아기를 5분씩 보여 주면 모두가 공평하게 아기를 구경시킬 수 있을 것 같다고 제안하였다. 그들은 이 말을 듣고 집으로 돌아갔다.

집에 들어와 짐을 정리하기 시작하였다. 방 하나는 아기 침대와 아기 양육에 필요한 물건들을 배치하고 다른 방엔 두 부부가 사용할 이동식 접는 침대와 테이블 의자를 놓았다. 큰 부엌에는 요리용 스토브와 병원 일을 도와줄 사람들이 먹을 밥 짓는 커다란 솥 두 개도 마련했다.

로제타는 짐을 다 정리하지 않았는데도 전부터 사용하던 집에 들어온 듯 마음이 편안하고 행복했다. 밤에 스크랜턴 여사에게 편지를 써 보냈다.

"나의 어머니 같은 스크랜턴 여사님, 당신은 지금 내가 얼마나 기쁜지 짐작하실 수 있겠지요. 사랑하는 남편이 일하고 싶어 하던 평양에 도착하여 그와 살 집을 꾸몄답니다. 남편 옆에서 지극히 만족스러운 심정으로 이 편지의 첫머리에 '평양'이라는 글자를 씁니다……."

다음 날 점심시간이 지나자 약속한 대로 구경꾼들이 몰려오기 시작했다. 로제타는 최초의 서양 아기와 서양 여인을 구경하러 온 사람들의 이야기를 일기에 이렇게 썼다.

"처음에는 열 사람씩 한 조가 되어 3조까지는 질서 있게 구경하고 나갔다. 마당에서 기다리던 사람들도 차례를 기다리며 질서 있게 구경했다. 그러나 나중에 도착한 사람들은 서로 아기를 먼저 보겠다고 사람들을 밀치며 들어왔다. 순식간에 두 개의 방이 사람들로 가득 들어차서 조금도 움직일 틈이 없었다. 이 많은 사람을 방에서 나가게 하는 단 하나의 방법은 내가 셔우드를 데리고 마당으로 나가 군중들이 거기에서 우리를 구경할 수 있게 하는 것뿐이었다. 나는 아기 셔우드를 안고 밖으로 나갔다. 마당에 가득 찬 사람들은 네 번씩 교대하며 나와 셔우드를 구경했다. 아마 1,500여 명의 부인과 아이들이 우리를 구경했을 것이다. 이 많은 구경 인파에게는 담이나 대문도 소용이 없었다. 그들은 아기를 보고 귀엽다고 하면서도 코가 높다고 했고 아기 눈이 파랗다고 고양이나 강아지 같다고 했다."

오후 4시가 되도록 사람들이 몰려오자 닥터 홀은 도움을 받으려고 평안 감사를 만나러 집을 나섰다. 그는 관청으로 가던 중 감사가 보낸 전령을 만났다. 전령은 닥터 홀에게 여권과 증명서를 보자고 하였다. 감사는 닥터 홀의 면회 요청을 바쁘다는 이유로 거절하고 부하 관리로 하여

금 홀을 대면하게 하였다. 그 관리는 닥터 홀이 사는 집에 대해서 다시 물었다.

"그 집은 조선인 유 씨가 산 것이며 유 씨는 우리가 평양에 있는 동안 그 짐을 사용해도 된다는 허락을 하였소. 여관은 너무 좁아서 환자들을 치료하기 불편해서 이용할 수 없습니다."

"부인은 이곳에 왜 왔소?"

"아내도 의사인데 부인들과 어린아이들을 치료해 주러 왔습니다. 아내는 어려운 수술도 잘합니다. 얼마 동안 이곳에서 평양 사람들 치료를 해주고 다시 서울로 돌아갈 것입니다."

그렇게 말해도 관리들은 '홀의 아내를 이곳에 머물게 한다면 외국인 부부가 서서히 평양에 들어와 살게 될 것이고 평양은 외국인들이 거리를 차지할 것'이라며 수군거렸다. 부하 관리는 감사가 내일 아침에 닥터 홀을 만날 것이라고 말해 주었다.

집으로 돌아오며 닥터 홀은 마음이 무겁고 어두웠지만 저녁기도를 드린 후 평화로운 마음으로 잠자리에 들었다. 그런데 새벽 2시에 방문을 두드리는 소리에 잠이 깼다. 기독교 신자들이 찾아와 다급하게 말했다.

"급한 일이라 밤중에 왔습니다. 김창식과 한 씨가 감옥에 잡혀갔습니다!"

김창식은 닥터 홀이 서울에 가서 없을 때도 이곳에 혼자 남아 복음을 전하고 있었다. 한 씨도 모펫 목사가 출타 중일 때 학생들에게 설교하였는데 그도 붙잡혀 갔다는 것이다. 새벽 1시에 어떤 사람이 창문을 두드리며 닥터 홀이 보낸 사람이니 문을 열어 달라고 말해서 문을 열어 주자 이 지역 담당 관리 부하들이 들이닥쳐 두 사람을 붙잡아 갔다는 것이다.

김창식은 매를 많이 맞고 목에 칼을 쓴 채 심한 고통을 받고 있으며 오늘 아침 김창식에게 곤장을 치겠다고 했다는 것이다. 닥터 홀은 외국인이라 감히 매질할 수 없어 대신 김창식을 가두고 때리는 것이라고 했다. 홀은 몹시 괴로웠다. 서울에서 평양으로 올 때 김창식의 사명감으로 빛나던 눈빛과 얼굴이 생각나 더욱 마음이 아팠다.

'오! 주님 앞으로 저희들이 이곳에서 당할 시련은 언제까지입니까? 저희가 끝까지 낙심하지 않도록 지켜 주소서!'

아침 6시가 넘어 면회를 신청했다. 한 시간을 기다렸는데도 감사가 아직 일어나지 않았다며 만나 주지 않았다. 그 사이 군졸들이 집으로 찾아와 엽전 10만 냥을 내면 창식이가 맞을 곤장을 감해 주겠다고 하였다. 로제타는 우리는 그렇게 많은 돈이 없다고 하였다.

닥터 홀은 면회를 가서 가까스로 김창식의 얼굴을 볼 수 있었는데 팔을 너무 세게 조여 놔서 몹시 고통스러워 하고 있었다. 같이 간 집주인 오 씨도 닥터 홀이 집안에 들어간 사이에 마당에서 군졸들에게 붙잡혀 갔다. 홀은 전신소로 뛰어가 서울에 있는 스크랜턴에게 전보를 쳤다.

"김창식, 한 씨, 오 씨, 모두 구금되어 구타당함. 이곳 가족들과 하인들 보호 요망."

중국 전신소의 영어 통역관과는 친한 사이였다. 감사와 면담을 하는데 통역을 해달라고 부탁했더니 고맙게도 그는 승낙해 주었다. 오전 11시에서 오후 2시 사이에 감사를 만나러 가겠다고 연락했다.

이렇게 각박하고 힘겨운 상황이었는데도 부인들과 아이들은 서양 여인과 아기를 구경하러 온다고 10여 명씩 조를 짜서 온종일 몰려오고 있었다. 구경꾼들은 집안의 물건이나 장식 같은 것에는 별로 관심을 보이지 않았고 아기 셔우드와 로제타 얼굴을 보는 데만 시간을 보냈다. 서양인의 모습이 그들에게는 그렇게도 신기한 구경거리 인가 보다. 그래도 다행스러운 일은 그렇게 많은 사람을 상대하느라 지칠 만도 한데 로제타의 얼굴에는 미소가 가 득했고 6개월 정도 지난 아기 셔우드도 많은 사람을 보며 놀라지 않았다.

'아내와 아들을 구경시키는 일도 선교활동인가?'

잘 참아 주는 가족들을 보며 감사하기도 하지만 감옥 에 있는 김창식을 비롯한 한 씨, 오 씨를 생각하면 마음이 아팠다.

'아, 저들을 어떻게 하면 감옥에서 나오게 할 수 있을까 요? 주님 도와주소서.'

평안 감사는 왕비의 친척으로 조선의 세도가이다. 그 는 거만했고 어떻게 해서든지 닥터 홀 가족을 평양에서 쫓아내려 했다. 감사 부하는 로제타가 혼자 있는 집에 한 문으로 쓴 종이를 가져왔다. 조선 관리들은 이 집에서 홀 가족들이 나가야 한다고 말했다. 로제타는 종이에 가족을 쫓아내는 글이 적혀 있을 것 같은 예감이 들어 한문을 읽을 줄 모르니 받을 수 없다고 거절하였다. 그들은 문서를 대문에 붙여 놓고 갔다. 닥터 홀의 조선인 친구가 그 문서를 번역해 주었다.

"이 집은 전 주인에게 반드시 돌려주어야 한다. 전 주인은 이 집을 다시 돌려받으라. 그리고 환자들만 그 집에 들어갈 수 있게 하라. 다른 사람들의 접근을 금한다. 특히 천주교와 기독교는 해악이 되므로 누구를 막론하고 절대로 설교를 듣지 못한다."

문서에는 관인이 세 개나 찍혀 있었는데 겁을 주려고 한 것인지 도무지 짐작할 수가 없었다. 오후에 닥터 스크랜턴으로부터 공사관에 도움을 요청하겠다는 전보가 왔다. 닥터 홀은 감사가 면회, 청원을 거절하고 집을 반납하라는 명령을 했다고 다시 전보를 쳤다. 급할 때 서울과 소식을 전하는 전신소가 있어 얼마나 다행인지 몰랐다. 저녁 무렵 총영사 가드너로부터 답신 전보가 왔다.

"조선의 외무성에게 조선 하인들을 석방하라는 지시를 요청하고 당신과 가족들의 신변 보호도 부탁했음."

전보를 받고 잠시 마음을 놓고 있는데 김 씨라는 군졸이 대문을 박차고 들어왔다. 지난번 조선어 선생 노 씨를 난폭하게 때린 군졸이었다. 벽에 붙여 놓았던 문서를 도로 달라는 것이다. 큰소리를 치고 난동을 부려 자고 있던 아기 셔우드가 잠이 깨서 울었다. 그 소동에 에스더의 남편 박유산이 마당에 나왔는데 갑자기 군졸은 박유산의 상투를 잡고 몸을 차고 심하게 때리며 미친 듯 난동을 부렸다. 닥터 홀이 종이문서를 돌려주겠다고 하자 매를 멈추었다. 결국 그 종이를 받고 군졸은 돌아갔다.

닥터 홀은 기진맥진하였다. 주님의 일이지만 자신을 따라와 준 에스더나 그의 남편 박유산에게 미안했고 얼굴을 바로 쳐다볼 수가 없었다. 오후에 모펫 목사로부터 위로의 전보가 왔다. 그 전보에는 여호수아 1장 9절 성경 말씀만 적혀 있었다.

"내가 너에게 명령한 것이 아니냐. 마음을 강하고 담대히 하라. 두려워하고 놀라지 말라. 네가 어디로 가든지 네 하나님 여호와가 너와 함께 하시느니라."

전보에 적힌 말씀에 위로를 받고 잠자리에 들려고 하는데 갑자기 창문으로 돌멩이가 날아 들어왔다. 창문에 커튼을 쳐놓아 창이 열린 것을 몰랐다. 누군가 밖에서 돌멩이를 방을 향해 던져 창 앞에 놓인 항아리가 깨졌다. 모두 놀라서 달려왔고 로제타는 실비아에게 얼른 아기를 데리고 오라고 하였다. 창문을 닫은 후 두터운 이불로 창문을 막고 잠을 자는 둥 마는 둥 불안한 밤을 보냈다.

다음 날 아침, 감사가 보낸 심부름꾼 김 씨가 또 왔다. 국왕이 모든 기독교 신자들을 오늘 참형에 처하라고 평안 감사에게 명령을 했다는 것이다. 닥터 홀은 그의 눈빛을 보고 그 말이 거짓말임이 틀림없다고 생각했다. 그러나 김창식을 절도범 감방에서 사형수 감방으로 옮기고 목에 칼을 또 씌워놓았기 때문에 사태를 예측할 수가 없었다.

닥터 홀이 김창식을 다시 면회하러 갔을 때 그는 용기를 잃고 모든 것을 포기한 것 같았다. 닥터 홀은 눈물이 났다. 군졸들은 그를 계속 심하게 매질하고 사형에 처한다고 위협했다. 닥터 홀도 김창식이 석방되기 전에 죽을지 모르겠다는 생각을 하며 울었다.

김창식은 오 씨나 한 씨보다 더 심한 고문과 형벌을 받고 있었다. 그 이유는 석방시켜 주면 또 예수를 전도하겠느냐고 물었을 때 "예수님은 좋으신 분이오. 슬프고 절망하고 병든 자에게 위로와 희망을 주러 이 땅에 오신 분이

오. 나는 석방되어도 예수를 전하겠소" 하고 말했다는 것
이다. 아, 그는 조선의 바울이다. 하나님께서 그를 살리시
고 석방해 주시길 기도하며 전신소로 뛰어가 김창식이 사
형수 감방으로 이감된 사실을 전보로 보냈다.

닥터 홀은 그를 따라 평양에 온 사람들에게 희망을 잃
지 않게 하려고 최선을 다하고 있었으나 오늘 아침 그의
얼굴에는 기진맥진하고 낙망하는 표정이 보였다. 예수를
전도한 죄로 그 성실한 김창식과 한 씨가 오늘 사형을 당
한다는 말이 계속 나돌고 있었다. 서울에서 함께 온 조선
인들도 풀이 죽어 평양에 온 것을 후회하고 있었다. 닥터
홀은 기도하였다.

"하나님, 저는 하나님 뜻을 위해 죽을 준비가 되어 있습
니다. 그러나 저 착한 조선 친구들은 살려 주십시오. 이 땅
에서 28년 전, 수백 명의 천주교 신자들이 신앙을 위해 생
명을 바친 슬픈 일들이 있었습니다. 이제 우리 믿음의 형
제들이 다시 그 같은 일을 겪는다고 생각하니 가슴이 찢
어질 듯합니다. 주님, 도와주십시오!"

닥터 홀은 통곡하며 기도하였다. 그날 정오에 가드 영
사로부터 전보가 도착하였다.

"어젯밤 11시 조선 정부 외무부에서 닥터 홀의 모든 고용인들과 기독교 신자들을 석방하라는 명령을 전신으로 평양에 발송했음."

그래도 평안 감사는 왕비의 친척이라고 배짱을 부리며 그 전보를 실행하지 않고 집으로 들어오는 식수 공급마저 끊었다.

'아, 식수 공급마저 끊다니…… 주님 어찌하오리까?'

이 사실을 다시 전보로 알리자 외무부와 영국 영사가 회동하여 감사에게 급전을 쳤다.

"즉시 수감자를 석방하고 석방 여부 보고 바람. 만일 석방하지 않으면 책임 추궁이 있을 것임."

닥터 홀이 전신소에 가고 없는 사이에 행정 사법관이 감금된 사람들을 끌어내어 집결시키라고 하였다. 에스더와 실비아는 걱정으로 얼굴이 흙빛이 되었다.

"어쩌나, 이제 우리 형제들이 사형을 당하게 되나 보다" 하며 울음이 가득했다. 그러나 로제타는 수감자들을 석방하려는 좋은 소식일 것이라고 말했다. 로제타의 예감대로 저녁 무렵 그들은 석방되었다. 전신소에서 달려온 닥터 홀은 기뻐할 사이도 없이 위중한 그들을 서둘러 치료실로 옮기고 응급처치를 하였다.

모두 극도로 지쳐서 몸은 축 늘어지고 덜덜 떨면서 고통스러워하였다. 그들 중 김창식의 상처가 제일 심했다. 그는 집으로 오면서도 계속 돌멩이를 맞았다고 했다. 한밤중이 되자 김창식은 차도를 보이며 정신을 차렸다. 몸이 차츰 회복되자 그는 더듬더듬 말하였다.

사법관이 수감자들을 석방하면서 나가서 절대로 예수님을 전하지 않겠다는 약속을 강요했다는 것이다. 수감자들은 죽음을 면하는 길은 그 말에 응해 주는 방법밖에 없다는 것을 알았다. 오랫동안 고문으로 심신이 약해져 있었고 가족들의 안위를 생각하지 않을 수 없었다.

그들은 사법관의 요구에 응하겠다고 하였으나 김창식은 그 요구를 거절하였다. 자신은 평생 기독교 신자로 살며 이웃을 사랑하고 용서와 소망을 주는 좋으신 예수님을 전하겠다고 하였다. 사법관은 예수를 부정하고 하나님을 모독하라고 계속 명령했으나 김창식은 거절하였다.

사법관은 상부의 명령을 무시할 수 없어 김창식을 석방시켰지만 거리의 소년들에게 김창식을 돌로 쳐 죽이라고 말해 집에 도착할 때까지 돌멩이를 맞고 왔다는 것이었다. 닥터 홀은 김창식이 그 지경에서 죽지 않고 살아온 것은 오직 하나님의 보호하심이었다고 생각하며 만신창이가 된 그를 조심스레 감싸 안으며 감사기도를 드렸다.

닥터 홀은 김창식의 발아래 꿇어 엎드리고 싶은 심정이었다. 조선에서 예수를 위해 고난받은 참 신앙인을 보게 된, 이 일 하나만으로도 그는 엄청난 은혜와 용기를 얻었다. 김창식은 후에 목사가 되었고, 1904년 조선 최초의 감리교 구역장이 되었다.

나중에 안 일이지만 당시 조선의 선교역사상 처음으로 전국의 모든 해외선교사들이 업무를 다 제쳐 두고 서울에 모여 그들의 석방을 위해 합심해 기도하였다고 한다. 각자 이 위기가 자신들과 깊이 관련된 일이라고 생각하였고 그렇게 간절히 기도하고 있을 때 '모두 석방되었음. 김창식 심한 상처 입음'이라는 전보를 받았다고 한다.

선교사들은 닥터 홀 내외가 평양에서 새 시대의 문을 열었다는 깊고도 엄숙한 사실을 실감하였다. 이제 새로운 장이 펼쳐진 것이다. 복음을 전파하는 데 다시 그 같은 장애와 박해는 없을 것이다. 오랜 시련이 비로소 막이 내렸다고 생각하였으나 아직도 어려움은 도처에 남아 있었다.

닥터 스크랜턴과 모펫 목사가 모진 고문을 당한 그들을 위로해 주고 상황을 보려고 평양에 왔다. 아직도 위험하고 어려운 일들이 많음을 알고 닥터 스크랜턴은 로제타와 아기 셔우드를 서울로 다시 데리고 가겠다고 하였다. 그러나 로제타는 서울로 가지 않겠다고 하였다.

"로제타, 아직은 평양의 형편이 어려우니 당분간 서울에 가서 있구려!"

닥터 홀은 아내 로제타에게 평양생활이 힘들면 아기 셔우드를 데리고 서울에 가서 스크랜턴 부인과 함께 있으라고 하였다. 그러나 로제타는 떠나지 않았다.

"더 힘든 상황에서도 견뎠고 이제 환자를 진료할 수도 있게 되었는데 왜 가겠어요."

닥터 홀은 로제타가 평양에 있는 것을 더 편안해한다고 스크랜턴 부인에게 전보를 쳤다.

어려운 박해가 지나가자 닥터 홀 부부는 성문 옆에 있는 또 한 채의 한옥을 빌려서 여러 환자를 치료하기 시작하였다. 평양에 와서 비로소 의사로서의 행복감을 맛보게 되었다. 방 하나는 닥터 홀이, 방 둘은 로제타가 대기실과 진료소로 썼다. 로제타는 수술 환자도 있어서 더 넓은 진료 공간이 필요했다.

간호를 돕는 에스더는 로제타와 함께 가마를 타고 진료소에 출근하였다. 첫날은 환자 10명을 치료하고 치료비로 엽전 500개를 받았다. 환자들이 질서 있게 기다리게 하는 일과 한 번에 한 사람씩만 치료한다는 사실을 이해시키는 데 많은 힘이 들었다.

평양에서 닥터 홀이 처음 전도한 사람은 오석형이다. 그는 지난번 감옥에 갇혔다가 석방된 사람들 중의 한 사람이다. 그에게는 앞을 못 보는 어린 딸이 있었다. 로제타의 환자 중에는 맹인, 농인, 청각장애인이 많았고 그들은 매우 처참한 상태에 있었다. 맹인은 무당이나 점쟁이가 될 수 있었지만 부모가 돈이 있어서 무속 훈련을 시킬 수 있는 처지가 되어야 가능했다. 대부분 그들은 소외되어 잘 먹지도 못했고 결국은 걸어다닐 수 없는 허약한 몸이 되기도 하였다.

로제타는 눈먼 소녀들을 도와주고 싶었으나 조선인들이 그녀의 의도를 잘못 이해할까 봐 조심하지 않을 수 없었다. 자칫하면 1888년에 퍼졌던 "서양 의사가 사람을 죽

이고 뼈를 사용한다"는 유언비어나 "서양 의사들이 약을
만들기 위해 아이들의 눈을 뽑았다"는 식의 끔찍한 모함
을 받을 수 있었기 때문이다. 로제타는 오 씨의 딸이 맹인
이라는 사실을 알았을 때 속으로 기뻤다.

'아! 이곳에서 눈먼 사람들의 치료를 위해 일을 시작할
기회가 비로소 오는구나. 오 씨는 기독교인이니 내 의도
를 곡해하지는 않겠지……'

로제타는 오 씨의 딸 오봉래를 가르치기 위해 점자를
만들어야겠다고 생각하고 조선 기름종이에 바늘로 점을
찍어서 일종의 점자 비슷한 것을 고안하였다. 봉래는 총
명하고 열성이 있는 아이였다. 점자에 대해서도 좋은 반
응을 보였다.

맹인을 교육시킬 수 있는 전문지식이 있으면 봉래에게
점자를 쉽게 읽게 할 수 있을 것이라 생각하고 로제타는
이 분야에 대해 전문적인 공부를 하기로 했다. 맹인들은
이 세상에 쓸모없다는 그릇된 관념을 깨고 그들에게 새로
운 세상을 열어 주기 위해서도 교육이 시급하였다.

평양의 상황은 차츰 안정되는 것 같았으나 나라의 사
정은 동학농민 봉기로 어수선하였다. 아기 셔우드와 홀

부인은 장 질환을 앓았고 닥터 홀도 평양의 기온이 서울보다 낮아서인지 계속 기침을 하였다. 그들은 건강 유지를 위해 성 밖을 자주 산책하였다. 날씨가 좋은 날은 북쪽으로 15킬로미터 거리에 있는 '기자의 묘'까지 소풍을 갔다. 로제타는 구경꾼들을 피하기 위해 가마를 타고 성 밖으로 나가서 닥터 홀 조선인 친구들의 안내를 받아 산책을 하였다.

그해 5월 영국 총영사 가드너의 강경한 명령이 떨어졌다. 당분간 홀 가족들은 서울에 와서 일하라는 것이다. 평양의 상황이 그리 호전되지 않으니 서울에 와서 있다가 다시 평양에 가서 의료선교를 하라는 문서가 스크랜턴을 통해 왔다. 홀은 총영사의 명령을 거역할 수가 없었다.

평양을 교인들에게 부탁하고 홀 가족은 박유산 내외, 아기를 돌봐 주는 실비아와 함께 '청룡'이라는 기선을 타고 27시간 만에 제물포에 도착하였다.

동학군들은 작년에 이어 다시 남쪽에서 반란을 일으켰다. 그들은 농민들의 지원을 받아 "학정을 없애라! 서양인들과 일본인들을 나라에서 몰아내라!"고 외치며 전국으로 그 기세를 확장시켜 공주 감영까지 불태우고 정부의 진압군을 패주시켰다.

불안해진 조선 국왕은 청국에 원조를 간청하였다. 청국은 일본과 맺은 텐진조약(청일 양국은 조선에서 철수하고, 조선에 파병을 할 경우 사전 통보함)을 무시하고 일본에 아무 통고도 하지 않고 조선에 파병하였다. 그러자 일본도 조선을 돕는다는 구실로 역시 조선에 군대를 파병하였다. 후에 이 사건은 청일전쟁의 빌미가 되었다.

미국인 공사관에서는 다른 지역에 거주하고 있던 미국인 가족을 보호차원에서 서울의 외국인 주거지역으로 소환하였다. 홀 부부는 수많은 일본군들이 서울로 들어와 주변 언덕에 주둔하는 광경을 볼 수 있었다. 한편 청나라 군대도 서해안에 상륙하고 있다는 소문이 돌았다. 어떤 이들은 청국과 일본이 선전 포고를 했다고 하였다. 앞으로 정세가 어떻게 돌아갈지 예측하기 어려웠다. 조선의 앞날이 풍전등화 같아 불안하기도 하고 마음이 아팠다.

1894년 7월 23일 새벽, 홀 가족은 요란한 총소리에 잠이 깼다. 일본인들이 서울의 7개 성문을 장악하고 궁궐도 일본의 손에 들어갔다. 놀란 주민들이 서울을 빠져나가느라 장사진을 이루었다.

감리교 선교위원회에서 운영하는 병원은 어느새 군대 병원이 되었다. 전투에서 부상당한 군사들이 몰려오고 전쟁의 처참함이 현실로 다가왔다. 닥터 홀은 전심을 다해 환자들을 보살폈다. 닥터 스크랜턴은 그 여름 닥터 홀의 의료 활동을 다음과 같이 기술하고 있다.

"지금 닥터 홀은 의사, 간호사, 약제사, 안내역까지 1인 4역을 하며 환자를 돌보고 있다. 그는 환자를 돌보는 데 탁월한 재능을 가진 의사다. 대부분 사람들은 복잡한 일을 할 때면 실수를 하는데 그는 지칠 줄 모르게 바쁘게 일하면서도 정확하다. 어느 날 진찰실이 환자로 가득 차 정신이 없을 때 그가 하던 말이 나는 잊히지가 않는다.

'나는 이 일이 얼마나 좋은지 모릅니다. 평생 이렇게 환자를 치료하며 아픈 사람들을 도우며 살 수 있다면 얼마나 기쁜 일이겠습니까?'

닥터 홀은 환자들을 치료할 때 사랑과 친절한 동정심으로 가득하다. 그 친절함은 하나님이 주신 가장 큰 무기임을 터득한 사람이다. 그 비결은 현실에서 기적을 낳듯 치료하는 환자마다 완치의 효과를 보았다."

농민들까지 가세하여 11만 명까지 동원되었던 동학군은 청국과 일본군의 우수한 근대식 무기와 장비로 훈련받은 군인의 공격을 받아 패전하였다. 동학운동의 우두머리 전봉준을 비롯한 몇 사람이 처형되었으며 그들의 추종자 수천 명이 목숨을 잃는 안타까운 결과를 낳았다. 그뿐만 아니라 이 난리는 청국과 일본이 서로 전쟁을 할 수 있는 구실이 되었다. 두 나라는 서로 조선을 통치하려고 이런 순간이 오기를 기다리고 있는 듯하였다.

그 즈음 꼬마 셔우드가 서울에서 첫돌을 맞았다. 한국에서는 첫 번째 생일을 첫돌이라 부르며 매우 중요한 날로 여겼다. 첫 생일은 아이의 장래가 결정되는 경사스러운 날로 생각하기 때문이다. 그러나 아버지 닥터 홀은 몰려오는 전쟁 부상자들을 치료하느라 평양에서 오지 못하였다. 아빠도 참석하지 못한 돌잔치를 주변 사람들이 차려 주었다. 셔우드의 첫돌잔치에 아이들과 어른들이 초대되었다.

조선의 풍속대로 아이가 장래 직업을 선택하는 장면이 연출되었다. 직업을 상징하는 여러 가지 물건을 늘어놓고 아이가 어떤 것을 잡을 것인지 모두들 흥미롭고 조심스럽게 보고 있었다. 종이로 만든 인형, 두툼한 동화책, 성경책, 장난감 괭이, 엽전, 장난감, 청진기 등이 놓여 있었다. 그런데 셔우드는 다른 물건은 다 제쳐두고 조그만 손으로 청진기 고무호스를 잡았다.

"와! 잘 잡았네!"

축하객들은 잘되었다고 박수를 치며 웃었다. 서양 풍속대로 다른 사람들의 도움을 받아 케이크의 촛불을 껐다. 모두들 "해피 버스 데이"를 부르며 셔우드의 첫 생일을 진심으로 축하해 주었다.

셔우드가 청진기 호스를 잡았을 때 홀 부인은 속으로 미소를 지었다. 사랑하는 아들의 돌잔치도 참석하지 못한 남편을 그리워하며 홀 부인은 혼잣말로 중얼거렸다.

"제임스, 돌잔치에 온 사람들이 셔우드도 장래 우리 같은 의사가 될 거라고 하네요!"

4 남편과 딸을 먼저 보내고

1894년 9월 15일, 평양에서 일본군과 청군의 큰 전투가 벌어졌다. 청일전쟁의 전환점이었다. 일본은 경복궁을 점령한 후 평양성에 주둔하고 있는 청군을 공격하였다. 이 전쟁에 청군은 1만 4천 명, 일본군도 만 명이 훨씬 넘는 병력이 참전했다고 한다.

일본군은 작전을 세밀하게 짜서 세 방향에서 평양성을 공격하여 모란봉을 점령하였다. 산으로 둘러싸인 후면에서 예기치 않은 공격을 당한 청군은 당황하였다. 결국 을밀대에서 항복하고 일본군은 평양성에 입성하였다. 이 전쟁으로 평양 주민들은 청군과 일본군 양측으로부터 엄청난 피해를 보았다.

일본은 전승국으로 부상했으며 청국은 조선에서 물러
갔다. 이 전쟁으로 '시모노세키 조약'이 체결되었다. 청국
은 일본의 요구대로 일본에 유리한 교역 약정과 일본에
네 개의 새로운 항구를 개항한다는 조건을 들어주었다.

시모노세키 조약은 조선이 청국의 속국이라는 틀에서
벗어나게 하였으나, 일본의 영향력을 증대시켰다. 일본은
즉시 조선 정부에 관여하여 이씨 왕조 정부의 구조를 개
편하기 시작하였다. 우편, 철도, 전신이 일본 손으로 넘어
갔다. 새로운 법규가 갑작스레 만들어졌으나 조선 사람들
에게는 용납되지 않았고 오히려 저항을 일으켰다.

서울에서 환자를 돌보던 닥터 홀은 전쟁이 끝났다는
소식을 듣고 평양 병원과 교인들이 염려되어 서둘러 모펫
목사, 리 목사와 함께 평양으로 돌아갔다. 격렬한 전쟁 속
에서도 병원과 감리교선교회 건물은 잘 보전되어 있었다.
전쟁 중 평안 감사 민 씨는 도망갔다고 한다. 그의 가마가
구덩이 속에 뒤집힌 채로 뒹굴고 있는 걸 보면서 그동안
박해당하던 일들이 그림처럼 떠올랐다.

닥터 홀은 전쟁을 취재하러 온 외국 기자 두 사람을 만

났다. 한 사람은 뉴욕 〈월드〉 지의 그린맨(Greenman)이었고, 또 한 사람은 〈런던스탠더드〉 지의 프레더릭 빌리어스(Frederick Viliers)였다. 닥터 홀은 그들에게 쉴 곳과 편의를 제공했다. 그들은 전쟁이 남긴 상처를 이렇게 기록했다.

"이 전쟁의 참상은 말로 표현할 수 없을 정도이다. 10월 8일 전쟁터 몇 곳을 갔었는데 아직도 청군의 시체가 뒹굴고 있었다. 어떤 시체는 부패되어 지독한 악취가 났다. 길가에는 많은 말과 가축들이 죽어 있었다. 보급품 수송에 쓰였던 가축들이다. 전쟁이 끝나자 텅 비었던 마을로 사람들이 돌아오는 모습이 보였다. 평양에서 남쪽으로 40킬로미터 위치한 황주에서 일본군 큰 부대를 만났는데 그들은 500여 명의 포로들을 데리고 있었다."

닥터 홀도 두 목사와 함께 며칠간 전쟁터를 둘러보았다. 전쟁의 잔해가 참으로 몸서리쳐질 정도다. 평양성 가까이 있는 시체들은 흙으로 덮어 놓았으나 성 외곽지대에는 총을 맞아 죽은 시체들이 층층이 쌓여 있었다. 어떤 곳에서는 만주의 기병과 일본 보병과의 살육전의 최후를 그대로 보는 것 같았다. 전투가 끝난 지 3주가 지났는데도 길가에 널려진 사람들과 말들의 시체가 수백 미터에 이르고 있었다. 시체 썩는 냄새, 가축들의 죽은 잔해가 곳곳에 널려 있고 악취와 불결함은 말로 표현하기 힘들 정도다.

"이걸 그대로 두면 전염병이 돌 텐데…… 어쩌나?"

닥터 홀은 의사로서 위생 교육과 부상자를 속히 치료해야겠다는 생각이 들었다. 병원으로 돌아와 밤낮을 가리지 않고 환자들과 전쟁 부상자들을 돌보았다. 들것이 없어서 대나무 침대로 환자를 실어 날랐다. 조수가 없어서 교인들과 광성학교 학생들이 환자의 이송을 도와주었다.

처음에 13명으로 시작한 광성학교는 학생들이 점차로 늘어갔다. 비로소 박해가 없는 평양에서의 의료선교와 기독 교육 활동이 시작되었다. 힘들어도 예배드리고 환자를 치료하고 학생들을 가르치는 일들에 감사할 뿐이었다.

이렇게 계속된 강행군의 연속으로 닥터 홀의 건강이 나빠지기 시작하였다. 지난해 여러 번 평양과 서울을 왕래하면서 몸을 혹사했다. 게다가 동학 봉기와 청일전쟁으로 다친 환자들을 치료하느라 자신의 몸을 돌볼 여가가 없었다. 전쟁으로 인한 도시 안팎의 극히 비위생적인 환경에 대한 저항력도 없었다. 닥터 홀의 우려대로 이질과 말라리아가 돌았다. 그의 병원으로 전쟁 부상자뿐만 아니라 전염병 환자들도 몰려왔다. 모펫 목사와 닥터 홀도 말라리아에 걸려 고열에 시달렸다.

모펫 목사와 스크랜턴은 닥터 홀의 병세가 심해져 더는 진료 활동을 한다는 건 무리라 생각하였다. 서울까지 빨리 갈 수 있는 방안을 강구하다가 관리의 도움을 받아 일본군을 실어 나르는 교통수단을 이용하여 서울까지 갈 수 있도록 조처했다. 대동강을 따라 65킬로미터쯤 내려가서 병든 군인들을 실은 큰 배를 탔다. 군인들도 이질이나 각종 질병을 앓고 있었다.

배가 제물포에 도착했을 때 닥터 홀은 열이 조금 내린 것 같았다. 제물포에서 하룻밤을 묵을 때는 병세가 좋아진 것 같았는데, 서울로 가는 작은 기선을 기다리는 동안 다시 열이 올랐다. 기선은 오후에 출항했다. 어두워질 무렵 강화도 건너편에 도착했는데 설상가상으로 배가 암초에 걸렸다. 뒤집어지려는 배를 간신히 붙잡아 필사적으로 다시 항해를 시도하려고 노력하였으나 배는 움직이지 않았다.

열이 오른 닥터 홀은 계속 신음소리를 내고 있었다. 해안가 어느 오막살이 집을 얻어 닥터 홀을 잠시 눕혀 놓고 서울로 갈 수 있는 배를 찾았다. 새벽이 되어서야 겨우 배를 구했다. 느리게 항해하여 서울에 도착한 것은 그다음 날 아침이었다. 후에 알게 되었지만, 닥터 홀은 발진티푸스에 걸렸고 아무런 조치도 받지 못하고 사흘 가까이 길에서 병세를 키운 것이다.

1894년 11월 19일 아침, 홀 부인은 왕진을 가려고 약을 챙기고 있는데 남편이 몸이 안 좋아 서울에 왔다는 연락을 받았다. 로제타는 아기 셔우드를 안고 뛰어나갔다. 홀 부인은 깜짝 놀랐다. 남편의 얼굴과 몸이 너무도 안 좋아 보였기 때문이다. 그는 아내와 아들 셔우드를 보자 기분이 좋아져서 첫날은 표정도 밝고 유쾌해 보였다.

"로제타, 건강할 때 집에 돌아와 아내를 만나는 일이 얼마나 행복한 일인지 이미 알고 있었소. 그런데 병이 나서 집에 돌아와 편히 누워서 사랑하는 의사 아내의 간호를 받는 것도 얼마나 행복한지 알게 되었소."

애써 농담을 건네며 아내의 손을 잡고 말하는 닥터 홀은 열이 40도를 오르내렸다. 다음 날은 병이 너무 위중해 혼자 일어설 수가 없을 정도였다. 아침에 종이와 연필을 가져오라고 하더니 노블 목사에게 이번 여행에 쓴 비용을 적어서 알려 주었다. 그 외에 다른 회계기록은 그의 공책에 적혀 있다고 말했다. 그런 지경에서도 그는 이처럼 공적인 일에 철저했다.

"로제타, 그동안 내가 할 일에 최선을 다했으니 죽든 살든 하나님의 뜻이오. 아, 그러나 나는 당신과 아이들과 함께 살면서 더 오래 일하고 싶소. 우리 셔우드, 당신 뱃속에 있는 우리 아기랑 함께…… 아가야, 미안하다. 아빠 얼굴도 못 보는 사랑하는 우리 아가……."

닥터 홀은 가까이 오라고 손짓하더니 로제타의 배 위에 손을 올려놓았다. 배 안에 있는 아기에게 무어라 말하고 싶은 게 있었나 보다. 로제타는 흐르는 눈물을 닦을 새도 없이 남편을 안아 주며 힘주어 말했다.

"닥터 홀 걱정하지 마세요. 당신은 꼭 나을 거예요. 힘을 내셔요!"

로제타는 당시의 상황을 이렇게 글로 썼다.

"내가 그의 곁으로 갈 때마다 그는 나를 얼마나 사랑하는지, 또한 우리들의 사랑이 영원히 계속될 것이라는 걸 말하려 애를 썼다. 나에게 아기가 어떠하냐고 물었다. 나는 아주 건강하고 셔우드보다 더 심하게 움직이고 잘 논다고 하였다. 그는 입가에 미소를 지으며 사랑스러운 눈빛으로 나를 바라보기도 하고 내 두 손을 꼭 잡기도 하였다."

그렇게 치료에 최선을 다했는데도 다음 날 아침, 닥터 홀은 병세가 더 위중해져서 말하는 것도 힘들어하였다. 하고 싶은 말을 글로 쓰려는지 연필과 종이를 달라고 하였다. 그는 숨을 몰아쉬며 로제타를 가까이 오라고 하더니 종이에 쓴 글씨를 읽으라고 손짓을 했다. 종이에는 삐뚤삐뚤한 글씨로 이렇게 쓰여 있었다.

"내가 평양에 갔었던 것을 원망하지 마시오. 나는 예수 님의 뜻을 따른 것뿐이오. 그분이 당신과 셔우드에게 훗 날 좋은 것으로 갚아 주실 것이오."

닥터 홀은 너무 힘이 없어서 이젠 말하고 글씨 쓰는 것 조차 불가능한 상태가 되었다. 다섯 의사들이 머리를 맞 대고 치료할 수 있는 방법을 다 동원하였으나 그는 이제 세상을 떠나려 하는 것 같았다. 그에게 가장 큰 좌절감은 가슴이 벅차도록 마음속에 있는 하고 싶은 말을 다하지 못하는 것이었다. 닥터 홀은 슬픔이 가득한 눈으로 로제 타를 바라보았다. 그리고 온 힘을 다해서 말했다.

"당, 신, 을, 사, 랑, 하, 오!"

'아, 제임스, 나도 당신을 사랑해요.'

로제타는 눈물이 앞을 가려 말을 잇지 못했다. 남편은 책임감이 강한 진실한 사람이었고 그의 믿음은 어린아이같이 순수했다. 미국에서나 조선에서나 '아이들의 친구'라고 불렸던 그였는데 자신의 하나뿐인 아들 셔우드와는 말 한마디 못하고 영원한 작별을 하고 있었다. 갓난아기가 엄마 품에 안겨서 편안히 잠들 듯이 그는 죽음 앞에서도 아무 두려움이 없었다.

1894년 11월 24일 석양이 물들 무렵, 그는 하나님 품에 안겨 고요히 잠들었다. 로제타는 남편의 임종을 지켜보던 일을 훗날 이렇게 기록하였다.

"그가 떠나던 날, 그의 두 눈은 계속 나를 애처로운 눈빛으로 바라보더니 손짓으로 나에게 내 손으로 눈을 감기게 해 달라고 했다. 나는 남편이 숨을 거둔 후에 그의 두 눈을 감겼다. 그러나 그의 맑고 깊은 눈빛을 다시 볼 수 없다는 생각이 들어 눈을 다시 뜨게 하고 마지막으로 오랫동안 그 눈을 바라보았다. 그 눈은 너무나 맑아서 마치 평소처럼 평안한 모습으로 나를 쳐다보는 것 같았다. 나는 셔우드를 안고 와서 아빠의 얼굴에 입술을 대주었다. 그리고 하나님께서 그와 나에게 약속한 것을 꼭 이루게 해 달라고 기도하였다. 15개월 된 셔우드는 아빠가 자는 줄 알고 있는 것 같았다."

로제타는 남편의 시신 앞에서 오열했다.

"아, 어떻게 당신께 이런 일이……. 당신과 조선에서 환자들 병을 고쳐 주며 많은 일을 하고 싶었는데……. 내 사랑 제임스, 편히 가세요. 당신이 정말 사랑한 조선에서 하려고 했던 일을 제가 대신할게요. 우리 이다음 영원한 안식의 나라, 천국에서 다시 만나요!"

로제타는 흘러내리는 눈물을 닦을 겨를도 없었다. 기진맥진했지만 남편 닥터 홀 곁을 떠나지 않았다.

1894년 11월 27일 배재학당의 강당에서 노블 목사의 주례로 닥터 홀의 추도식이 있었다. 그의 육신은 떠났지만 정신은 살아남았다. 은둔 왕국 조선에 와서 의료 교사로 봉사하며 평양 선교지를 개척한 그의 헌신은 그를 보내는 사람들의 가슴속에 뜨겁게 남아 있었다. 장례를 마치고 노블 목사는 이렇게 말했다.

"우리는 오늘 서른네 살의 짧은 생을 하나님 나라를 위해 헌신하며 살다가 이 세상을 떠난 사랑하는 형제 제임스 닥터 홀과 이 땅에서 잠시 이별합니다. 그를 조선식 관에 넣고 아름다운 한강의 둑(양화진)으로 가서 땅에 묻었습니다. 그곳은 육신이 잠들기에 평화로운 장소였습니다. 그는 생명을 바쳐 일한 조선 땅, 먼저 간 사람들 사이에 묻혔습니다. 그는 흘러가는 강물을 보며 아내와 자녀들과 조선을 위해 기도할 것입니다."

남편 추도식과 장례를 마치고 홀 부인은 한동안 깊은 생각에 잠겼다. 첫돌이 지난 지 얼마 되지 않은 셔우드를 돌보며 조선에서 둘째를 출산하는 일은 무리라는 생각이 들었다. 임신 7개월이었던 홀 부인은 셔우드를 데리고 뉴욕 주 리버티의 친정으로 돌아갈 준비를 하였다. 일단 미국에 가서 힘든 몸과 마음을 회복하고 둘째를 낳아 키운 후, 기회가 되면 남편이 묻힌 조선에 다시 돌아와 의료선교 일을 할 마음을 먹었다. 짐을 꾸리는 데 노크 소리가 들렸다. 에스더가 방문을 열고 들어왔다.

"선생님, 저도 미국으로 데려가 주세요. 가서 선생님 곁에서 일하며 의학 공부를 하고 싶어요!"

홀 부인은 에스더가 오랫동안 갈망해 왔던 의학 공부를 미국에서 할 수 있는 기회가 온 것이라고 생각하고 그 부탁을 승낙하였다. 그러나 에스더를 남편과 너무 오래 떨어져 있게 하는 게 마음에 걸렸다. 박유산에게 의향을 물으니 미국으로 같이 가겠다고 하여 두 사람을 함께 데려가기로 하였다. 선교회에서도 승낙하였고 친구들도 잘 되었다며 약간의 경비를 모아 주었다.

홀 부인과 아기 셔우드, 박유산 부부는 서울의 친구들과 작별을 하고 미국으로 가는 기선을 타기 위해 제물포로 떠났다. 서울을 떠나는 로제타의 마음은 일파만파 착잡했지만 이것저것 생각할 겨를이 없었다. 제물포의 조지 히버 존스 댁에 도착을 하였는데 갑자기 셔우드가 40도 넘게 열이 올랐다. 모두들 긴장하였다.

'혹시 제임스에게서 발진티푸스가 전염된 것은 아닐까?'

그러나 엄마의 정성된 치료와 간호 덕분에 열이 내렸고 셔우드는 보채지 않고 잘 놀았다. 다음 날 아침 배를 타려고 준비하는데 셔우드 몸에 반점이 생긴 것을 발견했다. 로제타는 셔우드의 병이 다른 사람들에게 영향을 줄 것 같아 승선을 연기하였다. 남편을 하늘나라에 보내고 아들 셔우드까지 열병이 나자 그녀는 막막하였다.

'아, 하나님, 도와주십시오. 우리 셔우드를 보살펴 주십시오……!'

다행히 셔우드의 열이 내리고 몸에 반점도 없어지기 시작했다. 나가사키에 가서 배를 타야 하는데 어제 제물포에서 일본으로 떠난 배는 이미 미국으로 출발하였을 것이라 생각하니 걱정되었다. 다시 배편을 구하는 일은 시일도 오래 걸리고 그리 쉬운 일이 아니었다.

밤에 꿈을 꾸었는데 큰 배가 아직 나카사키 항에 정박해 있었다. 홀 부인은 꿈 이야기를 하며 아직 큰 배가 일본에 머물러 있을지도 몰라 서둘러 일본으로 가는 배를 탔다. 일본으로 항해하는 50시간 동안 파도가 너무 심해서 어른들은 멀미로 아무것도 먹을 수 없었다. 그러나 셔우드는 보채지 않고 잘 참아 주었다. 배가 나가사키에 도착하자 먼저 도착한 일행이 홀 부인에게 뛰어오며 말했다.

"당신 꿈이 맞았어요. 차이나 호는 아직 부두에 정박 중입니다. 오늘 오후 미국으로 떠난답니다!"

승객들을 심하게 멀미나게 했던 간밤의 폭풍 때문에

차이나 호는 출범을 연기하였던 것이다. 일행은 안도의 숨을 내쉬며 배에 오를 수 있었다. 한 달 정도의 긴 여행 끝에 로제타는 미국 뉴욕의 리버티 옛집에 도착하였다. 친정아버지와 어머니가 따뜻하게 맞아 주었다.

'아! 그리운 나의 집, 남편과 같이 왔으면 얼마나 좋았을까?'

로제타는 이 집에서 놀던 어린 시절이 생각나서 집안과 마당 구석구석을 돌아보며 옛 추억에 잠겼다. 조선에서 돌아온 지 2개월 정도 지난 어느 날, 로제타는 자기가 태어난 그 집에서 셔우드의 동생, 둘째를 낳았다. 예쁘고 파란 눈을 가진 딸이었다.

아기의 이름은 이미 닥터 홀이 살아 있을 때 '에디스 마거리트'라고 지었다. 셔우드가 극동의 작은 나라 조선에서 태어난 지 15개월 만에 누이동생은 1만 6천 킬로미터나 떨어진 뉴욕의 리버티에서 태어난 것이다. 참 이상하였다. '동쪽과 서쪽에서 너의 씨앗을 데려오고 불러 모을 것'이라는 말씀이 생각났다. 로제타는 남편 닥터 홀이 살아서 예쁜 딸 에디스 마거리트를 보았으면 얼마나 좋아하였을까 생각하니 눈시울이 젖어들었다.

홀 부인 로제타는 고향 병원에서 의사로 일하게 되었다. 친정아버지 로즈벨트 셔우드(Rosevelt R. Sherwood)는 손자 셔우드와 함께 지내는 것을 즐거워하였다. 그의 생일날 셔우드가 태어났다. 그는 외손자의 생일이 자기 생일과 같은 날이라는 데 어떤 큰 의미가 있다고 생각하는 것 같았다. 손자와 함께 찍은 사진 밑에 '아흔 살과 한 살'이라고 써 붙이고 즐거워하였다. 셔우드도 외할아버지를 잘 따랐다.

새 학기가 시작되었다. 홀 부인은 에스더를 불렀다.

"사랑하는 에스더, 이제 당신도 공부를 시작해야지."

"선생님, 감사합니다. 학비가 많이 들겠지만 제가 장학금을 받도록 열심히 공부할게요. 시간 날 때 일해서 학비도 모을게요."

에스더의 눈빛은 강렬했다. 미국까지 오게 한 자신을 향한 주님의 뜻이 있다는 것을 깨닫게 되었다고 말했다. 에스더는 리버티의 공립학교에 입학하였고 그녀의 남편 박유산은 셔우드 집안의 농장 일을 도우며 에스더의 학비를 마련했다. 조선학교에서는 선교 위주의 학습이라 내용이 단순했지만 미국에서는 학습 분량이 많고 교육과정도

다양해 매달 과외비용을 지불하며 친구 집에 합숙시키거나 기숙사에 보내서 공부를 해야 했다.

에스더는 총명하여 학습에 많은 진전을 보였다. 뉴욕시 유아병원에서 근무하며 생활비를 버는 한편, 개인 교사를 찾아서 라틴어, 물리학, 수학을 공부하였다. 이듬해 가을, 에스더는 현 존스 홉킨스 대학인 볼티모어 여자의과대학에 당당히 입학하였다. 조선 최초의 여학교인 이화학당에서 만난 어린 소녀 김점동, 그녀는 에스더 박이라는 이름으로 미국에서 서양의학을 공부한 최초의 한국여성이 되었다.

홀 부인은 두 돌이 되어 가는 셔우드와 생후 6개월 된 에디스 마거리트를 데리고 캐나다 글렌뷰엘에 있는 남편 고향을 방문하였다. 시부모님과 남편 친구들을 만났다. 그들은 무척 반가워하였고 크게 환영해 주었다. 제임스라 불리던 닥터 홀이 자란 통나무집도 그대로 있었다.

닥터 홀의 부모는 며느리와 손주들의 방문을 아주 기뻐하였다. 사랑하는 아들이 선교사가 되어 극동의 잘 알려지지 않은 조선이라는 나라에 선교사로 헌신하다가 하늘나라로 갔지만 며느리가 귀여운 손자 손녀를 데리고 찾아 온 일에 대하여 무척 기뻐하며 마을 사람들에게 알렸다. 그 여행에 박유산도 동행하였는데 그는 그때까지도 긴 머리카락을 틀어 올려 상투를 틀고 그 위에 중절모자를 쓰고 있었다. 이 모습은 큰 구경거리가 되었다.

캐나다 글렌뷰엘 교회에서는 특별한 환영예배를 마련해 주었다. 홀 부인은 그들의 따뜻한 환영사에 귀를 기울였다.

"우리 마을에 오신 것을 환영합니다. 우리는 당신의 이야기를 처음 들었던 순간부터 많은 관심을 가졌고 그동안 당신의 이야기를 자주 나누었습니다. 그런데 오늘 이렇게 만날 수 있어서 기쁩니다. 우리는 당신의 가족들과 조선에서 함께 온 형제자매도 한 가족으로 환영합니다. 여건이 어려운 외국에 가서 예수님을 전하고 다른 민족을 섬기다가 돌아온 당신들을 존경하고 환영합니다. 닥터 제임스는 조선에 믿음의 씨앗을 뿌렸습니다. 그가 보내온 편지에는 저 먼 나라 백성들에 대한 열렬한 사랑이 충만했습니다. 우리는 그가 맺은 아름다운 결실을 지금 이 자리에서 보고 있습니다. 지금 제임스는 하늘나라에서 아내와 아들딸이 이곳에 온 것을 아주 기뻐할 것입니다."

로제타는 마음이 따뜻해졌다. 남편의 혈육들에 대한 애정이 샘솟았다. 이처럼 따뜻하고 애정 어린 표현을 보며 남편 제임스는 이 캐나다의 고향에 잊히지 않는 추억을 많이 남긴 게 틀림이 없었다. 그를 기념하는 액자가 글렌 뷰엘 교회에 걸려 있었다. 남편의 온화하고 친절한 성품, 모든 사람을 향한 사랑, 자신보다는 타인을 향한 헌신을 남편 고향사람들이 다 알고 있는 일에 큰 감동을 받았다.

홀 부인은 시댁 식구들의 사랑을 받고 배웅을 받으며 다시 미국으로 돌아왔다. 그녀는 이제 남편이 살아생전에 하고 싶은 일을 추진하여야겠다는 생각이 들었다. 평양에 닥터 홀을 기념하는 병원을 짓기로 하였다.

그 일을 꿈꾼 지 2년여 후, 선교회로부터 아무런 경제적인 원조를 받지 않고 로제타와 친지들, 조선의 선교사들과 친구들의 노력으로 1897년 2월, 평양에 '닥터 홀 기념병원'이 세워졌다.

닥터 더글라스 포엘은 닥터 홀의 후임으로 평양에 온 의사이다. 그는 이 병원 건립을 매우 성스러운 사업으로 여겼다. 이 시료원(병원)은 조선식 건물로 평양성 서문 안

쪽의 지대가 높은 곳에 지어졌다. 중심지에서 도보로 7분 정도 걸어갈 수 있는 거리이고 대기실, 진료실, 약제실, 의사 사무실이 들어가도록 설계하여 지었다.

닥터 포엘은 조이스 감독과 조선 선교회에 다음과 같은 보고서를 보냈다.

"닥터 홀을 사랑하는 사람들과 그의 아내의 노력으로 홀 기념병원이 평양에 개원되었습니다. 이제 환자들을 수용할 방과 필요한 의료 기구를 구입할 기금만 있으면 우리는 모든 일을 할 준비가 되어 있습니다. 요즘 나는 수술해야 할 환자들이 와도 돌려보내는 일을 되풀이하고 있습니다. 수술에 필요한 기구와 입원실이 없기 때문입니다. 망치나 못, 톱이 없으면 목수가 집을 지을 수 없듯이, 외과 의사는 수술기구가 없으면 아무 일도 할 수 없습니다. 장비가 부족해서 실패할 수도 있는 수술을 무리하게 해서는 안 됩니다. 가장 성공적인 수술 결과가 나오는 수술만 해야 합니다. 새해에는 필요한 의료 기구들을 평양에서 사용하며 환자들을 치료할 수 있게 되길 바랍니다."

그 이듬해 수술기구를 구입할 자금이 모금되었다. 닥터 포엘의 보고서에 의하면 3개월 동안 수술하여 치료받

은 환자는 1,300명이 넘었고, 일반 환자도 1,000여 명 치
료했다고 한다. 환자가 매일 평균 60여 명이라고 하니 당
시 홀 병원의 유명세를 짐작할 수 있다.

홀 부인은 미국에서 평양 홀 병원의 후원금을 마련하
면서 《윌리엄 제임스 홀, M. D.의 생애》라는 남편의 전
기를 출간하기 위해 자료를 수집하였다. 많은 노력 끝에
1897년 8월, 뉴욕 감리교 계통의 출판사에서 닥터 홀의 전
기를 출간하였다. 그 책은 많이 팔렸고 특히 신앙인들에
게 깊은 감동을 주었다. 홀 부인은 시동생인 클리포드 홀
에게 그 책의 캐나다 판매 임무를 부탁했다. 책을 판매한
대금은 닥터 홀 병원 설립기금과 관리기금으로 보냈다.

홀 부인의 머리에 항상 남아 있는 또 하나의 숙제는 남
편이 살아 있을 때 조선의 맹인들을 위해 일하겠다고 말
했던 자신과의 다짐이었다. 그녀는 맹인 공부에 도움이
될 만한 방법을 알아보았다. 1892년에 프랑스 파리의 맹
인 교사인 루이 브라이가 개발한 점자책이 있었다. 또한
1860년 뉴욕의 맹인 교육학원의 원장인 윌리엄 웨이트가
개발한 '뉴욕 포인트'라는 점자책도 있었다.

여러 가지 점자 구조를 비교해 본 그녀는 '뉴욕 포인트'

가 조선어 구조에 가장 적당하다는 결론을 내리고 웨이트
원장을 직접 찾아가서 점자의 구조를 배웠다. 평양에서
남편과 자신을 많이 도와주던 착한 오 씨와 앞을 못 보는
딸 오봉래가 생각났다.

하루 속히 조선에 가서 어둠 속에서 살아가는 조선의
맹인들에게 점자를 가르쳐서 새로운 세계를 열어 주어야
겠다는 생각이 들었다. 남편이 그토록 사랑했던 조선에서
그가 하지 못했던 의료 계통의 일들을 이제 조금씩 시작
해야겠다는 다짐을 하였다.

홀 부인은 다섯 살, 세 살 된 어린 두 아이를 데리고
1897년 가을, 배를 타고 조선을 향하였다.

'아, 또 어떤 일들이 내 앞에 전개될까?'

남편이 평양 개척을 하며 위험한 지경에 있을 때 모펫
목사가 전보로 보내 준 여호수아 1장 9절의 말씀이 생각
났다. "내가 너에게 명한 것이 아니냐? 마음을 강하게 하
고 담대히 하라. 두려워 말며 놀라지도 말라. 네가 어디로
가든지 네 하나님 여호와가 너와 함께 하시느니라!"

홀 부인은 갑판에 나와 뱃머리에 부서지는 세찬 물살

을 바라보며 두 손을 모았다. 그녀는 1897년 11월 10일 또다시 조선으로 왔다. 첫 번째는 처녀의 몸으로 선교사의 부르심을 받고 호기심 가득한 마음으로 이 땅을 밟았었다. 그런데 지금은 어린 아들과 딸을 데리고 남편도 없는 조선 땅을 찾아온 것이다.

셔우드의 네 번째 생일이었다. 자기가 태어난 날에 자신이 태어난 땅을 다시 찾아온 셔우드, 그러나 지금은 그를 반겨줄 사랑하는 아빠도 없었다. 제물포에 도착하였는데 먼 여정이 힘들었는지 셔우드와 에디스가 기침을 하며 열이 오르더니 백일해에 걸렸다. 동행한 이들은 마중 나온 이들과 서울로 먼저 가고 홀 부인은 제물포에서 머무르며 두 아이를 치료하였다.

에디스의 병세는 폐렴이 되었다. 바람이 심한 항구여서인지 아이들은 제물포를 경유할 때마다 열병을 앓았다. 아픈 마음을 진정시키며 치료와 간호에 최선을 다했더니 열흘 정도 지나자 두 아이의 병세가 회복되었다. 서둘러 배를 구해 타고 한강을 거슬러 서울로 올라갔다.

감리교 해외 여성 선교회는 홀 부인을 전에 진료하던 보구여관(한국 최초의 근대적 여성 병원, 현 이대부속병원)에서 일하

123

도록 자리를 만들어 주었다. 두 아이와 함께 해외 여성 선교회의 독신 여성숙소에 기숙할 수 있도록 특별한 배려를 받았다.

홀 부인은 가마를 구하여 타고 숙소를 향했다. 예전에 일하던 곳이라 낯설지 않아 다행이었다. 궁궐 앞을 지날 때 명주로 싼 등불이 늘어서 있었다. 왕비가 돌아가셔서 상을 알리는 등불이고 장례식은 다음 날이라고 한다.

1890년 로제타가 처음 조선에 도착한 날도 왕비의 장례가 있어 똑같은 등불이 줄을 서서 매달려 있었다. 그때는 대비 조씨의 상이었고 7년 후의 지금은 시체도 찾지 못한 명성황후의 장례를 치르는 등불이었다.

신정왕후 조 대비는 이희(고종황제)를 12세의 어린 나이에 왕으로 세우고 이희의 아버지에게 '대원군'이라는 칭호를 주어 나라 정치를 섭정하게 한 장본인이다. 섭정이 시작되자 시아버지 대원군과 며느리 명성황후 사이에는 계속해 권력 쟁탈전이 있었다. 이 싸움은 1895년 10월, 며느리 명성황후가 일본의 살인 청부업자들에게 무참히 살해될 때까지 계속되었다. 살인자들은 명성황후의 시체를 불태웠다. 어떻게 죽였는지 그 증거를 없애기 위한 짓이었다. 일본인들은 명성황후를 격하시키기 위해 나쁜 소문을 내고 거짓 칙령을 왕이 내린 것처럼 조작하여 소문을 퍼뜨렸다.

진상은 밝혀지지 않았으나 그 당시 서울 주재 일본의 고급 관리 '미우라 고로'가 대원군과 결탁하여 꾸민 사건이라는 소문이 나돌기도 했다. 대원군은 명성황후에 당한 수모를 앙갚음하려 했고, 일본은 조선을 지배하려는 목적에 명성황후가 걸림돌이 된다고 생각했기 때문이다.

이 사건이 있은 후 왕은 생명에 위협을 느껴 한동안 궁중에서 주는 음식은 모두 거절하고 선교사들의 집에서 준비한 음식만 먹었다. 왕과 세자는 1896년 2월, 러시아 공사관으로 피신하여 열흘 정도를 지냈다. 일본이 국정을 장악하려 했는데 왕이 옥새를 가지고 있었으므로 국정은 아직 왕의 손에 있었다.

조선을 차지하려고 파죽지세로 밀려오는 외세의 강압에 고종은 결단을 내렸다. 1897년 10월 17일, 조선은 '대한제국'으로 나라의 공식 명칭이 바뀌었다. 국왕의 칭호는 황제로 불리었고 민비는 명성황후로 추서되었다. 조선의 관습으로 왕비가 죽으면 백일이 지나야 국장이 있고 그 후 3년간은 전국이 상중에 있게 된다. 그러나 명성황후의 시체를 찾을 수도 없었고 정치적인 격동 때문에 장례식이 연기되었다가 1897년 11월 21일에 비로소 거행된 것이었다.

로제타 홀 부인은 이 장례식을 보면서 자신이 다시 조선 땅에 온 것과 남편의 죽음이 더욱 뚜렷하게 회상되었다. 셔우드와 에디스는 병세가 좋아져서 별로 기침을 하지 않게 되었다. 홀 부인은 아이들과 함께 가마를 타고 양화진으로 남편 산소를 찾아갔다. 남편이 이곳에 묻힌 지 꼭 3년이 되는 날이었다.

남편의 장례식이 있던 그날을 회상하며 홀 부인은 언덕에 앉아서 흘러가는 강물을 하염없이 바라보았다. 셔우드와 에디스는 엄마 마음을 아는지 모르는지 잔디밭을 뛰어다니며 곱게 물든 나뭇잎을 주워서 하늘로 날리며 즐거워하였다.

추운 겨울이 지나고 봄이 돌아왔다. 담장 너머로 복숭아, 살구, 앵두꽃이 만발하고 산에는 분홍빛 진달래가 활짝 피었다. 북쪽 지방으로 가기에 좋은 계절이다.

홀 부인은 남편이 일하던 평양으로 가겠다고 희망하였고 오랫동안 갈망해 온 평양 의료 선교사로 임명되었다. 서울의 일을 정리하고 출발하여 1898년 5월 1일 평양에 도착하였다.

다음 날 가족들이 기거할 집을 돌아보았다. 조금만 손질하면 될 정도로 집은 아담하고 깨끗하였다. 집이 수리될 때까지 노블 선교사 댁에서 함께 있기로 하였다.

에디스는 마당가에 핀 하얀 민들레꽃을 한줌 꺾어 들고 이리저리 뛰어다녔고 셔우드는 그런 에디스를 따라다니며 즐거워하였다. 홀 부인은 오랜만에 고향에 돌아온 듯 편안한 행복감을 맛보았다.

그러나 행복은 잠깐이었다. 위생 상태가 좋지 않은 곳을 여행하여 적응력이 약해져서 세 식구 모두 이질에 걸렸다. 어린 에디스가 증상이 가장 심했다. 3주일이 지나도록 에디스는 설사와 구토를 하고 열이 40도가 넘었다. 좋은 치료 약은 다 쓰고 극약처방까지 했지만 소용이 없었다. 홀 부인은 안절부절못했다.

"에디스, 에디스, 정신 차려! 어서 병이 나아야 해!"

"엄마, 안, 아, 주, 세, 요!"

홀 부인은 에디스를 팔에 안고 낮잠을 재울 때처럼 살살 흔들어 주며 자장가 같은 조용한 찬송을 불러 주었다. 고통스러워하던 작은 얼굴이 조금 편안해졌다. 몰아쉬던 숨소리도 부드러워지고 호흡의 간격도 길어졌다.

얼굴에는 가볍게 미소를 지으며 크게 뜬 눈으로 엄마를 바라보며 네 살짜리 이 작은 천사는 그렇게 하늘나라로 갔다. 평양에 도착한 지 한 달도 안 된 5월 23일 아침이었다.

'아, 하나님은 내게 왜 이런 심한 어려움을 또 겪게 하시는지……'

또 한 번의 엄청난 슬픔이 닥친 것이다. 남편 닥터 홀이 떠나고 위로가 되었던 보석같이 귀하고 예쁜 에디스, 그 아이를 낳아 얼마나 큰 위안이 되었던가? 아빠가 하던 일을 하며 새롭게 살아갈 평양의 새 집에 정착하기도 전에 에디스는 엄마와 오빠의 곁을 떠나갔다.

흐느껴 울며 실의에 차 있는 엄마를 보며 여섯 살이 된 셔우드가 말했다.

"엄마, 울지 마세요. 엄마 말대로 아빠가 에디스를 너무 보고 싶어 하셔서, 에디스가 아빠한테 갔나 봐요."

홀 부인은 셔우드를 안고 울다가 눈물을 닦았다. 그리고 에디스를 양화진의 아빠 닥터 홀 옆에 묻어 달라고 목사님께 부탁을 하였다. 그레이엄 리 목사는 그 부탁을 들어주었다. 홀 부인은 너무 지쳐서 서울의 양화진까지 갈 수가 없었다.

언제나 충실하고 힘이 되어 주는 김창식 형제가 에디스의 시신을 서울로 운반해 주었다. 남편이 살아 있을 때나 지금이나 말로 표현할 수 없도록 고마운 가족 같은 그다. 에디스의 장례식을 마치고 아펜젤러 목사가 홀 부인에게 편지를 보내왔다.

"홀 부인, 당신이 에디스를 남편 산소 옆에 묻길 원한다는 것을 알고 우리는 오전 내내 에디스와 김창식 형제가 도착하길 기다렸습니다. 아내가 하얀 장미로 화환과 십자가를 만들었습니다. 피어스가 사 온 한 다발의 붉은 모란과 장미 화환을 에디스가 누워 있는 관 위에 올려놓고 나는 성경을 읽었습니다.

'나는 부활이요, 생명이니…… 주님의 품에 잠들라, 축복의 잠을 들라.'

그리고 주님과 당신의 가족을 그토록 사랑한 김창식

형제에게 기도를 인도하게 했습니다. 매장 예식을 마치고 작은 봉분을 만든 다음 그 위에 꽃을 올려놓았습니다. 모든 의식은 경건하게 진행되었습니다. 당신의 딸 에디스는 지금 아빠의 품에 안겨 편안하게 잠들고 있을 것입니다."

에디스를 잃은 슬픔과 아픔으로 허탈감에 잠겨 있던 홀 부인은 아펜젤러 목사의 편지를 읽고 몸을 추스르며 깊은 생각에 잠겼다.

'우리 네 식구 중, 절반은 이미 하늘나라에 갔네. 남편은 발진티푸스, 딸은 이질 병으로. 나도 언젠가는 그 나라에 가야 하는데 병이나 전염병으로 죽어 가는 사람들이 많은 이 조선 땅에서 진정 내가 남편 대신 해야 할 일은 무엇일까?'

홀 부인은 정신을 차리고 일어나 마음을 가다듬었다.

에디스가 하늘나라로 간 지 1년이 지났다. 홀 부인은 환자를 돌보면서도 마음의 상처를 회복하지 못해 힘든 시간을 보내고 있었다. 때로는 깊은 회의도 밀려왔지만 자신을 향한 하나님의 뜻이 있음을 알고 아픔을 참으며 슬픔에서 벗어나고 있었다.

'제임스. 당신은 전쟁 부상자를 돌보다가 하늘나라로 갔고 사랑하는 딸 에디스까지 질병으로 내 곁을 떠나갔어요. 의사인 엄마가 딸을 지켜 주지 못했어요. 너무나 슬프고 외로워요. 그러나 조선에 와서 제가 감당해야 할 사명이 있겠지요? 그 일이 무엇인지 기도하고 있어요. 다행히 우리 아들 셔우드는 건강하게 잘 자라고 있어요.'

홀 부인과 아들 셔우드는 평양 여성치료소에서 살고 있었다. 여성치료소는 1898년 6월에 문을 열었고 홀 부인의 환자는 대부분 여성 환자들이었다.

어느 날 평안 감사로부터 아내가 병이 났으니 급히 와 달라는 부탁을 받았다. 몇 번의 왕진치료를 하여 어려운 고비를 넘긴 감사부인은 병이 나았고 몸도 회복되었다. 감사는 기뻐하면서 수고비로 달걀 100개와 닭 3마리를 보내왔다.

얼마 후 여성치료소가 개원하는데 홀 부인은 치료소 이름을 평안 감사에게 지어 달라는 부탁을 해야겠다는 생각이 들었다. 그러면 환자들이 더 편안한 마음으로 병원에 올 것 같았다.

"감사님, 평양에 여성들을 치료하는 시료소를 개원하려

합니다. 감사님께서 이름을 지어 주시면 더 좋겠습니다!"

감사는 쾌히 승낙하였고 광혜여원(廣惠女院, Women's Dispensary of Extended Grace)이라는 이름을 지어 주고 서신까지 보냈다.

'내 아내가 이 치료소의 착한 사람들에 의해 병이 나은 것처럼 앞으로 많은 여성 환자들이 이곳에서 좋은 의료혜택을 받게 될 것이라는 뜻으로 그 이름을 지었소.'

홀 부인은 평안 감사의 배려로 우호적인 관계에서 진료를 하게 되었다. 서양인을 배척하여 처형까지 감수하며 평양에서 진료를 시작했던 남편 제임스 홀을 생각하면 마음 아프기도 했지만 그의 수고가 헛되지 않아 이렇게 우호적인 의료 환경이 조성되었다는 생각이 들었다.

홀 부인은 진료활동 이외에도 더 많은 환자들을 돌볼 수 있는 여성병원과 어린이 병동 설립을 준비하고 있었다. 당시 미국의 여성선교위원회에서도 이 사업을 돕기 위해 기금을 마련하고 있었다. 친척들과 친구들도 후원하였고 에디스 이름으로 저축해 놓은 저금도 합쳤다.

1899년 8월, 병원건축을 시작하였다. 당시 평양의 모든 건물들과 선교사들이 사는 집들도 한옥이었다. 이 어린이 병동이 평양에서 처음으로 지어진 서양식 2층 건물이었다. 나무판자로 누비듯 벽을 만들고 양철 지붕과 벽돌로 굴뚝을 세운 것도 평양에서 처음 보는 건축물이라 사람들은 신기해하며 병원 건물을 구경하러 모여들었다.

홀 부인은 이 병동의 이름을 '에디스 마거리트 기념병동'이라고 지었다. 이 기념 병동에 등장한 명물은 커다란 '물탱크 저수장'이다. 평양에서 처음 보는 깨끗한 물의 공급원이었다. 이질 병의 가장 큰 원인은 오염된 물이다. 이질은 그토록 사랑하던 딸 에디스의 목숨을 빼앗아 갔다. 그래서 홀 부인은 식수에 많은 신경을 썼고 좋은 수원지와 물 저장고를 만드는 일은 병동을 짓는 일만큼이나 중요하다고 생각하였다.

관청에 물탱크 건축허가를 신청했는데 관료들과 주민들이 심하게 반대하였다.

"평양은 지형이 배처럼 생겼는데 저수탱크를 만들기 위해 땅을 뚫으면 배가 가라앉을 것이오."

관료들도 미신이나 풍수지리를 믿는 주민들과 마음을 같이하며 건축허가를 해주지 않았다. 홀 부인의 고민이 깊어졌다. 이 일이야말로 평양 주민의 건강을 지켜 줄 수 있는 길이다. 무지한 그들을 원망하기보다는 그들에게 이런 실상을 바로 알려 마음이 열리게 해달라고 간절히 기도하고 관료들을 만나러 갔다.

"면역력이 강한 사람은 강물을 떠다 먹어도 괜찮지만 몸이 연약한 아이들이나 병자에게는 깨끗한 식수가 필수입니다. 식수가 불결한 상태에서는 아무리 좋은 약을 써도 그 병을 막을 수는 없습니다. 물 저수탱크 구멍을 시멘트와 벽돌로 단단히 막을 것이므로 평양은 가라앉지 않을 것입니다."

홀 부인의 얼굴에 이질 전염병으로 딸을 잃은 엄마의 슬픔이 묻어 있는 것을 그들도 눈치 챘는지 결국 끈질긴 설득 끝에 구멍을 튼튼하게 막는다는 조건으로 관리들은 청을 들어주었다.

"하긴, 저 서양 여의사는 남편과 딸을 잃어버리고도 본국으로 돌아가지 않고 평양 사람들의 병을 치료해 주고 있으니 주민들의 건강을 위한다는 이번 시설은 허락해 주도록 합시다."

이렇게 하여 깨끗한 식수 저장고가 완성되었다. 비가

오면 양철 지붕으로부터 물탱크로 물이 흐를 수 있도록 미국에서 수입한 특수 금속 파이프가 설치되었다. 커다란 탱크 위에 뚜껑을 만들어 덮었다. 셔우드를 시켜 비가 올 때마다 파이프의 특수 레버를 움직여서 먼지 섞인 물을 제거한 다음 흐르는 빗물을 물탱크에 보내는 일을 맡겼다. 단순한 일이라서인지 셔우드는 책임지고 잘 해냈다. 그 일이 재미있었는지 은근히 비가 오길 기다리는 날도 있었다.

이렇게 열심히 병원 일을 하면서도 홀 부인은 남편과 에디스를 하늘나라로 먼저 보낸 아픔을 지울 수가 없었다. 에디스를 보낸 지 2년이 지났는데도 밤이면 괴로움으로 눈물짓는 날이 많았다. 홀 부인은 마음을 달래려 셔우드를 데리고 상하이로 잠시 휴가를 떠났다. 그때의 감정들을 그녀는 일기에 이렇게 표현하였다.

"요즘 때때로 하나님을 원망하는 마음이 순간적으로 들 때도 있고 내 인생의 아픔이 점점 깊게 느껴지기도 한다. 지금까지의 내 심정을 차마 글로 쓰기조차 두렵다. 무언가 잘못되어가고 있음이 틀림없다. 내게 주어진 이 아픔이 주님의 계획이라고 생각하면서도 감사할 수가 없다. 내 마음 깊은 곳에는 아직도 이런 시련을 주시지 않았다면 하나님을 더 잘 믿고 의지했을 것이라는 생각이 없지 않다. 이런 심정은 기독교 선교사의 입장으로는 도저히 용납할 수 없는 가장 두려운 시련이다. 나는 머리를 식히려고 셔우드를 데리고 상하이에 갔었다.

상하이에서 피치 부인에게 내 심정을 말하였다. 피치 부인은 나의 이러한 아픔은 당연한 감정이라고 하였다. 다른 사람들도 닥터 홀과 에디스가 떠나간 일을 몹시 애석해하고 있다고 했다. 그러나 모든 일을 주님의 뜻으로 돌리고 예수님을 전적으로 믿고 의지해야 한다고 했다. 피치 부인은 나를 따뜻하게 안아주며 다시 힘을 차리도록 위로와 여러 당부의 말을 잊지 않았다.

닥터 홀은 나를 지극히 사랑했으므로 내 영혼이 이렇게 괴로워하는 것을 원하지 않을 것이다. 내 영혼이 편안하길 원할 것이다. 나는 2년여가 지난 지금에서야 자신이 무분별한 상태에 빠져 있다는 사실을 깨달았다. 하나님께서는 앞으로 계속 나를 지켜 주시고 성령께서 부족한 내 믿음이 다시 회복되고 감사가 충만하도록 인도해 주시리라 믿으며 다시 평양으로 왔다."

선교사일지라도 인간적인 깊은 고뇌가 깃든 홀 부인의 일기를 아들 닥터 셔우드 홀은 훗날 어른이 되어서야 읽어 보게 되었다. 어머니가 겉으로 감정을 표시하지 않았지만 어린 자신을 데리고 이렇게 큰 아픔을 삭이며 신앙으로 그 어려운 시절을 이겨 내셨구나 하고 생각하면 마음이 몹시 아프고 숙연해진다고 하였다.

휴가에서 돌아온 홀 부인은 마음을 추스르고 맹인들을 위한 점자교육을 하기 시작하였다. 병동에 눈먼 소녀들을 위한 점자 교육 장소를 마련하고 주변에 눈먼 소녀들이 있으면 병동으로 데리고 오라고 하였다.

점자 교육 장소를 개소한 이튿날, 밖에서 반가운 목소리가 들려왔다.

"선생님, 안녕하세요? 저 오봉래 애비 오 씨예요."

"아! 오 씨, 어서 들어오세요."

5 최초의 점자 교육

문을 열고 들어온 오 씨는 닥터 홀이 처음 평양에서 병원을 매입할 때 이름을 빌려주었고 신앙의 박해를 받으며 함께 어려움을 겪은 믿음의 형제였다. 오 씨는 눈이 먼 딸 오봉래의 손을 잡고 들어왔다. 홀 부인은 오 씨를 보니 너무나 반가웠다.

"어서 오세요. 그러잖아도 뵙고 싶었어요!"

"저도 선교사님 많이 뵙고 싶었습니다."

오 씨는 반가움으로 눈물을 글썽이며 그동안 있었던 이런저런 이야기를 나눈 후 눈먼 딸을 잘 부탁드린다며 오봉래를 맡기고 집으로 돌아갔다.

홀 부인은 오봉래에게 점자 교육을 시작했다. 교재는 '뉴욕 점자'를 조선말에 맞게 고쳐서 사용하였다. 처음은 진도가 느리게 나가고 지루하였으나 봉래가 점자로 한글의 자음과 모음을 해득한 후에는 진도가 빨랐다. 오봉래는 점자책으로 교육을 받은 최초의 조선인 맹인이었다.

그해 겨울, 홀 부인은 여가를 이용해서 조선어 점자 교재를 다시 만들었다. 빳빳한 기름종이에 바늘로 작은 구멍을 뚫어 키보드와 비슷하게 만들었다. 교재는 한글의 자음과 모음, 존스 여사가 지은 〈조선어 기도서〉, 그리고 '십계명'이었다.

놀랍게도 오봉래는 1년 만에 홀 부인이 만든 모든 교재를 읽을 수 있었다. 주변 사람들도 놀라워했다. 총명한 그녀는 점자로 글을 쓸 수도 있게 되었고 말하는 것을 받아 맹인 친구들에게 초보적인 점자를 가르쳐 주기까지 하였다. 홀 부인은 봉래에게 뜨개질도 가르쳤다. 손끝의 감각이 남달라 잘 따라하였고 목도리를 떠서 친구들에게 선물도 하였다.

"선생님, 고맙습니다. 저에게 눈을 만들어 주신 은혜를 어떻게 갚아야 할지요. 저는 지금 죽어도 여한이 없어

요. 장님인 제가 이렇게 글을 읽고 뜨개질도 할 수 있다니
요⋯⋯."

봉래가 글을 읽고 뜨개질을 하며 행복해한다는 소식이
병원 안과 밖에 널리 퍼졌다. 직원이나 환자들은 자기가
알고 있는 맹인 소녀들도 받아 달라고 부탁을 하였다.

홀 부인은 맹인 소녀들도 정상적인 소녀들과 함께 배
워야 하며 가능하면 여러 놀이나 운동에 똑같이 참여시켜
야 한다고 생각했다. 이렇게 하여 그 시절에 조선에서 첫
번째 '맹인학교'가 생기게 되었고 평양 여학교가 설립된
후에 맹인반이 추가되었다.

초보 학생을 위한 특수교사들을 훈련시켜서 교사진에
합류시키는 일도 필요하였다. 홀 부인은 봉래를 교사로
훈련시키기로 하였다. 여러 훈련과정을 거쳐서 결국 봉래
는 특수교사가 되어 앞을 못 보는 학생들을 가르치기 시
작하였다. 동병상련의 마음으로 앞을 못 보는 어려운 점
을 알고 있기에 더 섬세하게 가르치게 되었고 배우는 학
생들도 편안하게 배울 수 있었다. 맹인학교는 계속 커져
서 후에 청각장애인까지 수용하게 되었다.

평생 보고 듣지 못하며 힘겹게 살아가야 할 그녀들이

어둠 속에서 빛을 찾게 되었다. 조선에 아직 신문화가 들어오기 전인 1899년, 여성들은 은둔해야 했던 시절에 시련을 참으며 의료선교사의 사명을 감당한 닥터 로제타와의 만남으로 앞을 못 보는 소녀들은 새로운 광명의 삶을 살게 되었다.

병원 일이 조금씩 안정되자 로제타 홀 부인은 의료선교 초청을 받아 지방 교회를 방문하게 되었다. 닥터 홀이 평양에서 교회를 개척한 후 8여 년 만에 지방에 스물아홉 개의 교회가 생겼다.

이제 일곱 살이 된 아들 셔우드도 데리고 가기로 했다. 셔우드는 조랑말도 잘 타는 용감한 꼬마였고 성격도 활발하고 진취적이었다. 홀 부인과 간호사 수잔, 셔우드, 마부, 선교 일을 돕는 일행은 세 마리의 조랑말에 의약품을 싣고 길을 떠났다. 조랑말의 등을 중심으로 양쪽에 의약품과 짐을 실은 상자를 걸쳐놓고 한가운데는 짚을 깔아 푹신하게 하여 그 위에 셔우드를 앉혔다. 어느 한쪽으로 쓰러질 때 잡을 수 있는 난간 같은 것을 만들어 주어 등을 받칠 수도 있었고 급할 때 손잡이 역할을 하게 해주었다.

셔우드는 이 선교여행이 무척 재미있었나 보다. 조랑
말들은 목에 방울 종이 달려 있어 움직일 때마다 종소리
를 냈다. 마을을 지날 때면 종소리를 듣고 마을 사람들이
뛰어나왔다. 그들은 일행을 반갑게 맞이하였고 치료와 약
품을 받을 때는 서로 먼저 받겠다고 소란을 피우기도 하
였다. 일과가 끝나면 여인숙에서 잤는데 빈대, 벼룩, 이가
들끓어 살충제 가루를 뿌리고 나서야 잠을 잘 수 있었다.

성벽으로 둘러싸인 안주를 통과한 후, 운산으로 가기
위해 밑이 납작한 나룻배에 조랑말까지 싣고 청천강을 건
넜다. 운산에서 10킬로미터 떨어진 곳에 '동양연합광산
회사'가 있었는데 '미국금광'이라는 이름으로 더 잘 알려
져 있었다. 벙커 목사는 운산 지역의 선교사로 있었고 운
산은 평양보다도 여성을 격리시키는 풍습이 엄격하여 여
성들을 전도하기가 상당히 어려웠다.

이 광산에서 일하는 대부분의 미국인들은 가족들과 떨
어져 조선에 와 있었기 때문에 본국 사람들의 방문은 마
치 가족을 만난 듯 기쁜 일이었다. 꼬마 셔우드는 귀여움
을 독차지하였고 선물도 듬뿍 받았다.

광산 주변은 미국의 어느 작은 마을을 옮겨다 놓은 것

같았다. 2, 3층으로 지어진 건물, 서양식 유리창과 지붕들, 벽돌로 만든 굴뚝, 기계들이 돌아가는 분주한 소리 등등 평양과는 사뭇 다른 모습을 보고 같이 갔던 마부들도 얼굴에 신기한 표정이 가득하였다.

광산의 테일러 소장은 일행들이 돌아갈 때 무장한 호위병을 한 사람 동행시키겠다고 하였다. 길이 험난해 도둑과 호랑이가 가끔 행인을 습격한다고 하였다. 홀 부인은 거절하였지만 테일러 소장의 강력한 호의를 무시할 수가 없었다. 다른 마을도 들러 낮에는 진료활동을 하고 저녁에는 예배를 드렸는데 마을 사람들의 믿음이 얼마나 뜨거운지 홀 부인은 감동했고 남편이 생각났다.

'사랑하는 제임스, 당신이 조선에서 뿌린 복음의 씨앗이 이렇게 많은 싹을 틔우고 잘 자라고 있어요! 저들이 행복해하는 모습을 보니 당신을 보듯 저도 행복해요.'

홀 부인은 이번 여행에서 돌아와 비로소 마음에 평안을 찾았고 얼굴도 한결 밝아졌다. 병원 일과 환자를 돌보는 일에 더욱 정성을 기울였다.

꼬마 셔우드는 친구들과 놀이를 하며 잘 자랐다. 대부

분 친구는 선교사들의 자녀였는데 노블 목사의 딸 루스와 그녀의 남동생과 함께 놀았다. 가끔 노블 목사의 젊은 비서가 아이들의 놀이에 합세하였다. 아이들은 그를 좋아하였다. 훗날 셔우드는 그 비서의 안 좋았던 행동을 광산 소장께 용서해 달라고 진심으로 울면서 애원하기도 하였다.

그는 아이들과 함께 놀며 영어 회화를 배우려고 하였다. 영어를 배우는 대신 선교사 자녀들에게 조선 민속놀이를 가르쳐 주었다. 남자아이들에게는 '연싸움'을, 여자아이들에게는 '널뛰기'를 가르쳐 주었다. 연싸움은 하늘은 날고 있는 상대방의 연을 떨어뜨리고 자기의 연을 높이 날려야 이기는 경기이다. 연을 만든 후 깨진 유리 조각을 잘게 부셔서 그것을 풀에 섞어 연 머리 가까운 부분의 실에 바른다. 이 날카로운 부분으로 바람에 날리는 연을 얼레로 조종하며 상대방의 연줄을 끊어야 한다. 이 놀이는 상당한 인내심과 연을 만들고 날리는 전문적인 기술도 필요하였다.

그밖에도 겨울에는 긴 담뱃대를 물고 있는 '눈사람 만들기', '팽이치기' 놀이를 하였다. 봄철에 평양에서는 조선 전통의 '돌 던지기 시합'이 있었는데 이 경기가 열릴 때면 서양에서 권투시합에 군중이 몰리는 것처럼 사람들이 많이 모였다. 두 편이 알맞은 돌멩이를 골라서 가장 멀리 던지는 것을 겨루는 경기이다. 소녀들은 자신이 응원하는 팀을 위해 돌멩이를 윤기가 나도록 갈고닦았다. 경기 장소는 성 밖이었지만 위험한 경기라 홀 부인은 셔우드를 데리고 성 위의 편안한 곳에 가서 시합을 관람하였다.

"선수들이 던진 돌멩이가 관중들 위에 떨어질 경우도 있으니 성 밖에 나가지 말고 여기 성 위에서 구경하거라!"

어머니가 타일러도 모험심이 많은 셔우드는 몰래 성 밖을 빠져나가 군중 속에서 응원하며 열광을 하여 홀 부인은 걱정하며 찾아 나설 때가 빈번하였다.

'셔우드가 학교 공부를 해야 할 나이가 되었고 저렇게 놀게만 해서는 안 되는데 어쩌나?'

홀 부인은 셔우드의 교육 문제로 많은 고심을 하게 되었다. 알아보니 중국 내륙 지방에 선교사들이 운영하는 영국식 학교가 있었다. 그러나 그곳은 서해를 건너 500킬로미터나 떨어져 있었다.

'아직 일곱 살밖에 안 된 셔우드를 그렇게 먼 곳으로 보낼 수는 없어……'

스웰렌 목사도 같은 문제에 부딪혔다. 스웰렌 목사는 닥터 홀이 처음 평양에 병원을 시작한 후 평양에 온 장로교 선교사이다. 부인이 두 아이에게 직접 학습지도를 하고 있었다. 셔우드도 그들과 함께 공부를 시키기로 하였지만 정상적인 교육과정에 의한 공부를 시켜야 할 때가 온 것 같았다.

"이런 교육 방법이 언제까지 계속될 수는 없어요."

"아이들을 중국까지 보내지 않고 정상적인 교육과정에 의해 교육시키는 방법은 없을까요?

"그렇다면 합법적인 교육기관이 있어야겠어요. 교사도 있어야 하겠구요."

홀 부인과 스웰렌 부인은 선교사들의 자녀를 위해 평양에 학교를 세우기로 마음을 모았다. 그 무렵 평양에 장로교 선교사로 있었던 윌리엄 베어드 박사 부부도 합세하였다. 그때 베어드 가족은 미국으로 안식년 휴가를 떠날 예정이었다. 휴가를 마치고 한국으로 돌아올 때 미국에서 아이들을 가르칠 교사를 모셔오는 임무를 맡았다.

스웰렌 박사는 미국에 가서 안식년을 보내며 기회가 있을 때마다 조선 선교사들의 헌신적인 선교활동 사례들을 알렸다. 어느 집회에서 설교를 하며 조선에 복음을 전하기 위해서는 선교사 자녀들을 위한 학교와 가르칠 수 있는 교사가 필요하다고 하였다. 열여덟 살 루이스 오길비(Louise Ogilvy) 양이 그 집회에 참석했다가 큰 감동을 받았다.

"아빠, 엄마, 제가 조선에 가서 선교사 자녀들을 가르치고 싶어요!"

그 뜻은 기특했지만 열여덟 살밖에 안 된 딸을 멀리 보낼 수 없어 오길비의 부모는 반대하였다. 그러나 스웰렌 박사 가족이 안식년 휴가가 끝나고 조선에 돌아갈 때가 되었는데도 조선의 외국인 학교 교사직을 맡겠다는 사람이 나타나지 않았다. 선택의 여지가 없게 되자 결국 오길비는 강한 의지로 부모님을 설득하였고 어린 선생님은 조선으로 오게 되었다.

드디어 '평양외국인학교'가 설립되었다. 이 학교는 후에 조선의 선교사 자녀뿐만 아니라 중국, 일본, 다른 아시아 지역의 선교사 자녀들까지 유학을 왔다.

홀 부인은 학생들이 훗날 미국에 있는 상급학교에 진학하려면 뉴욕 교육심의회에서 제정한 교육과정을 그대로 적용하여야 한다고 제안하였다. 모든 교재나 교과과정을 그대로 이수하도록 하였다. 이 결과 평양외국인학교를 다녔던 학생들은 본국에 가서 대부분 상급학교로 바로 진학할 수 있게 되었다.

몇 년 후, 오길비 선생님은 평양의 감리교 선교사로 있는 모리스(Charles D. Morris)와 결혼하였다. 그녀를 아는 사람들은 이 뜻깊은 결혼을 진심으로 축하했다. 모리스한테 시집가려고 젊고 예쁜 선생님이 조선으로 오게 된 것 같다며 활짝 웃음을 터뜨렸다.

겨울철 놀이로 아이들은 팽이치기를 즐겼다. 손으로 깎아서 만든 나무 팽이를 얼음판 위에서 회초리로 치면 팽이는 뱅뱅 돌아갔다. 이 팽이가 멈추지 않고 오래 돌아가게 하는 사람이 이긴다. 아이들이 채찍 같은 끈을 가느다란 나무에 묶어 팽이를 치면 팽이는 잘 돌아갔고 선교사 자녀들도 서툰 대로 팽이놀이를 즐겼다.

아이들은 시간 가는 줄 모르고 놀이에 열중하다가도 가끔 운산에 있는 '미국금광'으로 가는 짐을 실은 조랑말들을 몰고 지나가는 일행을 만나면 팽이 놀이는 잠시 중단되었다.

말 한 마리는 처음 보는 튼튼한 나무상자를 싣고 있었
는데 호위병들의 삼엄한 경호를 받고 있었다. 이 상자들
은 언제나 선교사의 집으로 옮겨졌다. 나중에 알았는데
그 상자 속에는 광산에서 일하는 조선인 일꾼들에게 지불
할 은화가 들어 있었다. 그 당시 평양에는 은행이 없었기
때문에 선교사의 집에 보관하는 게 가장 안전하다고 생각
하였다. 조선 일꾼들은 지폐보다 은화를 더 원했다. 그래
서 일꾼들의 수고비를 줄 때가 되면 부피가 큰 은화를 보
관하고 옮기는 일이 쉽지가 않았다.

처음에는 아무 말썽 없이 잘 보관되었는데 어느 날 미
국인 금광의 간부가 보관했던 짐을 다시 말에 실으려 했
을 때 문제의 상자가 가벼워져 있는 것을 발견하였다. 상
자를 열고 은화를 세어 본 결과 예상대로 은화의 일부가
없어졌다. 이 상자는 오는 도중 경호를 받았고 선교사의
집에서도 문단속을 했는데 도난사고가 난 것이다.

도둑을 찾아낼 수 없자 금광 관계자들이 대책을 의논
하였다. 광산에서 곰이나 산짐승을 잡는 덫을 가져와서
상자 안에 몰래 넣어 도둑을 잡자고 하였다. 다음 달 다시
은화상자를 이곳에 가져올 때 그 계획을 시행하겠다고 하

였다.

"산짐승을 잡는 덫으로 도둑을 잡는다는 것은 극히 위험하고 해서는 안 되는 일입니다."

노블 목사를 비롯한 몇몇 선교사들은 이 계획이 위험하다고 강력하게 반대하였다. 그러나 돈을 찾아야겠다는 금광 관계자들의 강한 주장으로 선교사들의 의견은 묵살되고 말았다.

다음 달 일꾼들의 품값을 운반하는 날이 되었다. 선교사의 집에 보관한 은괴 나무상자 뚜껑에 손이 들어갈 만한 구멍을 만들었다. 구멍을 뚫은 후 상자에 은화를 가득 넣은 후 그 위에 덫을 살짝 올려놓은 후 뚜껑을 닫았다. 상자를 보관한 벽장 속은 캄캄하여 잘 보이지 않았다. 상자 속에 손을 넣기만 하면 덫에 걸리게 해 놓았다. 도둑은 필시 흉악범일 거라고 말했다.

그날 밤, 모두들 깜짝 놀랄 일이 벌어졌다. 특히 노블 목사는 입을 벌린 채 경악을 금치 못했다. 덫에 잡힌 도둑은 노블 목사가 아끼는 조선인 비서였다. 그는 덫에 걸린 채로 상자를 끌고 달아났지만 피를 많이 흘려 얼마 도망가지도 못하고 기절하고 말았다. 무장한 감시인들이 그를 발견하고 잡아왔다. 감시인들이 상자를 열고 덫을 풀었을 때 그의 손은 끔찍하게도 이미 반쯤 잘려져 있었다.

출혈이 심한 그는 급히 홀 부인의 병원으로 옮겨졌다. 외과 닥터인 홀 부인은 응급으로 출혈을 막고 그를 정성껏 치료하였다. 한동안 기절하였다가 의식이 돌아오자 그는 큰 소리로 울며 용서를 빌었다.

"잘못했습니다! 잘못했습니다!"

그는 손이 잘린 아픔보다는 자신을 아끼고 사랑해 준 노블 선교사와 부모님을 속인 배은망덕한 사실을 더 가슴 아파하였다. 놀란 가슴을 진정시킨 노블 목사는 마음을 가라앉힌 후 금광 직원에게 간절하게 부탁하였다.

"저 사람을 관아에 넘기지 말아 주십시오. 훔친 돈은 제가 배상하겠습니다. 제가 그를 책임지겠습니다. 부탁드립니다!"

노블 목사의 간청으로 금광 직원들은 그를 관아에 넘기지 않기로 하였다. 어린 셔우드도 눈물을 흘리며 아저씨를 붙잡아 가지 말라고 부탁을 하였다. 민속놀이와 영어를 서로 가르쳐 주며 정이 들었나 보다. 그 비서가 손이 나은 후에도 노블 목사는 그를 잘 보살펴 주었고 그가 진심으로 회개하길 기도하였다.

1902년경 하와이에서는 조선인들을 대상으로 설탕 농장과 파인애플 농장으로 갈 노무자들을 모집하고 있었다. 노블 목사는 그가 충분히 마음을 돌이켰어도 얼굴에 항상 그늘이 있는 것을 보고 안타까웠다. 그들 부부를 하와이로 보내는 것도 좋은 방법이라 생각하여 어느 날 조용히 만나 의사를 물었다.

"목사님, 저희가 하와이로 가겠습니다. 이 죄인을 용서해 주시고 이렇게 새로운 기회를 주셔서 감사드립니다. 이 은혜 잊지 않겠습니다."

"형제여, 좌로나 우로나 치우치지 말고 주님의 진리 안에서 살아가도록 하세요!"

노블 목사는 그들 부부를 웃으며 환송하였다.

"아저씨, 잘 가셔요! 언젠가 미국에서 만나면 좋겠어요. 우리가 가르쳐 드린 영어 잘 사용하셔요."

그는 눈물을 흘리다가 셔우드의 말에 고개를 끄덕이며 미소를 지었다. 셔우드는 비서 아저씨가 자기들과 영어 공부한 것이 하와이에서 도움이 되었으면 좋겠다고 생각하였다.

노블 목사 비서가 하와이로 떠나간 후 어느 날, 미국에서 반가운 전보가 왔다. 홀 부인은 상기된 목소리로 커다랗게 말했다.

"에스더가 온대요! 의과대학 석사학위를 마치고 의사가 되어서 조선으로 돌아온대요!"

1900년 봄, 에스더 박이 미국에서 의학 석사학위를 받고 귀국하였다. 그녀는 서양의학을 전공한 조선 최초의 여의사였다. 남편 닥터 홀이 하늘나라로 간 뒤 미국 친정으로 둘째 에디스 마거리트를 출산하러 갔을 때, 에스더는 의학 공부를 하여 의사가 되겠다고 함께 미국으로 갔었다. 이화학당의 소녀 제자 점동이가 이렇게 훌륭한 의사가 되어 귀국한 일이 홀 부인은 정말 대견하고 기뻤다.

그러나 에스더에게는 말로 표현할 수 없는 가슴 아픈 일이 있었다. 자신이 공부하는 것을 돕겠다고 함께 미국으로 갔던 남편 박유산이 미국에서 폐결핵으로 병사한 것이다. 박유산은 아내가 학교 다니는 동안 볼티모 식당에서 열심히 일하며 아내 학비를 보탰다. 그러던 중 폐결핵에 걸렸다. 에스더의 지극한 간호에도 불구하고 그녀가 볼티모어 여자의과대학 졸업반이던 해에 박유산은 이국

땅에서 병사하였다.

"당신은 특별한 재능을 받았으니 훌륭한 의사가 되어 홀 부인처럼 우리나라의 어려운 환자들의 병을 고쳐 주는 의사가 되어야 해요. 내가 당신을 돕고 당신 곁에서 힘이 되어 주겠소."

이렇게 말하며 격려해 주던 남편이었다. 이국땅에서 고생만 하고 아내가 의사가 되는 것도 보지 못하고 세상을 떠났으니 그녀의 아픔은 이루 말할 수 없이 컸다. 그러나 슬픔에만 잠겨 있을 수는 없었다.

'제가 열심히 공부해서 훌륭한 의사가 되어 당신의 뜻을 이루어 드릴게요.'

에스더는 마음을 다잡고 공부하였고 당당히 의학 석사 학위를 받았다. 미국 병원의 좋은 환경에서 근무할 수도 있었는데 홀 부인을 도와 고국 환자들을 치료하기 위해 최초의 조선인 여의사가 되어 평양으로 돌아온 것이다.

조선에 돌아온 에스더는 홀 부인의 의료사업에 큰 도움을 주었다. 홀 부인과 함께 일한 10개월 동안 3천 명이 넘는 환자를 진료하였다. 병원 사람들은 그녀를 아주 자랑스럽게 생각하였다. 에스더는 홀 부인 집에서 함께 살

왔다. 한 가족이나 다름없었고 셔우드는 에스더를 이모라고 불렀다. 에스더는 매우 감미로운 목소리를 갖고 있었다. 노래도 잘 부르고 가끔 셔우드에게 시를 낭송해 주거나 소설 이야기를 들려주곤 하였다. 그런 에스더를 셔우드는 아주 좋아하였고 친이모처럼 따랐다.

에스더가 귀국하고 병원도 차츰 안정되자 홀 부인은 기도하던 중 낙후된 환경으로 의료혜택을 받지 못해 고생하는 오지에 있는 여성들에게 복음을 전하고 병을 치료해 주는 의료선교를 다녀오고 싶은 마음이 들어 에스더와 상의하였다.

"그런 의미 있고 귀한 일은 선생님 아니면 할 분이 없어요. 환자들은 제가 돌볼 테니 걱정 마시고 다녀오세요."

에스더는 사랑이 가득한 격려의 말을 하였다. 홀 부인은 힘을 얻어 병원 일과 셔우드, 어린이 병동까지 잠시 에스더에게 맡기고 간호사와 함께 의료선교 여행을 다녀오기로 하였다.

"주님, 저에게 어떤 일을 맡기시려고 이 일을 계획하시나요? 이번 선교여행에서 어떤 환자를 만나게 해주시려는지요?"

선교 여행을 떠나려는데 갑자기 노블 목사가 불길한 소식을 가지고 왔다. '모든 기독교인들을 15일 이내에 다 죽이라'는 비밀 지령이 관청에 내려졌다는 것이다. 이 소식은 언더우드 박사가 모펫 목사에게 라틴어로 보낸 것인데 노블 목사가 해주에서 평양으로 가져온 소식이다. 노블 목사는 선교여행을 반대하였다.

전에도 북쪽 지방에 그런 벽보가 붙었다는 소문이 돌았지만 사실을 확인할 수가 없었다. 홀 부인은 염려되고 망설임도 있었지만 영국 영사로부터 공식적인 시달도 받은 일이 없는데 소문만 가지고 자신을 기다리는 조선인 환자들을 걱정시키고 싶지 않았다. 영사는 중국에서 반기독교적인 봉기에 대한 경험이 많은 분이므로 이 소문이 사실이라면 반드시 경고해 주었을 텐데 영사관에서 별다른 연락은 없었다.

홀 부인은 고심하며 망설이다가 의료 선교여행을 떠나기로 결정했다. 노블 목사께 송구함과 염려해 준 것에 감사드리고 기도를 부탁드렸다. 닥터 포웰, 리 목사, 모리스 선교사와 일정을 의논한 뒤 필요한 의약품과 그 밖에 진료할 때 필요한 짐을 꾸리고 말도 준비했다.

'주님, 이 선교 여행을 무사히 잘 다녀오게 해주십시오.
그리고 환자들의 질병에 맞는 약을 주어 그들의 병이 낫
게 하시고, 제가 꼭 만나야 할 사람을 만나게 해주십시오!'

홀 부인은 일행과 함께 시골로 떠났다. 그렇지만 만일
을 대비해서 기독교인들 살상을 시작한다는 날짜 이전에
돌아올 수 있도록 여정을 이틀 정도 줄였다.

그날 오후 첫 번째 마을에서 진료하였다. 마을 사람들
은 그들을 환대하였고 고마워하며 약품을 받아 갔다. 다
음 날은 다른 마을을 방문했다. 마을마다 여자들이 한 방
가득 차게 모였고 남자들도 더러 있었다.

세 번째 마을에 방문했을 때였다. 사람들이 그 마을에
정신병자가 있는데 그 여자를 고쳐 달라고 홀 부인에게 데
려왔다. 너무나 처참하고 불쌍한 이 여자는 서른네 살 된
미인으로 남편을 잃은 지 3년이 된, 두 아이의 엄마였다.

'하나님이 이 여자를 만나게 하려고 나에게 이 어려운
상황에서 선교여행을 시키신 것은 아닐까?'

홀 부인은 여자를 찬찬히 살펴보며 이렇게 심하게 정
신병이 생기게 된 이유를 물었다. 사람들은 몇 달 전 이 여

인이 평양을 다녀온 후 정신이 돌았다고 하였다. 그 후 여자를 넉 달 동안이나 작은 골방에 가두어 놓았다고 했다.

방은 작고 컴컴하였으며 벽은 도배도 하지 않은 흙벽이었다. 창문이 없어 습하고 불결했고 작은 출입문 하나가 있었다. 가구라고는 아무것도 없는 방안에 조롱박 바가지가 있었는데 거기에 음식을 갖다 주었나 보다. 먹다 남은 음식이 담겨 있었다. 돼지 먹이와 다름없는 불결한 음식물이었다. 방안에서는 돼지우리에서 나는 것 같은 지독한 악취가 풍겼다.

이 여자가 병이 들었을 때 사람들은 무당을 불러 20일 동안이나 떠들썩하게 굿을 하였다고 한다. 무당들은 귀신을 쫓아낸다고 여자를 때리고 몸을 불로 지져서 몸 여러 군데가 상처가 심하게 헐어 있었다. 이렇게 해도 병이 낫지 않아 여자를 골방에 가둔 것이다.

'아, 주님, 어찌 이럴 수가……'

홀 부인은 그 가족들을 불러 말하였다.

"멀쩡한 사람이라도 이렇게 비위생적인 어두운 골방에 가두면 정신이 이상해질 것입니다. 어서 밝은 방으로 이 여인을 옮기도록 하세요."

이 여인이 무엇을 잘못했는지 모르지만 그들은 어쩌자고 여자의 성기를 엿새 동안 매일 뜨거운 불로 지지고 머리 정수리와 뒤통수까지 불로 지졌다. 이런 상황에서 여자가 죽지 않고 살아 있는 것이 기적 같았다.

여자를 진찰하였다. 약물을 투여하고 영양가 있는 음식을 섭취시키며 좋은 환경을 만들어 주면 제정신으로 돌아올 것 같았다. 홀 부인은 이 여인에게 적절한 조치를 취할 방법을 생각하였다. 치료하면서 차츰 그 결과를 지켜보기로 하였다. 홀 부인은 예전부터 적절한 시설, 장소, 보조 인력이 구비될 때까지는 정신병 환자들을 받지 않겠다고 하였다. 그런데 이 같은 처참한 상황을 보니 마음이 흔들렸다.

'저들도 인격을 가진 소중한 생명이 있는 사람들인데……'

에스더가 의사가 되어 도와주고 에스더의 여동생까지 병원 일을 돕고 있으니 병원의 한 병동만 개조할 수 있다면 불쌍한 정신병 환자들을 치료하여 새로운 삶을 살게해 주고 싶었다.

'병동을 지을 후원금만 마련할 수 있다면 두 개의 병동

을 더 지어, 하나는 전염병 환자 병동으로, 하나는 정신병 환자 병동으로 사용하면 좋을 텐데…….'

홀 부인은 어려운 가운데 이번 선교여행을 다녀오게 하신 주님의 깊은 뜻을 알 수 있을 것 같았다. 몇 마을을 더 들려 예정대로 의료 활동을 한 후 평양으로 돌아왔다. 돌아오는 길은 땅이 너무 질어서 힘들었다. 11월의 가을비가 내리고 날씨도 점점 추워졌다.

"엄마, 잘 다녀오셨어요?"

셔우드가 병원 마당에서 뛰어와 일행을 반갑게 맞았다. 엄마가 며칠 없었는데도 이 용감한 꼬마는 활기차게 잘 지내고 있었다. 셔우드는 일행보다는 함께 다녀온 조랑말에 관심이 더 많아 보였다. 조랑말 목을 껴안기도 하고 등을 토닥이며 문질러 주기도 하였다. 겁도 없이 호기심 많은 아들을 바라보며 아빠 닥터 홀을 많이 닮은 것 같다고 말하여 모두들 웃었다. 앞으로 어떤 일들이 닥쳐올지 모르지만 그날은 병원 식구들과 저녁 식사를 하며 모처럼 편안한 가을 저녁을 보냈다.

1902년 홀 부인은 안식년을 맞이하였다. 에스더에게

병원을 맡기고 셔우드를 데리고 미국으로 갔다. 그동안의 시련들이 생각나 가슴 아팠지만, 보고 싶었던 친구와 지인들도 만나고 대학원 과정을 더 공부해서 최신 의술도 익혔다. 선교회에서 여성 전용 병원을 지을 기부금을 넉넉히 후원해 주어 감사하고 힘도 났다.

안식년을 마치고 1903년 조선으로 왔다. 배편이 마땅치 않아 화물선을 타고 일본 고베까지 와서 제물포, 서울을 경유하여 평양으로 오는 길은 6개월이나 걸리는 힘들고 긴 여정이었다. 어린 셔우드가 긴 여행을 별 탈 없이 잘 적응해 주어 감사했다.

"에스더, 그동안 정말 수고 많았어요."

그동안 병원은 에스더가 잘 관리하고 있었다.

"모두 선생님이 병원을 안정되도록 잘 관리하고 노력하신 덕분이지요. 환자들이 많은 날은 병원이 좁다는 생각이 들 때도 있어요."

"이번에 받은 후원금으로 환자들이 불편하지 않도록 병동을 더 넓혀야겠어!"

두 사람은 오랜만에 편안하게 차를 마시며 앞으로 해야 할 병원 일들을 의논하였다.

홀 부인은 병원을 짓는 건축 작업에 들어갔다. 본관은 2층 건물로 양철 지붕에 벽돌 굴뚝을 달아 설계하였다. 이런 서양식 건물은 당시 평양 주민들에게는 구경거리였다. 완만한 조선식 곡선의 한옥은 예술적이긴 해도 비용이 많이 들어서 병원 시설을 늘리고 개선하는 데는 서양식 건축이 경비나 건물 활용 면에 도움이 되었다.

새 건물은 깨끗했고 쓸모가 많았다. 건물 이름은 전에 평안 감사가 지어 준 '광혜여원'을 그대로 붙이기로 하였다. 병원에 날이 갈수록 환자들이 많아졌고 홀 부인은 정성을 다해 그들을 치료하였다.

그런데 나라에 또 전쟁의 불길한 기운이 감돌고 있었다. 조선을 둘러싼 각 나라가 조선에 그들의 권력을 심으려고 기회를 엿보고 있었다. 1904년 2월, 노일전쟁이 일어날 것이라는 불길한 소문이 나돌았다. 홀 부인은 십 년 전, 청일전쟁 중 다친 환자들을 돌보다가 남편이 전염병으로 사망한 뼈저린 아픔을 겪은 터라 긴장되었다.

조선에 와서 힘든 전쟁을 여러 번 겪었기에 전쟁에 대처하는 능력도 생겼다. 병원에 필요한 보급품과 물을 확보하고 모래주머니로 방책을 쌓았다. 무기와 탄약들도 공급받았으나 직원들 대부분은 그것을 어떻게 사용하는지도 몰랐다. 동학군들이 다시 나타나 외국인들을 공격할지 모른다는 소문까지 나돌아 긴장하였다.

1894년 동학군이 패배한 뒤 새로운 지도자 손병희가 나타났다. 그는 많은 조선 청년들을 일본에 데려다 공부를 시켰다. 러시아와 일본의 관계가 험악해지자 손병희는 동학 추종자들에게 '진보회'라는 정치 조직을 만들게 하였다. 필요하면 민중을 규합하여 정부의 부패를 없애고 조선의 정치적인 독립의 길을 다지는 계획을 하고 있었다.

그러나 손병희로부터 정치적 임무를 수행받은 동학군이 진보회를 일본의 앞잡이인 '일진회'에 팔아 버렸다. 이 소식을 접한 손병희는 분노를 참지 못하고 동학이라는 이름을 '천도교'로 바꿨다. 손병희는 조선의 독립을 갈망하며 30개 이상의 학교를 세우고 100개 이상의 전도소를 만들었다. 이 천도교는 후일 기독교 단체와 연합하여 조선의 독립을 위해 공헌하였고 삼일만세 운동에 큰 디딤돌이 되었다.

동학군들이 외국인을 공격하러 온다는 소문은 사실이 아니었고 1904년 러일전쟁이 발발하였다. 셔우드는 망원경을 가지고 언덕에 올라가 동태를 살핀 후 어머니께 보고하는 임무를 맡았다. 망원경으로 보니 멀리 일본군 선봉대가 평양으로 접근하는 것이 보였다. 일본 공병은 강을 건널 수 있게 부교를 가설하기 시작했다. 러시아의 코사크 병사들은 평양의 북쪽에서 나타났다. 그들은 수염을 짙게 길렀고 날쌘 기마를 탄 몸집이 큰 병사들이었다.

십 년 만에 또 전쟁을 겪는 평양 주민들은 전쟁의 악몽이 생각나 모두 피난을 떠났다. 일본인 관리들은 백인 선교사들 가족에게 위급할 때 내어 보이라고 색깔 있는 작은 배지를 발급하였다.

그날 아침은 전투가 벌어질 기미가 없었다. 셔우드는 보통 때처럼 학교에 갔다가 성문으로 와보니 일본군이 성문을 지키고 있었다. 학교에 다녀온다고 배지를 보였으나 그 일본군은 배지에 대해 잘 알지 못하였고 셔우드가 러시아 꼬마 스파이라고 의심을 하였다. 약간 수상쩍다는 혐의만으로도 몇 사람은 스파이로 간주되어 총살을 당하기도 했다.

"아, 저는 미국 선교사 아들이에요. 우리 엄마는 '광혜여원' 의사셔요. 지금 학교에 다녀오는 길이에요. 저를 집에 보내 주세요!"

셔우드는 자신이 처한 상황을 손짓, 발짓을 섞어 다급하게 말하였지만, 그들은 막무가내였다. 마침 우연히 그곳을 지나가던 일본 장교 한 사람이 무슨 일인가 하고 다가왔다. 그는 다행히 조선말을 할 줄 알았다. 셔우드 말을 듣더니 부하 한 사람을 광혜여원으로 보내 사실이 확인되자 그제야 놓아주었다. 이야기를 전해들은 홀 부인은 가슴을 쓸어내리며 셔우드의 외출을 금지했다.

전쟁은 평양과 가까운 북쪽에서 벌어졌다. 일본군들은 전사자들을 강둑으로 운반해 수백 구의 시체를 쌓아 놓고 단체 화장을 했다. 불길이 타오르자 시체들은 뒤틀리고 꼬부라졌고 어떤 시체들은 살아 있는 사람처럼 벌떡 일어나 앉기도 하였다. 어머니가 바라보지 못하게 하였어도 어린 셔우드는 이 끔찍한 장면을 멀리서 목격하였고 전쟁이 잔혹하고 끔찍하다는 것을 어려서부터 알게 되었다.

전쟁은 일본의 승리로 끝났다. 1905년 9월 5일, 루스벨트 대통령의 중재로 미국의 뉴햄프셔에서 '포츠머스 조약'이 체결되었다. 이 조약으로 일본은 조선의 외교권을 장악하게 되었고 조선은 공식적으로 일본의 보호국이 되었다. 그 후 2년여가 지난 1907년 7월, 조선 황제는 아들에게 왕위를 물려주었지만 즉위한 순종 황제는 1910년 8월, 조선이 일본에 병탄될 때까지 이름뿐인 황제로 존재했다.

전쟁의 긴박감에서 벗어나자 선교사들은 그동안 힘겨웠던 마음과 머리를 식힐 필요를 느꼈다. 홀 부인은 배 한 척을 사들여 배 위에 기거할 수 있는 방을 만들었다. 조선의 배는 길고 밑바닥이 납작하여 수심이 낮은 곳도 갈 수 있었다. 짚을 엮어 지붕을 만들고 세 개의 방이 되도록 거적으로 칸을 막아 거실과 침실, 부엌으로 썼다. 배 양쪽으로 좁은 길을 두어 사공들이 뱃머리와 선미를 오가며 일하도록 설계하였다.

그동안 지친 병원 직원들에게 휴식의 시간을 주고 싶은 홀 부인의 배려였다. 배가 상류로 올라가자 높은 산들이 나타나고 경치는 절경을 이루고 있었다. 모두 그동안 쌓였던 피로가 다 풀리는 듯 즐거워하였다. 배가 들어갈 정도의 큼직한 동굴들이 있어 동굴 안을 탐험해 보기로 하였다. 동굴은 대낮인데도 시원하였고 천장에 아름다운 석순과 종유석이 가득 달려 있었다.

며칠간의 휴가를 마치고 평양으로 돌아왔다. 이 여행에서 홀 부인은 이젠 셔우드가 어린아이가 아니라는 것을 알게 되었다. 급류 타기도 즐기며, 배도 잘 다루고, 낚시도 잘하는 모험심 많은 청소년으로 커 있었다. 점점 남편 닥터 홀을 닮아 가고 있었다.

셔우드는 평양에서 하고 싶은 일이 몇 가지 있었다. "이 도시의 최북단에 비밀통로가 있는데 고대의 왕들은 위험한 사태가 닥치면 그곳으로 피신했다"라는 짧은 글을 평양 역사를 기록한 책에서 읽은 적이 있었다. 셔우드는 그 동굴을 탐사해 보고 싶었다. 그 통로는 강 밑을 지나 강 중심에 있는 커다란 섬으로 연결되었다고 하는데 그곳에 숨겨진 보물이 있을 것 같았다.

셔우드는 이 계획을 친구 존 베어드에게 이야기하였고 존도 찬성하며 적극적이었다. 두 소년은 이 일을 비밀에 부치고 탐험에 나섰다. 통로의 입구를 찾으려 전전긍긍하던 어느 날이었다. 강 가까이에 덤불이 무성하게 자라고 땅이 우묵하게 들어간 한쪽에 동굴처럼 보이는 컴컴한 출입구를 발견하였다. 두 사람은 동시에 "바로 저기야!"라고 소리쳤다. 하지만 날도 어두워지고 혹시 뱀이나 야생동물들의 습격을 받을지 몰라 다음 날 무장을 하고 다시 오기로 하였다.

다음 날 둘은 성냥, 초, 삽을 준비하여 장화를 신고 다시 갔다. 그곳은 돌로 벽을 만든 통로였다. 통로를 따라 30미터쯤 갔더니 또 다른 벽이 앞을 가로막았다. 두 소년은 삽으로 벽 밑을 파기 시작하였다. 오래된 뼈다귀가 나왔다. 밑을 더 파서 벽 밑으로 통과하려고 했으나 그것이 무모한 모험임을 깨달았다. 밑을 더 파면 돌벽이 무너질 것 같았다. 주저한 끝에 탐사를 포기하고 말았다.

셔우드는 그 밖에도 장총을 다루는 방법을 배워 사냥도 즐겼다. 누에 치는 것도 배워서 명주실을 뽑아 조선인 친구한테 부탁하여 명주 천을 어머니께 선물하기도 하였다. 모험을 좋아하는 씩씩한 청소년으로 잘 자라고 있었다.

6 하디 선교사의 설교

사업가가 되고 싶었던 셔우드는 1906년 어느 날, 그의 인생에 전환점을 준 은인을 만났다. 평양의 선교사들이 원산에서 선교사로 있던 캐나다 선교사 닥터 로버트 하디 (R. A. Hardie, 1901년 고성군 간성감리교회를 세운 선교사)를 초청해서 선교 모임을 갖기로 하였다. 하디 선교사는 1890년 10월 셔우드 아버지 윌리엄 제임스 닥터 홀이 처음 부산에 도착했을 때 마중을 나왔던 분이기도 하다. 하디 선교사는 조선의 방방곡곡에서 하나님의 메시지를 전했다.

하늘나라로 간 닥터 홀이 세운 평양 교회에 온 닥터 하디는 조선말로 특별 예배를 인도하였다. 그의 말씀은 생명력이 있었고 1907년 '기독교 대부흥'을 일으켰다. 유교와 조선의 풍습, 관습으로는 결코 쉽지 않은 상황에서 수없이 많은 조선 사람들이 하나님을 만나게 되었다. 그중에 셔우드도 있었다. 셔우드는 닥터 하디 선교사의 설교를 듣고 큰 감동을 받았다. 장래 서양으로 돌아가 사업가가 되려 했는데 하디 선교사의 설교를 듣고 그 꿈이 바뀌었다. 그날 설교 내용은 이러하였다.

"기독교 복음의 핵심은 하나님의 말씀에 있습니다. 지옥에 가지 않으려고, 상을 받아 천국에 가려는 마음으로만 믿음 생활을 한다면 하나님 말씀을 잘 알아듣지 못합니다. 인간이 자기 힘과 노력으로 잘 된다고 생각하는 것은 자만심과 믿음의 부족에서 비롯된 것입니다.

기독교의 가르침은 하나님께서 우리를 죄악에서 구해 주시는 능력에 있습니다. 예수님은 십자가에 달려 참혹하게 돌아가시며 모든 시대를 통해 가장 놀랍고 귀한 말씀을 하셨습니다. '아버지여, 저들을 용서하여 주옵소서. 저들은 자기가 무슨 일을 하는지 알지 못하나이다'(눅 23:34). 이 말씀을 깊이 음미해 보십시오. 하나님께서는 어떤 잘못을 저질러도 우리의 죄를 용서해 주신다는 것을 의미합

170

니다.

아무리 높은 이상도 영적인 힘이 없다면 수행하기 어렵습니다. 이 영적인 힘은 말씀 안에서 꾸준한 기도로 얻어질 수 있습니다. 날마다 음식을 고루 섭취해야 체력이 유지되듯이 우리의 영적인 강건함도 날마다 기도를 통해서유지될 수 있습니다. 그럴 때 우리의 목적은 인간의 영광으로부터 하나님의 영광으로 그 초점이 바뀌게 됩니다."

셔우드는 설교를 들으며 '내가 장래 어떤 일을 하면 하나님께서 영광을 받으실까?' 그 생각만 하였고 그날 이후서양에 가서 공부하여 의료선교사가 되어 돌아와 조선사람들의 병을 치료하는 일을 하겠다고 결심하였다.

그 누구도 셔우드에게 의사가 되라고 권고한 적이 없었다. 새해만 되면 셔우드는 언제나 새 일을 계획하지만작심삼일에 끝나곤 했다. 자신의 힘으로는 그 같은 꿈을이룰 수 없다는 것을 잘 안다. 그러나 하디 선교사의 설교에서 영적인 힘을 얻어 소망하는 것을 이룰 수 있는 방법을 알게 되었고 장래 그 꿈을 이룰 수 있다는 자신감으로가슴이 벅찼다.

평양에서 의료사업과 교육사업은 계속 확장되었다. 미국 선교회 본부에서는 가끔 대표를 파견하여 현지에서 필요한 사항이 무엇인지 알아보고 선교사들과 유대를 강화하도록 했다. 이 임무를 띠고 서머스톤(J. Sumer Stone)이 평양에 왔다. 로제타 홀 부인은 매우 기뻐하였다. 그 예전 닥터 홀이 조선에 오기 전 뉴욕에서 일했을 때, 서머스톤 댁에서 기거한 적이 있었다. 남편을 알고 있는 선교회 본부 임원에게 조선 선교사업의 상황을 보여 주는 일은 홀 부인으로서는 뜻깊고 소중한 일이었다.

서머스톤이 떠나던 날 배웅 나간 홀 부인은 열차가 떠나는 시간도 모르고 이야기하다가 기차가 움직이자 갑자기 뛰어내려 다리 골절을 당했다. 홀 부인은 자신의 병원에서 입원환자가 되어 2층 병실에 갇힌 몸이 되었다.

1906년 11월, 어느 날 학교에서 수업을 받고 있는데 같은 반 친구가 교실로 뛰어 들어오며 소리쳤다.

"셔우드, 너네 엄마 병원에 불이 났대!"

깜짝 놀란 셔우드는 미친 듯이 병원으로 뛰어갔다.

"아, 어머니, 어떡하나? 우리 어머니가 2층 병실에 있어요. 구해 주세요!"

소리를 지르며 불타는 병원으로 뛰어갔다. 다행히 사람들은 불이 번지기 전에 셔우드의 어머니를 비롯한 2층 환자들을 사다리를 이용해 근처의 초가집으로 옮긴 후였다.

홀 부인은 망연자실하였다. 여성병원과 마거리트 기념 어린이 병동 등, 남편과 딸을 하늘나라로 보내고 천신만고 끝에 지은 병원들은 다 타서 재가 되었다. 남은 것은 단지 벽돌 굴뚝뿐이었다. 굴뚝은 바람이 세차게 불면 쓰러질 것 같았다.

"아, 하나님 어찌합니까? 또 저에게 이런 일을 당하게 하시다니⋯⋯."

홀 부인은 며칠간 식사도 하지 않고 오열하며 기도하던 중 더 나은 것으로 보상해 주실 것이라는 하나님의 위로를 받았다. 홀 부인은 다시 기운을 차렸다. 다친 발의 깁스를 풀고는 새 병원 건물을 짓기로 하였다. 먼저 위험한 굴뚝을 제거하기로 하였다. 다행히 운산에 있는 미국금광에서 종업원을 보내 다이너마이트를 이용해 굴뚝을 무너뜨려 주어서 위험 요인은 제거되었다.

홀 부인은 이제 새 건물이 완성될 때를 기다려야 했다. 병원 건물이 없는데도 환자들이 계속 찾아오자 선교위원회가 '구골'에 초가집을 빌려서 작은 진료실을 마련해 주었다. 홀 부인은 그 집에서 불편한 대로 병원 일을 다시 시작하였다. 병원이라 해도 바닥은 진흙을 개어 칠했고 창문은 종이로 바른 초라한 집이었다. 의료 기구도 별로 없었다. 수년 전 평양에서 처음 의료사업을 시작했던 때를 생각나게 하는 상황이 다시 시작된 것이다.

'이 아픈 마음의 상처를 치료하는 길이 없을까?'

너무나 크게 낙심하는 홀 부인에게 주변에서 아픈 마음이 회복되도록 함께 매일 예배를 드리자고 하였다. 홀 부인은 그들의 마음을 고맙게 생각하고 병원 일을 마친 후, 매일 저녁 예배를 드렸다. 그런데 놀랍게도 홀 부인에게 치료받아 병이 완치된 마을 주민들이 한 사람 두 사람 그 예배에 참여하기 시작하였다.

병원에 화재가 나서 '구골'이라는 동네에 초가집을 빌려서 진료를 하게 된 일은, 그 지역에 교회를 생기게 하는 계기가 되었다. 훗날 그 교회는 교회 창설자인 홀 부인 로제타를 기억하며 매년 크리스마스가 되면 병원용 유니폼을 만드는 데 써 달라며 교인들이 직접 손으로 짠 두툼한 천 두루마리를 보내오곤 하였다.

화재의 쓰라림을 경험한 홀 부인은 새 건물을 벽돌과 화강암으로 짓기로 했다. 장소도 닥터 홀 내외가 처음 평양에서 의료봉사를 시작하던 곳과 가까운 곳을 정했다. 로제타의 아픔을 아는 지인들과 친구들의 후원으로 더 크고 좋은 건물을 지을 수 있는 자금이 마련되었다. 수도와 온수, 난방 시설도 설계되었다. 홀 부인이 구상한 건물은 그 당시 평양에서는 아주 혁신적인 시설이었다.

홀 부인은 열네 살 된 셔우드에게 자립심을 길러 주려고 병원 짓는 일을 감독하고 돕는 일을 시켰다.

"셔우드, 너는 새로운 일에 도전하는 걸 좋아하니 이 일도 잘해 낼 거야. 이 일이 장래에 너에게 큰 도움이 될 수도 있어. 잘 모르는 것은 목수님께 물어보며 잘 진행하도록 하거라. 엄마가 옆에서 도울게."

홀 부인은 셔우드를 도와주도록 집 짓는 일을 하는 고서방을 붙여주었다. 셔우드의 첫 번째 임무는 목수들의 조장 김 씨를 서울로 데리고 가서 벽돌 건물이 어떻게 생겼는지를 보여주는 일이었다. 김 씨는 벽돌 건물을 한 번도 본 적이 없다고 하였다. 그 무렵 평양의 선교회 건물은 모두 한옥이었다.

열네 살 된 소년 감독의 임무는 너무 벅찬 것이었다. 셔우드와 김 씨의 관계는 '맹인이 맹인을 인도하는 격'이었다. 그러나 역시 경험은 가장 좋은 선생님이었다. 모르는 것은 여기저기 물어보고 어머니와 목수 조장인 김 씨와 머리를 맞대고 의논하며 일한 결과 놀랍게도 1908년, 아주 멋지고 커다란 새 건물이 완성되었다.

천신만고 끝에 지은 여성병원과 마거리트 기념 어린이 병동이 불에 탄 지 2년여 만에 새 병원 건물이 완성되었다. 그동안의 아픔을 뒤로하고 홀 부인은 감사의 눈물을 흘리며 이렇게 기도하였다.

'아, 하나님, 감사합니다. 이렇게 더 시설이 훌륭한 현대식 병원을 주셔서 많은 환자를 치료하게 하시려고 그 힘든 고통을 저에게 주셨군요! 이겨 낼 힘을 주심에 감사드립니다…….'

병원이 많이 커져서 다음 해에는 맹인학교에 이어 청각 장애와 말을 못 하는 환자를 치료할 수 있는 시설을 갖추게 되었다.

셔우드는 어느새 만 15세가 되었다. 상급학교 교육을

받아야 할 나이가 되었다. 당시 평양외국인학교는 8학년 뿐이었다. 가을이 되자 홀 부인은 셔우드를 중국 산동성 취푸(Chefoo)에 있는 영국 선교부에서 운영하는 고등학교에 진학시키려고 산동성으로 데리고 갔다.

자신을 입학시키고 평양으로 돌아가는 어머니를 보며 셔우드는 쓸쓸했다. 엄마를 따라 다시 평양으로 돌아가고 싶어졌다. 겁 없이 명랑하던 소년의 마음에 향수병이 생긴 것이다. 셔우드는 어머니가 떠난 길을 넋을 잃고 바라보고 있었다. 쓸쓸한 마음을 가라앉히려고 친구들을 사귀고 학교의 여러 활동에도 참여하였다.

마침 그 학교는 중국에서 봉사하는 선교사의 자녀들이 많았다. 미국인으로 셔우드보다 네 살 아래인 장로교 선교사 아들 헨리 루스(Henry Robinson Ruce)도 그 학교에 다녔다. 그는 성인이 된 후에 예일대와 옥스퍼드 대학을 졸업하고 〈타임〉 지를 비롯한 많은 잡지를 발행한 사람이다. 헨리 루스 또래의 미국인 친구가 또 있었는데 그의 이름은 손턴 와일더(Thonton wiven Wilder)이다. 그도 성인이 되어 프린스턴, 예일대를 졸업하고 하버드 대학 교수로 재직하며 유명한 작가가 되었는데 〈위기일발〉이라는 희곡으로 퓰리처상을 수상하였다.

좋은 학우들이 많았는데 학교 규율이 너무 엄격해서 셔우드는 학교생활이 즐겁지 않았다. 모험심이 많아 들판을 뛰어다니며 자유롭게 생활한 셔우드는 엄격한 기숙사 생활과 규제된 교칙으로 학교생활에 적응하기가 힘들었다.

결국 셔우드는 한 학기를 마치고 학교를 중단하였다. 아무리 좋은 교육시설이라도 본인이 적응하지 못하면 좋은 교육 효과가 없음을 알고 홀 부인은 셔우드를 평양으로 다시 데리고 왔다. 시간이 허용되는 대로 직접 상급학교에 진학할 수 있는 준비학습을 시켰다. 2년 후 두 번째 안식년 휴가로 미국에 갈 예정인데 그때 셔우드를 매사추세츠에 있는 마운트 허몬 학교(Mount Hermon School)에 입학시켜야겠다고 생각하였다.

홀 부인은 셔우드에게 경제적인 자립심을 길러 주기로 하였다. 앞으로 계속 공부하기 위해서 꼭 필요한 일이었다. 그리하여 러시아 박물학자에게 곤충채집을 해주는 일거리를 얻었다. 이 일은 매우 흥미 있는 아르바이트였다. 그런데 채집한 곤충표본들이 러시아에 도착했을 때는 여름이었다. 우기라 비가 많이 오고 습도가 높아 셔우드가 보낸 곤충표본들 대부분이 곰팡이가 슬었다. 운송시간을 계산에 넣지 않은 것이 실수였다. 그동안 고생하고 노력한 일들이 허사가 되자 셔우드는 크게 실망하였다. 홀 부인은 셔우드에게 이 일을 거울삼아 앞으로 아르바이트를 하거나 돈을 투자할 때는 좀 더 철저히 계획을 세우고 현명하게 처신하도록 타이르고 돈을 많이 번 것만큼이나 좋은 경험을 했다고 위로했다.

어느 날, 홀 부인은 셔우드를 불렀다.

"셔우드, 해외 선교부에서 조선으로 두 의료선교사 가정을 파견하기로 결정하였대. 그들이 평양에 올 수 있도록 거주할 집을 지으려 하는데 그 감독 일을 한번 해보지 않겠니? 지난번 병원 지을 때 해본 경험도 있으니……."

"글쎄요, 그 어려운 일을 제가 해낼 수 있을까요?"

"혼자 하는 게 아니라 좋은 기술자를 붙여 줄게. 숙소 문제가 결정되지 않으면 그 선교사님들은 다른 지역으로 임명될 수도 있어."

홀 부인은 병원이 점점 커지자 의료선교를 함께할 의사가 더 필요했다. 평양에 오겠다는 선교사들이 숙소가

마련되지 않아 다른 지역으로 가게 될까 봐 마음이 급한
모양이었다.

"어머니, 알겠어요! 제가 해볼게요. 그 대신 어머니가
많이 도와주세요!"

선교사들이 거주할 집을 짓는다면 선교사들을 돕는 일
이 되고, 어머니의 병원 일을 수월하게 해드리는 일도 되
고, 장래 자신의 집을 짓게 될 때 좋은 경험이 될 것 같았다.

아버지 닥터 홀이 사망하기 전에 생명보험을 든 돈으
로 연립주택을 짓기로 하였다. 연립주택은 단독주택보다
경비가 적게 든다는 것을 알았기 때문이다. 평양에서 제
일 높은 3층 건물로 설계하였다. 마루용 재목, 문짝, 창살
등의 재목과 철물들은 워싱턴 타고마에서 조립품을 주문
해서 쓰기로 하였다. 만들어진 조립품을 가져오면 시간과
돈이 절약될 뿐 아니라 나중에 잘 맞지 않는 불편함을 줄
일 수 있기 때문이다.

서둘러 건축 시공에 들어갔다. 첫 작업은 지하실을 파
는 것이었는데 암석이 많아 사람의 힘으로는 깨기가 힘들
었다. 고심 끝에 다이너마이트를 사용하여 폭파하기로 하
였다. 시내 지역이라 조선인 청부업자는 발파작업 허가를

받지 못했는데 셔우드는 외국인이라 허가를 받을 수 있었다. 그 당시 철로는 서울에서 평양을 경유하여 만주 경계 부근까지 놓여 있었다. 청부업자들과 납작한 철로용 차를 타고 철로 끝까지 가서 발파작업을 구경하였다. 그곳에서 다이너마이트 다루는 법을 배울 수 있었다. 퓨즈를 테스트할 때 절대 깨물면 안 된다는 것도 배웠다.

암시장에서 다이너마이트는 금값과 맞먹었다. 많은 사람들이 셔우드가 사온 다이너마이트를 탐내어서 위험하긴 했지만 침실 벽장 속에 넣고 열쇠를 잠가 놓았다.

발파작업은 순조롭게 진행되었다. 첫 번째 다이너마이트를 장치하고 불을 붙였는데 터지지 않았다. 셔우드는 땅에 묻힌 화약을 다시 파낼까 하다가 불량품일지 모른다는 생각이 들어 다이너마이트 하나를 땅속에 더 묻었다. 발파 시 돌이나 파편들이 사방에 튀는 것을 방지하려고 짚이나 가마니 같은 것들로 단단히 방비했다.

그러나 먼저 묻은 다이너마이트는 불량품이 아니고 연결이 잘못되어 터지지 않았던 것이다. 다이너마이트 두 개의 힘이 얼마나 무서운지 정확히 계산하지 못하고 발파를 한 것이다. 마치 작은 화산이 터지듯 폭발이 일어났다.

다행히 다친 사람은 없었지만 크게 놀란 사람들이 사방에서 몰려왔다. 공사할 때 큰소리가 나지 않게 하고 위험한 일이 없도록 하라고 관리들이 찾아와 단단히 경고하였다.

"셔우드, 신중하고 또 신중하게 일을 처리하거라!"

셔우드는 어머니의 걱정과 꾸지람을 달게 받아야 했다. 이 발파작업은 순진한 마을 사람들을 공포에 떨게 했고 셔우드 자신도 놀라 그 후부터는 사소한 일도 전문가에게 물어서 점검하고 또 점검하기를 수없이 반복하며 일을 진행했다.

어렵고 힘든 6개월의 긴 공사 끝에 1909년 7월, 3층 연립주택이 완공되었다. 소년 셔우드가 그 일을 해냈다. 이제 숙소 문제가 해결되어 두 분 선교사의 평양 임명이 가능해졌다. 그 연립주택은 평양에서 제일 높은 벽돌 건물로 볼거리를 제공하기도 했지만 셔우드의 상급학교 진학 학비를 마련하여 유학 준비 계기가 되었다. 소년 시절 이런 특별한 경험과 체험들은 훗날 해주 결핵요양원을 짓고 환자들의 자립농장을 개척하는 데 좋은 밑거름이 되었다.

1909년 5월 28일은 '우리들의 의사 선생님'이라고 불렸던 에스더에게는 아주 기쁘고 특별한 날이었다. 여성 교육협회와 여성 기업협회에서 공동으로 조선 최초의 문학사였던 하란사(B. A)와 조선 최초의 여의사 에스더 박에게 표창장을 주는 날이었다. 서울에서 거행된 이 식에서 에스더는 금메달을 받았다. 에스더는 그동안의 고생도 잊어버린 듯 행복하고 자랑스러워했다.

그러나 이런 기쁨과 영광의 날이 1년 남짓 지났는데 청천벽력같이 에스더에게 아주 충격적인 어두운 그림자가 다가왔다. 폐결핵에 걸린 것이다. 여러 가지 좋은 방법으로 치료를 해보았으나 에스더의 병세는 점점 악화되었다.

안타깝게도 조선에는 폐결핵을 치료할 요양원 같은 곳이 없었다. 로제타는 가슴이 찢어지는 것 같았다. 열세 살 소녀 점동이를 이화학당에서 만나 이렇게 훌륭한 여의사 에스더 박이 되기까지 어려운 일을 함께 겪어 온 일들이 얼마나 많았던가?

"하나님, 제게서 남편 홀을 데려가시더니 왜 나의 사랑하는 제자, 동역자인 에스더까지 데려가시려 하십니까?"

로제타는 통곡했고, 오열했다. 에스더 박은 조선 최초의 여의사로 10년간 수많은 환자를 치료하고 성경공부를 가르치는 교사로 신실한 삶을 살다가 1910년 하늘나라로 갔다.

모두들 충격이 컸지만 셔우드의 슬픔은 이루 말할 수 없었다. 늘 다정하게 웃으며 한 식구가 되어 준 에스더 이모가 옆에 있어서 아버지가 안 계셔도 덜 외로웠다. 그렇게 따뜻하고 착한 의사였던 에스더 이모가 불치의 병에 걸려 사망하다니…….

셔우드는 눈물을 흘리다가 비장한 각오를 하였다. 장래 의사가 되어 이 불치의 병, 결핵을 퇴치하는 데 평생을 바치기로 다짐했다.

"사랑하는 에스더 이모님, 당신을 이 세상에서 빼앗아 갔고 당신이 사랑한 수많은 사람들의 생명을 빼앗아 가는 이 병의 퇴치를 위해 반드시 폐결핵 전문의사가 되어 조선에 돌아오겠어요! 편안하게 하늘나라 가세요!"

셔우드는 눈물을 흘리며 에스더의 장례예배를 드리다가 문득 4년 전, 로버트 하디 선교사가 들려준 설교 말씀이 생각났다.

'여러분, 높은 이상과 고귀한 동기도 영적인 힘이 없다면 실천하기 힘듭니다.'

홀 부인은 안식년 휴가가 돌아오자 평양의 병원 일들을 다른 선교사들께 맡기고 셔우드를 데리고 미국으로 떠났다. 이번 여정은 만주와 시베리아를 경유하여 유럽을 거쳐 미국으로 가는 육로 여행을 계획하였다. 이번에 가면 셔우드는 미국의 고등학교에 입학해야 한다.

'앞으로 혼자 있는 날들이 많을 텐데 얼마나 힘들고 어려운 일들이 전개될까?'

셔우드는 두 주먹을 꼭 쥐었다.

사랑하는 제자 에스더 박을 폐결핵으로 하늘나라에 보내고 봄, 여름을 우울하게 보내던 홀 부인은 가을로 접어든 어느 날, 밝은 목소리로 셔우드를 불렀다.

"셔우드, 엄마가 스코틀랜드의 에든버러에서 열리는 세계선교사 회의에 조선 지역 공식 대표로 임명되었다는구나!"

1890년, 조선에 선교사로 온 지 20년 만의 일이다. 홀 부인은 그동안 겪었던 시련들이 생각났다. 외국인으로 처음 평양에 와서 많은 박해를 받으며 남편과 평양 선교지를 개척하던 일, 청일전쟁, 러일전쟁, 동학란을 겪으며 두려움과 공포에 떨던 일도 생각났다. 전쟁 부상자들을 치료하다가 남편이 전염병에 걸려 세상을 떠난 일, 사랑하는 딸 에디스 마거리트를 이질 병으로 먼저 보낸 아픈 일이 생각났다. 사랑하는 제자 닥터 에스터를 먼저 하늘나라로 보낸 일들이 주마등처럼 떠올랐다.

많은 시련을 통해 하나님은 조선에 복음을 퍼뜨리고 남산현교회와 장대현교회를 중심으로 1907년 평양에 대부흥 운동을 일으켰다. 마을 곳곳에 작은 교회가 세워져 풍전등화 같은 어려운 시대를 살아가는 조선 사람들에게 말씀 안에서 위로와 희망을 갖게 하셨다.

어려운 환경에서 병원을 설립해 환자들의 병을 고치고 선교사로 진실하게 복음을 전한 로제타 홀 부인은 세계선교사 회의에 조선 대표로 참여하게 되어 기뻤다. 더욱이 만 열여섯 살이 된 셔우드가 고등교육을 받으러 함께 가게 되었으니 기쁜 마음이 컸다. 그동안 평양이란 좁은 곳에서 생활한 셔우드에게 여러 가지 경험으로 안목을 넓혀 주어야겠다는 생각이 들어 시베리아에서 유럽으로 가는 실크로드 길을 택하였다. 힘들어도 '여행은 교육의 한 부분'이라고 생각했기 때문이다.

당시 사정으로 보면 참으로 험난하고 과감한 용기가 필요한 행로였다. 그 당시 철도는 러일전쟁 직전에 러시아가 완공한 것이었다. 전쟁 때 이 철도로 군대와 보급품을 전선으로 운송하였었다. 이 철도 공사는 단단하지 못한 지반과 표토를 통과해야 하는 난공사였으며 당시 기술로서는 기념할 만한 공적이었다.

기차는 가파르고 구불구불한 산길을 불안하게 달렸지만 셔우드는 높은 산맥을 통과할 때 흥분과 스릴로 마음이 들떠 있었다. 창밖을 내다보면 깊은 협곡이 까마득한 낭떠러지를 이루고 있어 자칫 잘못하면 기차가 계곡으로 떨어질 것 같아 불안하였다. 그래서인지 기차는 낮에만 운행하였다.

저녁에 기차가 역에 서면 작은 산마을에 있는 여관을 찾아서 하룻밤을 지내곤 하였다. 만주식 겨울 침실은 조선의 온돌방과는 달랐다. 방바닥 한쪽에 돌을 쌓아 침대처럼 만들고 아궁이의 불길이 그 밑을 지나 굴뚝으로 통했다. 방바닥을 모두 데우지 않고 침대가 될 부분만 데웠다. 연료를 절약하기 위해서 그런 난방방식을 사용하는가 보다. 잠자리가 침대 정도의 높이라 편리하였고 아무리 추운 날씨라도 따뜻하게 잘 수 있었다. 만주인은 중국인들과 달라 키가 180센티가 넘는 사람들이 많았고 여성들의 발을 작게 하려고 발을 감는 전족도 하지 않아 좋았다.

만주의 끝 시베리아 국경에 도착하였는데 마을은 황량하고 음침해 보였다. 러시아 기차는 좌석이 길고 좁은 나무 의자에 깔개가 없어 '딱딱한 러시아'라고 불렸다. 동네라고는 전혀 보이지 않고 끝없이 넓은 평야만 보였다. 처음엔 기관차가 석탄을 태우며 달렸는데, 유전지대를 지날 때는 석유 기관차로 바뀌었고, 짙은 수림 지역을 지나갈 때는 목탄 기차가 되었다.

"어머니, 기관차 연료를 지역에서 생산되는 것으로 바꿔가면서 운행하네요."

"그렇구나, 참 먼 길이지만 셔우드가 좋은 걸 많이 배우니 다행이구나."

그런데 시베리아를 반쯤 지났을 때 셔우드가 고열이 나기 시작했다. 전에 중국에 갔을 때도 말라리아에 걸려 의식을 잃은 적이 있었으므로 홀 부인은 걱정이 되어 모스크바에서 동쪽으로 5천여 킬로미터 떨어진 이르쿠츠크

역에서 내렸다. 이곳은 아름다운 바이칼 호수에서 그리 멀지 않은 곳이다.

조그만 통나무 오두막집을 찾아 셔우드를 눕히고 수소 문해서 러시아 의사를 찾았다. 다행히 아주 친절하고 실력이 있는 의사를 만날 수 있었다. 그는 셔우드가 말라리아에 걸렸다고 하며 키니네를 처방해 주었다. 약을 먹자 열도 내리고 몸 상태가 좋아졌다. 몸이 회복되자 다시 열차를 타고 긴 여정 끝에 모스크바에 도착하였다. 동양과 유럽의 경계인 우랄산맥을 통과할 때의 경치는 말로 표현할 수 없을 만큼 장관이었다.

모스크바에는 돔 양식의 교회 건물들이 많았다. 크레믈린 궁전에서 말 위에 높이 올라타고 국민들의 환호를 받으며 '차르 황제'가 붉은 광장을 지나가고 있었다. 그러나 그 같은 환호를 받았던 러시아의 영웅인 차르 황제도 훗날 가족들과 함께 사형을 받게 되었으니 사람의 앞날이 영원하다고 할 게 무엇이 있을까?

페테르부르크는 모스크바보다 더 발전된 현대적인 도시였다. 도시를 건설한 역사적인 인물은 피터 대제였지만

1924년 레닌의 이름을 따서 '레닌그라드'로 바뀌었다.

이곳에서 세계의 가장 큰 '겨울 궁전'을 구경했다. 셀수 없을 만큼 많은 방들이 있었는데 다들 똑같아 보였다. 그런데 사건이 생기고 말았다. 홀 부인은 훌륭한 예술작품을 감상하느라 여념이 없었지만 셔우드는 그런데는 관심이 없었다. 모험심이 많은 그는 여기저기를 탐색해 보고 싶었다. 어머니와 몇 시간 후에 약속 장소에서 만나기로 하고 그 자리를 떠났다.

"셔우드, 너무 멀리 가지 말거라. 통행을 금지하는 곳엔 절대 들어가지 말고."

셔우드는 그러겠다고 대답하고 여기저기를 돌아다니다가 자신도 모르는 사이에 관람객이 들어가면 안 되는 곳엘 들어가게 된 걸 나중에 알게 되었다. 보초병이 잠시 자리를 비웠고 '출입 금지'라는 표시도 없었다. 수많은 방들이 있는 깊은 곳으로 점점 더 들어갔다. 한참을 다니다가 어머니와 만나기로 약속한 시간이 되어 밖으로 나가려 했다. 그러나 출구를 찾을 수가 없었다. 날은 저물어 가고 곧 캄캄한 어둠이 찾아올 걸 생각하니 무서웠다.

"살려주세요! 여기 사람이 있어요!"

크게 소리를 질렀으나 메아리만 울림으로 돌아올 뿐이었다. 홀 부인은 셔우드가 돌아오지 않자 보초병들에게 궁전에 들어간 아들을 찾아 달라고 했지만 그들은 이 궁전 안에 들어간 사람이 전혀 없다고 완강하게 부인했다. 자신들이 잠시 자리를 뜬 사실이 상관에게 알려지는 것이 싫었는지도 모른다. 홀 부인은 궁전 경호대장을 찾아가서 자초지종을 말했다. 규칙을 어긴 것은 벌을 받겠지만 호기심 많은 아들이 궁전 안으로 들어갔으니 찾아 달라고 간절하게 부탁을 했다. 결국 경호대장의 명령으로 경호병들은 등불을 들고 셔우드를 찾아 나섰다. 어둠 속에서 궁전을 헤매며 공포에 떨던 셔우드의 눈에 한 줄기 빛이 들어왔다.

"구해주세요! 여기 사람이 있어요!"

셔우드는 구조되었지만 경호병들의 표정은 그리 밝지 않았다. 혹시 무기라도 가지고 있을까 셔우드의 몸을 샅샅이 수색하였다.

"이 젊은이는 황실 궁전을 무단 침입한 엄청난 범법행위를 했소."

그들은 여권과 비자를 내놓으라고 했다. 홀 부인은 사

정을 말하였으나 영어가 잘 안 통해서 셔우드를 남겨둔 채 필요한 서류를 가져오겠다고 말하고 호텔에 갔다. 호텔 주인에게 사정을 말하고 간곡하게 도움을 요청해 그를 데리고 궁전으로 갔다. 규칙을 몰라서 한 일이라고 오랫동안 잘못을 빌고 간청을 해서 비공식적인 벌금을 지불한 후에야 비로소 풀려나올 수 있었다.

셔우드는 호텔에 돌아와 어머니께 잘못을 용서해 달라고 빌었다.

"이 일을 거울삼아 앞으로 매사에 신중하거라. 이젠 모든 걸 즉흥적이 아닌 이성적으로 판단해서 실행해야 할 나이란다."

모자는 다시 기차를 타고 바이에른, 파리, 런던을 거쳐서 에든버러에 도착하였다.

선교사 회의는 큰 규모였다. 세계 각 지역에서 온 대표들로 큰 회의장이 가득 찼다. 세계적인 명성을 얻고 있는 존 모트 박사가 회의를 주관했다. 그는 1897년, 아버지를 하늘나라에 보내고 미국 친정에 돌아온 어머니에게, 하나님께서 하실 일을 믿고 두 아이들을 데리고 조선에 가서 다시 의료선교활동을 하라고 조언해 주신 분이다. 존 모트 박사는 회의가 끝나고 숙소로 찾아와 홀 부인과 셔우드를 격려해 주었다. 존 모트 박사와의 다시 만남은 감명 깊었고 큰 힘과 위로가 되었다.

회의가 끝나고 셔우드는 캐나다 몬트리올 아버지의 고향에 들렀다가 매사추세츠 마운트 허몬 고등학교에 입학하러 미국으로 갔다.

"아, 이제 혼자서 스스로 모든 일을 해결하고 살아야 하는구나!"

두려워하는 셔우드 앞에 새로운 세상이 그를 기다리고 있었다.

1911년 셔우드는 아버지 윌리엄 제임스 홀 모교인 마운트 허몬 고등학교에 입학하였다. 마운트 허몬 고등학교는 그 유명한 트와이트 무디 목사가 창립한 학교다. 그 당시에도 무디 목사는 복음 전도자로 명성이 높았다.

이 학교는 '학생자원운동'(SVM)을 일으킨 곳이다. 셔우드의 아버지 닥터 홀도 마운트 허몬의 가르침으로 학생자원운동의 영향을 받아 의료선교사가 되었다. 젊은 날 닥터 홀은 '결혼해서 아들을 낳으면 이 학교에 보내고 싶다'

고 말했다고 한다.

이제 셔우드에게는 낯선 환경에서 혼자 풀어가야 할 '학업'과 새로운 환경의 '적응'이라는 커다란 두 과제가 직면하였다. 지금까지 보호자였던 어머니 닥터 로제타는 안식년 휴가를 마치고 조선으로 돌아갔다. 조선에서 태어나 성장기를 보낸 셔우드는 조선 생활과 미국 생활의 다른 점과 중요한 관습의 차이를 잘 몰랐다. 어머니는 종일 병원에서 환자를 치료하는 일을 했으므로 형제가 없는 셔우드의 놀이 상대는 거의 조선 아이들이었고 행동이나 생각도 조선 사람들과 다름이 없었다.

처음 얼마 동안은 미국 생활에 적응하기가 아주 힘들었다. 조선에서는 서양 사람들 같은 시간의 긴박감과 철저한 시간개념을 배울 수 없었다. 조선 사람들의 생활철학은 서두르지 않는 태평함에 있다. 하던 일을 오늘 다 못하면 '내일 하면 되지' 하는 식이었고 셔우드는 그런 여유와 태평함이 좋았다.

그런데 미국에 와보니 사람들은 항상 시계에서 눈을 떼지 않고 하루의 생활을 시간대에 따라 규칙적으로 생활하였다. 지금 하는 일을 다 못해도 시간이 지나면 다른 일을 해야 했다. 셔우드에게 정확한 시간개념이 있는 미국 생활이 여간 어려운 일이 아니었다.

조선에서는 무엇이든지 해주는 사람이 항상 곁에 있었다. 처음에 미국에 와서 한동안은 "아주머니, 이것 좀 해주세요" 하는 말을 입버릇처럼 하였다. 그러나 그를 오래도록 친절하게 도와주는 사람은 없었다. 모든 일을 스스로 해결해야 했고 그 같은 경험을 쌓는 일에 셔우드는 너무나 많은 시간을 쏟았다.

마운트 허몬 학교는 '노동시간'이라 부르는 독특한 제도가 있었다. 학생들에게 하루 두 시간씩 일하게 하고 그 임금을 수업료에 보태게 했다. 주일에는 일을 못하므로 월요일에 한 시간 반을 더 일했고 생활비를 벌어야 했으므로 다른 사람들보다 일을 많이 했다. 훗날 셔우드는 학교 농장에서 아르바이트를 한 경험과 유익함을 이렇게 일기에 기록하였다.

"첫 번째로 내가 한 일은 학교 농장에서 금방 자른 옥수수 대를 위에서 떨어뜨리면 사일로(사료 저장고) 안에 펴놓는 일이었다. 이 일은 보기에는 아주 단순해 보였다. 사일로 안은 먼지가 가득했고 열탕 같았다. 일을 시작하기도 전에 질식할 것만 같았다. 사료들이 떨어지기 시작하고 잠시라도 일을 쉬면 사료 밑에 묻혀버리게 되므로 땀으로 범벅이 된 얼굴로 허리도 펴지 못한 체 온 힘을 다해 골고루 펴 놓아야 했다. 사일로 안에서는 '내일은 없다'라는 말이 진리 같았다.

농장 감독은 내가 이 일을 완수해 내는 걸 보자 다음에는 우유 짜는 일을 시켰다. 나는 이 일이 훨씬 쉬울 것으로 생각했다. 그러나 우유를 짜 보지 않은 사람은 이 일이 어떤 것인지 말할 자격이 없다. 암소에게 부드럽게 손을 대었는데 암소는 나를 발로 차버렸다. 더러운 발 한쪽을 우유 통에 넣기도 했다. 어느 정도 젖 짜는 방법을 터득했다고 생각했는데 농장 주인이 내게 와서 암소의 젖을 다 짜지 않았다고 나무랐다. 이런 식으로 짜면 암소의 젖이 말라붙는다고 하였다. 젖 짜는 방법을 다시 확실하게 배워 농장 주인의 마음에 들게 일했다.

다음에 한 일은 토마토를 따는 것이었다. 허리가 아픈 것 외에는 그래도 할 만했다. 하지만 시간이 지나자 계속해서 반복되는 일은 몹시 지루하였다.

농장 일에 익숙해질 무렵 나는 기숙사 중 한 건물의 청소 일을 맡게 되었다. 이런저런 청소 일과 어려운 부엌에서 관리 수습 기간이 끝나자 감독을 총괄하는 급사로 승진이 되었다. 여기에서는 승진 이외에도 좋은 음식을 먹을 수 있는 이득이 있었다.

마운트 허몬 모교 기숙사 부엌에서 나는 비로소 서구식 시간에 대한 가치와 일의 보람과 정확한 시간 약속의 개념을 배우게 되었다.”

이 학교는 학구적인 면에서도 셔우드에게 많은 도움을 주었다. 필수 과목의 하나로 해리슨(M. C. Herrison) 박사의 성경반을 수강했다. 학생자원운동이 탄생되었던 바로 그 교실에서 강의를 들었다. 인도에 선교사로 가 있는 존 포먼 목사의 아들도 한 반이었다. 1887년 셔우드 아버지 닥터 홀을 학생자원운동에 참가하도록 권유한 사람이 바로 존 포먼 목사였다. 셔우드가 마운트 허몬에 온 지 얼마 되지 않아 조선에서 선교사 자녀들이 이 학교로 왔는데 그중 단짝이었던 존 베어드도 있었다.

셔우드는 시각장애인 패니 크로스비를 만났다. 그녀는 사람들에게 사랑받는 찬송가 작가였다. 아버지가 뉴욕 메

디슨가의 의료선교사였을 때 사귀었던 훌륭한 친구였고 조선으로 떠날 때 송별가를 지어 주었던 분이다.

패니 크로스비는 셔우드를 반갑게 맞았고, 아버지가 의료선교사로 일했던 시절에 대한 이야기를 해주었다. 한글 찬송가에도 실린 〈후일에 생명 그칠 때〉를 비롯한 아름다운 찬송가를 작곡했을 때의 일들을 행복에 젖은 얼굴로 회상하는 그녀는 시각장애인일지라도 성자처럼 훌륭해 보였다.

1915년 셔우드는 고등학교를 졸업하였다. 마운트허몬 학교는 조선과 미국이라는 서로 다른 두 문화권을 연결하는 데 필요한 적응력과 지식을 쌓는 아주 소중한 학교였다. 대학 진학에 관해서 상의할 겸, 부모님의 친구인 서머스톤 목사님을 만나려고 뉴로셸을 방문하였다. 그곳에서 서머스톤 목사 사위인 윌슨 목사를 만나게 되었다.

윌슨 목사는 오하이오 주 알리언스에 있는 마운트 유니언 대학을 졸업했는데 작은 대학의 장점에 대해서 셔우드에게 설득력 있게 이야기했다.

셔우드는 규모가 큰 종합대학에 갈 계획이었는데 그의 적극적인 모교 소개로 신뢰가 생겨서 그의 의견을 따르기로 하였다. 그것은 얼마나 잘한 일이었던가. 셔우드는 인생에서 가장 중요한 사람, 그의 첫사랑이자 아내인 매리언을 이 학교에서 만나게 된 것이다.

또 한 사람, 대학 기숙사에서 같은 방을 쓰게 된 프레드 부래튼을 만난 것도 행운이었다. 그는 문장력에 뛰어난 재능이 있었다. 훗날 그는 《특출한 친구들》(Friends Unique)이라는 책을 썼는데 셔우드에 대한 이야기를 이렇게 기록하였다.

"셔우드는 양심적이고 신중했으며 대학의 여러 활동에 적극 참여했다. 오하이오 대학연합회의 '학생 자원 연합회' 회장이기도 했다. 홀은 비교적 말이 적었지만 그의 의견은 언제나 존중되었다. 꼭 필요한 말만 했기 때문이다.

그는 선교 단체나 친지들의 모임에서 조선에 대한 강연을 하기도 했다. 조선의 위치, 역사, 풍습, 부모님의 선교사업과 그 밖의 경험들을 이야기했고 그의 강연은 언제나 인기가 있었다. 이 다재다능한 친구는 내 인생에도 좋은 영향을 미쳤다."

어느 날, 셔우드는 아더 던톤이라는 친구로부터 자신

의 고향에 있는 루츠타운교회에서 강연을 해달라는 부탁을 받았다. 그 교회는 학교에서 약 30킬로미터 떨어진 거리에 있었다. 여러 곳에서 강연을 했으므로 이번 초청도 별다른 의미를 두지 않고 받아들였다.

셔우드는 강연에서 자신의 아버지가 이 루츠타운교회와 크기가 비슷한 캐나다 온타리아 주 아덴에 있는 작은 교회의 신도였으며 선교 초창기(1891년)에 조선으로 파송된 닥터 윌리엄 제임스 홀 선교사였다는 말을 했다.

강연이 끝나자 사람들이 찾아와 악수를 청하며 인사를 하였다. 그중에 매리언 버텀리(Marian Bottomley)와 그녀의 어머니가 있었다. 매리언은 루츠타운교회 노리스 라인 위버 목사님의 처제였다.

그날 강연이 끝나고 환담을 나누는 자리에서 매리언 버텀리는 셔우드를 깜짝 놀라게 할 뜻밖의 말을 하였다.

"캐나다 아덴의 감리교회 벽에 걸려 있는 사진 속에 계신 분이 당신 아버님이신가요?"

셔우드는 놀라움을 감출 수가 없었다. 미국 시골의 작은 교회에 다니는 자매가 어떻게 캐나다 시골 교회에 걸려 있는 아버지 사진에 대해서 알고 있을까?

"네, 그렇습니다. 그런데 어떻게……?"

"아, 저는 당신 아버지 고향 마을에서 가까운 비숍 밀즈 (Bishop Mills)의 중고등학교 교사로 있어요. 주일이면 당신 아버지가 다니신 교회에서 예배드리지요."

셔우드는 의외의 만남에 깜짝 놀랐다. 매리언 모녀는 성직자 회의에서 돌아온 노리스 라인 위버 목사 부부에게 셔우드를 소개하였다. 목사 부부는 더 많은 사람들이 셔우드의 강연을 들을 수 있게 해야겠다고 생각하고 다음에 지역 교회의 예배시간에 셔우드를 초대하겠다고 하였다.

얼마 후, 초청 강연이 있던 날 라인 위버 목사님 댁에서 셔우드에게 저녁 식사를 대접하였다. 셔우드는 내심 매리언을 또 만날 수 있다는 기대에 마음이 부풀었는데 식사가 시작되어도 매리언은 나타나지 않았다.

'이미 근무하는 캐나다 학교로 떠난 것은 아닐까?'

이런저런 생각에 잠기며 식사를 하고 있는데 매리언이 부엌에서 나오며 활짝 웃으며 인사를 하였다. 언니의 음식 만드는 일을 돕느라 부엌에 있었다고 하였다. 셔우드는 안도의 숨을 내쉬었다. 셔우드는 자신이 매리언에게 호감을 느끼고 있음을 알았다.

식사가 끝나고 이야기를 나누는 시간에 위버 부인은 마실 우유가 없는 것을 뒤늦게 알게 되었다. 날마다 가까운 목장에서 우유를 날라다 먹고 있었는데 그날은 바빠서 가져오지 못했다.

"언니, 제가 목장으로 가서 우유를 가져올게요."

매리언이 우유통을 가지고 일어서자 셔우드도 엉거주춤 일어서며 말했다.

"우유가 담기면 통이 무거울 텐데 저도 함께 다녀오면 안 될까요?"

목사 부부는 웃으면서 그러라고 하였다. 두 사람은 목장을 향해 걸었다. 초저녁 바람이 홍조로 달아오른 두 사람의 볼을 시원하게 식혀 주었다. 셔우드는 그녀가 캐나다 교회의 아버지 친구들, 친척들, 친할머니까지 알고 있는 사실에 놀라움을 금치 못했다. 방학이라 미국 본가에 왔으나 그녀는 곧 캐나다 학교에 돌아간다고 하였다. 셔우드는 머뭇거리고 말했다.

"저…… 우리 할머니께 작은 선물을 보내려고 하는데 좀 전해 주시겠어요?"

"네, 전해 드릴게요."

매리언은 명랑하고 밝은 성격이었고 매사가 분명하였다. 셔우드는 다음 주일, 할머니께 보낼 선물을 준비해서 설레는 마음으로 루츠타운으로 갔다. 매리언이 다니는 교회의 주일예배에 참석하였는데 뜻밖에 그날 그녀의 독창을 듣게 되었다.

그녀는 〈정원에서〉라는 노래를 불렀다. 그 노래는 전에도 여러 번 들었으나 지금처럼 아름답게 가슴에 와 닿은 적은 없었다. 신선하고 황홀한 선율이 셔우드의 마음을 울렸다. 아름다운 목소리와 얼굴, 매력적인 성격의 매리언에게 셔우드는 이미 마음이 흔들리고 있었다. 매리언의 어머니와 언니는 셔우드를 좋게 보았지만 형부인 라인 위버 목사님이 자신을 어떻게 생각할지 몰라 조심스러웠다.

그런데 매리언도 형부 라인 목사가 선을 보라고 권고한 어느 청년을 보기도 전에 이미 셔우드에게 마음이 기울어져 있었다. 셔우드는 캐나다에 가서도 편지를 자주 보내달라고 했다. 선물을 받은 할머니가 얼마나 기뻐하셨는지도 듣고 싶다고 하였다. 처음 몇 편의 편지는 일상적인 내용이었으나 편지가 몇 차례 오고 가자 가족들의 신상이나 개인적인 이야기를 써 보냈다.

매리언은 1896년 6월, 감리교 창시자인 존 웨슬리가 태어난 영국의 작은 마을 엡워스에서 태어났다. 언니 엠마는 처녀 시절 고향 마을에 찾아오는 저명인사나 관광객들의 안내역을 자원했는데 이때 미국에서 방문객으로 오게 된 라인 위버 목사를 만났다. 그들의 우정은 사랑으로 발전했고 결혼하게 되었다.

매리언의 부모는 웨슬리 기념 교회에서 첫 번째로 결혼한 부부였다. 어머니는 교회 오르간 반주자였고 아버지는 평신도 설교자로 봉사하였으며 직업은 사진사였다. 그런데 자매가 고등학교 다닐 때 아버지가 세상을 떠났다. 매리언의 어머니는 두 딸을 데리고 캐나다로 이민을 가서 온타리오 주 아덴 마을에 정착하게 되었다고 한다. 이 마을이 셔우드의 아버지 닥터 홀의 고향 마을이었으니 셔우드와 매리언의 만남은 우연이 아니었다.

그곳에서 버털리 여사는 사진관을 개업하였고 어머니의 일을 도우며 사진은 매리언의 취미가 되었다. 후에 선교사 활동을 하면서 자료들을 일목요연하게 정리할 수가 있었다. 이 취미 때문에 훗날 일본 군부에게 스파이라는 억울한 누명을 쓰고 조선에서 추방당하기도 한다.

매리언은 1917년 가을, 미국의 루스타운 학교에 교사로 부임하게 되어 캐나다에서 미국으로 돌아왔다. 더 공부하고 싶어 학비를 벌기 위해 방학 동안에 모직물 공장에서 아르바이트를 했는데 공장 여공들은 안타까운 동정 어린 눈길을 보냈다.

"딱하군, 잘못 들어왔어. 이 기계 일은 복잡하고 감독은 지독하고, 이제 곧 눈물을 흘리고 도망갈 거야. 여긴 여선생님이 일할 만한 데가 아닌걸!"

매리언에게 방적 기계가 맡겨졌다. 감독은 사용법도 자세히 설명해 주지 않고 일을 시켰다. 일을 시작한 지 얼마 되지 않았는데 기계가 고장이 났다. 매리언은 감독을 찾아가 기계 도면과 사용 설명서를 달라고 했다. 처음엔 거절하던 감독이 그녀가 끈질기게 요청하자 도면과 지침서를 주었다.

매리언은 도면과 설명서를 숙지하여 기계 사용법을 터득하고 기계를 고쳐서 다시 능숙하게 작업을 시작하였다. 그녀의 당찬 성품과 솜씨에 모두 놀랐고 감독은 후에 더 복잡한 기계를 그녀에게 맡겼다. 개학하여 매리언이 공장을 떠나자 감독은 아쉬워하며 방학에 다시 오라고 하였다.

거리상으로 가까운 곳으로 왔는데도 셔우드와 매리언은 자주 만날 수 없었다. 평일에는 학교생활로 바빴고 주말에는 학비를 벌기 위해 아르바이트를 했기 때문이다. 그래도 시간을 내어 '학생 자원부'에서는 꾸준히 활동하였다.

매리언도 이 학생 자원활동에 관심을 많이 가졌다. 1918년 3월, 오하이오 주 베레아의 볼드윈 윌러스 대학에서 학생자원봉사회 총회가 열릴 예정이었다. 셔우드는 마운트 유니언 대학의 대표로 참석하게 되어 매리언에게 함께 가자고 청했다. 둘은 그 행사에 함께 참가하였다.

그날 총회에 참석한 매리언은 설교를 들으며 깊은 감명을 받았다. 돌아오는 길, 이른 새벽에 기차 시간이 남아서 클리블랜드 기차역의 식당에서 두 사람은 여러 이야기를 나누었다. 매리언은 자신도 의과 대학에 다시 진학하여 의사가 되고 싶다고 하였다. 의료선교사가 되어 의료혜택을 받지 못하는 어려운 나라에 가서 환자들을 치료하고 돌보는 일을 하는 것은 참으로 귀한 일이라 생각된다고 말했다. 셔우드는 마음이 뜨거워져서 매리언 곁으로 다가앉으며 말했다.

"매리언, 의사가 되어 나와 같이 조선에 가지 않겠어요?"

그녀는 직답을 피하고 익살스럽게 말하였다.

"같이 가는 건 무리일 거예요. 그렇지 않아요? 우린 서로 남남인 남녀 사이인데."

셔우드는 당황해서 매리언의 부드러운 눈웃음은 보지 못하였다. 신중하게 말했는데 묵살을 당한 터라 몹시 무안했다. 뒤늦게 자신의 풋내기 같은 어리석음을 깨닫게 되었다. 기차역 같은 공공장소에서 그것도 해뜨기 전의 새벽에 프러포즈를 한 것은 적당하지 않았다는 사실을 알게 되었다.

학생 클럽의 친구가 귀띔해 주었다. 프러포즈를 하려면 클럽의 상징인 글자 장식 핀을 준비했다가 여자가 사랑의 고백을 받아주었을 때 재빨리 핀을 꽂아주어야 한다고 말했다.

매리언은 야생 동물을 무척 사랑하였다. 셔우드는 기회

가 있을 때마다 루츠타운 숲속에 사는 새들에 관해 이야기를 해주었다. 어느 날, 매리언이 셔우드에게 이번 주말에 숲속으로 야생동물을 보러 가자고 하였다. 셔우드는 프러포즈를 할 기회가 다시 찾아온 것 같아 가슴이 뛰었다.

"지난번 같은 실수는 하지 말아야지……."

7 의료선교사의 꿈

나무들이 연둣빛 이파리를 틔우고 아름다운 꽃들의 향기가 바람결에 풍기는 4월이다. 사랑을 나누는 새들의 노랫소리가 숲속에 가득하였다.

"매리언, 당신을 사랑해요. 나랑 같이 결혼해서 조선으로 가서 병으로 고통을 당하는 사람들을 치료해 주고 그들에게 소망을 주는 일을 하지 않겠어요?"

셔우드는 매리언에게 정중하게 프러포즈를 했다. 그녀는 미소 지으며 셔우드가 꽂아 주는 학생 클럽의 핀을 우아하고 사랑스러운 태도로 받아들였다. 두 사람은 행복했고 숲속의 생물들도 자신들을 축복해 주는 것 같았다.

얼마 후, 그들은 약혼하였다. 약혼 소식은 빠른 속도로 대학에 퍼졌다. 친구들은 의대생이 약혼하면 힘든 의대 공부를 중단할지 모른다고 걱정을 했다. 어떤 친구는 "주변의 의대 여학생 중에서 짝을 찾지 그랬어!" 하며 심지어 어떤 여대생의 이름까지 들먹거리며 말하기도 하였다. 그 같은 말들은 셔우드 귀에 들리지 않았다. 이미 매리언과 사랑에 푹 빠져 있었다. 매일 구름 속에 둥실둥실 떠 있는 기분이었다. 그러나 두 사람은 그 행복한 구름 위에서 오래 있지 못하고 지상으로 내려와야 했다.

1914년, 1차 세계대전이 일어난 것이다. 전쟁의 현실은 눈앞에 다가왔고 미국은 공식적으로 이 전쟁에 참여했다. 당시 미국의 적령기의 남자들은 모두 징집 대상이었다. 셔우드는 조선에서 안식년 휴가를 받고 미국으로 오실 어머니(닥터 로제타)를 기다리며 미국 시민권을 신청하여 의무 보충대에 지원하기로 했다. 마운트 유니언 대학에서 의예과를 마쳤으므로 의무 보충대에 입대하면 원하는 의료분야에서 일할 수 있었다.

그해 가을, 피츠버그 대학교의 의과대학에 있는 육군 의무훈련센터에 가서 신고하라는 통지서를 받았다. 이곳에서 입대 병사들은 특수훈련을 받아야 했다. 의과대학 가까이에 간이 훈련소가 세워졌고 훈련장은 대학 운동장이었다. 훈련, 훈련, 또 훈련……. 밤이 되어 잠자리에 들 때는 지쳐서 옷을 벗을 기력조차 없었다. 모든 생활 리듬이 깨지고 오직 의학 공부만 일상 생활이었다.

조선에서 어머니가 오자 셔우드는 매리언을 인사시켰다. 어머니는 매리언이 마음에 든다고 하셨다. 매리언은 홀 부인을 형부 라인 위버 목사님께 소개하여 양쪽 어른들의 만남이 이루어졌다. 그런데 설상가상으로 '스페인 인플루엔자'라는 유행성 독감이 발생했다. 시의 보건부에서 공동체 모임을 금지하였고 선교위원회가 계획했던 모든 모임이 취소되었다.

인플루엔자는 계속 번져 셔우드가 묵고 있는 간이건물까지도 전염되었다. 아침마다 한두 사람씩 들것에 실려 병실로 나갔다. 어떤 사람은 시체가 되어 옮겨졌다. 다음에는 누구 차례가 될지 예측할 수 없는 공포가 가득한 상황이었다. 전쟁터보다 더 위험하다는 생각이 들었다. 의료 요원이 부족하자 보건성과 필라델피아 자선기관들은 안식년 휴가로 쉬고 있는 어머니를 징용하여 환자를 치료하게 하였다.

어머니 닥터 로제타 홀은 조선에 선교사로 가서 청일전쟁(1894년), 러일전쟁(1894년)을 비롯하여 갑신정변(1984), 동학혁명(1894) 등 크고 작은 전쟁을 여러 번 겪었다.

아버지 닥터 홀이 전쟁부상자들을 치료하다가 전염병으로 돌아가셔서 아픔이 있을 텐데도 부상자를 치료하는 어머니의 얼굴은 지친 기색이 없이 평화로웠다. 하나님께서 주신 의사로서 특별한 소명과 사명이 있는 분이셨다.

안타깝게도 셔우드도 인플루엔자에 감염되었다. 약혼녀 매리언에게 편지로 감염 사실을 알렸더니 곧바로 훈련소로 찾아왔다. 그녀는 공동생활을 하는 훈련소에서 이 병을 치료한다는 것은 불가능하다는 것을 알았다. 한동안 고심하더니 용감하게도 직접 셔우드의 상관을 찾아갔다.

"상관님, 저는 셔우드의 약혼녀입니다. 셔우드를 일반주택으로 격리시켜 적절한 치료와 간호를 해서 완쾌되어 속히 부대로 복귀할 수 있도록 선처해 주십시오! 그것이 본인은 물론 부대와 동료들을 위하는 길이라 생각합니다."

그 요청은 거의 불가능한 것이었는데도 상관은 고심 끝에 허락하였다. 고열과 두통에 시달리던 셔우드는 용기 있고 당찬 매리언의 조치 덕분에 쉽게 회복하였다.

　1918년 11월 11일, 휴전의 낭보가 날아왔다. 모두 환호성을 지르며 기뻐하였다. 셔우드는 군에서 제대하려면 더 복무해야 했다. 의료 훈련은 계속되었으나 이른 아침의 군사훈련이 없어져 공부할 시간을 많이 갖게 되었다. 동시에 병영 밖에서 거주할 수 있도록 허락되었다.

　어머니도 징용 의사 기간이 끝나고 돌아오셔서 당분간 어머니와 함께 살 수 있는 방을 얻었다. 집 주인 캐시니 부인은 어머니 친구 울번 여사의 자매였는데 이분은 훗날 셔우드와 매리언이 조선에서 의료선교를 할 수 있도록 중대한 영향을 주신 분이다.

　매리언은 마운트 유니언 대학에서 학교생활에 충실하였고 의대에 들어갈 자격을 따기 위해 여름학기에도 수강하여 대학을 빨리 마치기로 하였다. 주말에도 학비를 벌어야 했기에 자주 만나지 못하고 편지로 이야기를 주고받으며 미래를 설계하였다.

　매리언의 대학 공부가 끝날 무렵 셔우드도 군에서 명예제대를 하였다. 의과대학 진학을 위한 상담을 하였다.

아버지 닥터 홀의 둘도 없는 친구였던 오마르 킬본과 그의 아들 레슬리 킬본은 토론토에 있는 대학에서 의학교육을 받는 게 바람직하다고 조언하였다. 깊이 생각하던 셔우드도 그들의 생각에 동감했다. 미국 감리교회선교회와 펜실베니아 의료선교협회에서 학비를 보조해 주기로 하였다. 이 보조금과 방학 때 아르바이트를 하면 졸업할 때까지 학비를 충당할 수 있을 것 같았다. 학업 때문에 미국 시민권을 받기 위해서 최소한의 체류 일자를 지키지 못해 셔우드는 다시 캐나다 시민이 되었다.

셔우드가 토론토 대학에 다녔던 그 무렵, 토론토 대학에서는 매우 획기적인 연구 활동이 진행되고 있었다. 닥터 프레드릭 그랜트 밴팅(Frederick Grant Banting)과 닥터 찰스 허버트 베스트(Charles Herbert Best)가 당뇨병 치료제인 인슐린을 연구하고 있었다. 셔우드가 토론토 대학으로 편입하는 것을 도와준 닥터 레슬리 킬본도 이 연구팀의 한 사람이었다. 킬본은 셔우드를 실험실로 데리고 가서 연구팀이 일하는 모습을 보여 주었다.

밤을 새우며 열성적으로 연구하는 모습을 본 셔우드는 큰 감동을 받았다. 질병을 퇴치하기 위해 헌신적인 사

명감으로 연구하는 모습은, 훗날 조선에서의 결핵 퇴치를
위한 의료사명을 감당할 수 있는 디딤돌이 되었다. 그들
의 훌륭한 연구 결과는 몇 년 후 세계적인 의학지에 소개
되어 크게 알려졌다.

매리언은 1920년 필라델피아 여자의과대학에 입학했
다. 그녀는 정말 열심이었다. 목적을 향한 의지와 열성에
셔우드는 경탄할 뿐이었다. 매리언이 마운트 유니언 대학
의 마지막 학기를 마치자 운이 좋게도 두 사람은 아르바
이트를 한 곳에서 할 수 있는 행운을 얻었다. 유명한 '켈로
그 결핵요양소'의 실험실에 같이 고용된 것이다.

하나님의 계획은 얼마나 오묘하신지! 두 사람은 이곳
에서 결핵에 관한 실제적인 의료경험을 접할 수 있었다.
훗날 조선에서 폐결핵을 치료하기 위한 준비를 시켜 주신
것이다. 두 사람은 그동안 학교 공부로 서로 떨어져 있어
견딜 수 없을 정도로 보고 싶은 날이 많았는데 짧은 기간
이었지만 함께 있어서 정말 행복했다.

그들은 자신에게 정직하기로 하였다. 결혼 후에도 학
업을 계속하기로 굳게 약속하고 1922년 6월, 매리언이 마
운트 유니언 대학에서 이학사 학위를 받는 날, 결혼하기

로 하였다. 결혼하면 학업을 중단할 수 있으므로 신중해야 한다는 주위 어른들과 일가친척의 염려와 조언도 있었지만 두 사람은 자신들의 결정을 존중하기로 했다.

셔우드는 결혼식 전날, 대학에서 마지막 중요한 시험을 치르고 야간열차를 두 번이나 바꿔 타고 일리언스로 출발했다. 그런데 가는 도중 부서진 화물 열차가 선로에 가로누워 진로를 방해하고 있는 것이 아닌가! '아! 어쩌나…….' 셔우드는 간절히 기도했다.

'하나님, 지금 매리언의 대학졸업식에 참석해야 하고 오늘 저녁은 저희가 결혼식이 있는 날입니다. 잠시도 지체할 수 없습니다. 저 고장 난 열차를 치워 주십시오!'

놀랍게도 잠시 후 장애물이 치워졌다. 열차는 다시 달렸다. 매리언은 대학졸업식이 시작되었는데도 신랑감이 나타나지 않아 초조하게 주변을 두리번거리고 있었다. 보우먼 학장은 열띤 목소리로 우등생으로 졸업하는 매리언을 칭찬하였지만, 매리언은 신랑에 대한 걱정으로 학장의 말이 귀에 들어오지 않았다. 셔우드가 흐트러진 머리에 숨도 가누지 못한 모습으로 강당에 들어섰을 때 졸업식은 이미 끝나가고 있었다.

"아! 매리언, 늦어 미안해요, 고장 난 화물 열차가 길을 막아서……."

매리언은 선후배와 친구들의 축하도 뿌리치고 셔우드 품에 안겼다.

매리언의 졸업식이 끝나자 두 사람은 결혼식장이 있는 오하이오 주 이스트 리버풀을 향해 자동차를 타고 달렸다. 먼저 와서 결혼식을 준비하던 친구들과 매리언의 가족들이 새신랑 신부를 반겼다. 매리언의 친구 필리스 크룩(Phylis Crook)이 결혼식과 손님 접대에 필요한 준비를 맡아주었다. 형부인 노리스 라인 위버 목사는 아이작 우드 목사와 함께 결혼식 주례를 섰다. 매리언, 언니, 조카들도 식당일을 도우며 축복해 주었다.

셔우드는 어머니가 결혼식에 참석하지 못하게 되어 섭섭했다. 홀 부인은 안식년 휴가를 보내고 다시 조선으로 가서 축하 전보를 보냈다.

"셔우드, 우리 아들 결혼을 진심으로 축하한다. 거리가 멀기도 하지만 병원에 돌보아야 할 환자가 많아 결혼식에 참석 못 해 미안하고 안타깝구나. 하나님께서 축복해 주시고 늘 동행해 주시길 멀리서 엄마가 기도할게."

문득 셔우드는 말로만 들었던 부모님의 결혼식을 생각
했다. 두 분은 1892년 봄, 부모 친척이 한 사람도 없는 조
선에서 결혼식을 올렸다. 문화가 다른 하객들이 생소하게
느껴질 어설픈 최초의 서양결혼식을 준비하며 많이 힘들
었을 당시 형편을 생각해 보았다. 어머니가 참석하지 못
해 서운한 마음이 들었던 자신이 부끄러웠다.

친구들과 매리언의 가족이 베풀어 준 훌륭한 결혼식
과 피로연을 마친 후, 이튿날 캐나다로 떠났다. 아주 오래
전에 아버지 닥터 홀이 캠핑을 했다는 '찰스턴 호수'로 갔
다. 이곳은 두 사람에게 평생토록 가장 아름다운 호수로
기억되고 있다. 사람이 살지 않는 인근의 작은 섬을 찾아
밀월여행을 보냈다. 그 신혼여행의 단꿈과 호수의 풍경을
못 잊어 훗날 화진포 호수가 내려다보이는 그 언덕에 '화
진포 성'을 지었는지도 모른다.

신혼여행을 마치고 매리언이 의과대학으로 돌아가려
고 했을 때 전혀 예기치 못했던 통지서 한 장이 그들을 기
다리고 있었다. 여성 해외선교회에서 온 통지서였다.

'매리언은 학생 신분으로 결혼했으므로 장학금 지급을

중단합니다.'

큰 타격이었다. 미혼 학생만 장학금을 준다는 규칙을
위반하여 어쩔 수는 없었지만, 다른 방법을 강구할 방법
을 미리 알려 주었으면 이토록 황당하지 않았을 것이다.
매리언은 결혼을 숨기지도 않았고 의사가 되면 선교사가
되어 여성 해외선교회를 위해 봉사하겠다고 말했기 때문
이다.

주님의 길을 가는 사람에게는 도움의 손길을 준비해
주심을 깨닫는 일이 생겼다. 학교에서 사정을 알고 매리
언에게 장학금 일부를 지급하겠다고 하였고 펜실베니아
의료선교협회에서 나머지 학비를 보조해 주겠다는 연락
이 왔다.

"주님, 감사합니다! 열심히 공부해서 어려운 형편의 환
자들을 돌보는 의사가 되겠습니다!"

1923년 셔우드는 토론토 대학 의과대학을 졸업하고 필
라델피아 스태트슨 병원(Stetson Hospital)에서 인턴 과정을
시작하게 되었다. 병원의 환자 대부분이 유명한 스태트슨
모자공장과 관련이 있는 분이었다.

매리언은 여자의과대학 상급반에 있었다. 어느 날, 매

리언이 갑자기 졸도해서 병원 응급실로 실려 갔다는 긴급 전화가 왔다. 결혼했어도 학업으로 각자 기숙사에서 생활했기 때문에 셔우드는 아내가 그토록 힘든 줄 몰랐다. 과장에게 허락을 받고 매리언이 입원해 있는 병원으로 달려갔다.

병원에 들어간 셔우드는 젊은 인턴이 매리언의 동맥을 잘라 치료하려는 것을 보고 간담이 서늘해졌다. 이 치료 방법은 아주 신중해야 하는 위험한 방법이었다. 급히 진찰해 보니 뇌막염은 아니었다. 셔우드는 동맥을 절단하는 치료를 하지 않아야 한다고 강력히 설득하였다. 그 인턴은 처음에는 기분이 상했으나 셔우드의 진단이 옳았다는 것은 나중에 알고 고맙다고 하였다. 남편으로서 잘 해주지 못해 셔우드는 미안하고 마음이 아팠다. 다행히 매리언은 회복이 잘 되었다.

행복한 시간은 힘들어도 빠르게 지나간다. 1924년 6월, 매리언은 의사 자격을 얻었다. 피츠버그의 사우스 사이드(South Side) 병원에 인턴으로 임명되었다. 셔우드는 뉴욕의 롱아일랜드 홀츠빌에 있는 결핵요양소 병원에서 결핵을 전공하고 있었다. 결핵에 권위가 있는 닥터 에드윈 콜브

(Edwin colb) 밑에서 그토록 원했던 치료 방법을 세밀하게 배울 수 있었다.

어린 시절 어머니의 제자이며 조선의 최초 여의사였던 닥터 에스더가 폐결핵으로 안타깝게 세상을 떠났을 때 자신이 했던 말이 생각났다.

"이모, 편안하게 하늘나라 가셔요. 제가 꼭 폐결핵 전공의가 되어 조선에 와서 결핵으로 고생하는 사람들을 치료해 줄 거예요!"

그로부터 많은 시간이 지났다. 철없는 시절의 다짐이 현실로 다가오고 있었다. 매리언은 사우스 사이드 병원에서 닥터 휴 맥과이어를 비롯한 뛰어난 의사들 밑에서 외과 분야에서는 최고의 훈련과 경험을 쌓을 수 있도록 하나님이 길을 열어 주셨다.

드디어 셔우드는 캐나다와 미국 의사 면허 두 개를 취득했고, 매리언은 미국 의사 면허를 취득했다. 셔우드는 내과를 전공했고 매리언은 외과를 전공했다. 이제 두 사람은 의료 선교사가 될 수 있는 자격을 얻었다. 내과와 외과를 겸비한 좋은 의료팀을 구성할 수 있음에 감사했다. 평생을 바쳐 일하기를 원했던 의료선교사가 되기 위해 그동안의 너무도 힘들었던 길고 긴 준비 기간이 영상처럼 머릿속을 지나갔다.

두 사람은 하나님께 감사드리며 기쁨의 찬송을 불렀다. 노래를 잘 부르는 매리언이었지만 목소리는 떨렸고 그들의 눈에서 눈물이 흘러내렸다.

그들은 감리교선교회에 가서 조선에 의료선교사로 지원하겠다고 신청하였다. 그러나 그들을 크게 실망하게 하는 통보가 선교회에서 왔다. 1925년의 경제불황으로 두 사람을 조선에 보낼 경제적 능력이 없다는 것이었다. 선교회에 재정이 부족해 휴가차 미국에 나왔던 선교사들도 현지에 보내지 못하고 있다는 소식이었다.

두 사람은 낙심이 컸다. 조선에 가지 못하게 된다면 어쩔 수 없이 다른 곳의 선교사로 가는 길을 알아봐야 했다. 토론토 의과대학 시절 알게 된 닥터 윌프레드 그렌펠(Wilfred Grenfell)이 생각났다. 그는 자신이 담당하고 있는 래브라도(Labrador) 선교회에서도 의사들이 많이 필요하다고 하였다. 언젠가 셔우드에게 이렇게 말한 적이 있었다.

"당신 부부가 조선 선교사로 가지 못하게 될 경우, 우리

선교회에 오시길 원합니다."

셔우드는 의료선교사 자리가 있느냐고 그렌펠에게 편지를 썼다. 곧 답장이 왔고 지금도 의사를 구하고 있다고 했다. 그렌펠이 제시한 직책은 봉사와 경제적인 면으로 매우 후한 조건이라 마음이 끌렸다. 조선에 가지 못하게 된 것이 아쉬웠지만 그 자리를 수락하기로 하고 답장을 써서 보내려 하는데 뉴욕에서 보낸 한 통의 속달 편지가 도착했다.

'장래에 대하여 아무 결정도 내리지 말고 빨리 뉴욕에 와서 우리 언니 미리엄 울버턴 여사를 만나세요! ─ 비버 울버턴.'

셔우드는 그 부인들을 알지도 못하고 본 적도 없었지만, 그분들은 어머니의 좋은 친구들이었다. 나중에 알게 되었는데 선교회가 자금이 없어 두 사람을 조선에 보내지 못하게 되었다는 소식을 들은 어머니가 친구 비버 울버턴 여사에게 이 소식을 알렸다고 한다. 이분들은 홀 부인의 의료사업에 아주 많은 도움을 주신 분들이다.

자매는 감리교 회원들도 아닌데 셔우드와 매리언을 만나 본 후, 재정적인 후원을 약속해 주었다. 교파를 초월한

이 자매의 사랑으로 감리교선교회는 두 사람을 조선으로 파견할 수 있게 되었다. 실의에 빠져 있던 그들에게 도저히 믿기지 않은 일들이 선물처럼 찾아왔다. 감격하는 두 사람 앞에 더 놀라운 기쁜 소식이 기다리고 있었다. 셔우드 홀 부부는 미리엄 울버턴 여사의 후원으로 극적으로 조선 의료선교사로 갈 수 있게 되었다. 마침 그때, 조선 감리교구 감독인 허버트 웰치 목사가 뉴욕을 방문한 것이다. 웰치 목사는 1916년에서 1928년까지 조선과 일본의 감리교구 주재감독으로 있으며 훗날 셔우드 홀이 해주에 결핵요양원을 설립하는 데 많은 도움을 준 분이다.

후원자가 감독을 만나면 조선에 관해서 좀더 상세한 정보와 선교 후원에 관한 이야기를 나눌 수 있을 것 같아 웰치 감독에게 미리엄 울버턴 여사를 소개하였다. 그들의 만남은 은혜 가운데 이루어졌고 셔우드 부부가 전문성을 갖춘 훌륭한 의사가 되도록 세심하게 배려해 주었다.

모든 일들이 기적같이 이루어졌다. 셔우드 내외를 런던의 유명한 열대약학학교(London School of Tropical Medicine)로 보내서 6개월 동안 동양 질병에 대해서 철저한 의학 연수를 시켜 준다는 것이었다. 그 과정이 끝나는 대로 황해도 해주의 '노튼 기념병원'으로 부임하라고 하였다.

얼마나 기쁜 소식이었는지. 은혜와 도움을 주신 분들께 고마움을 금할 수 없었다. 친구와 지인들은 그들이 조선으로 갈 수 없을 것이라고 했다. 그러나 "하나님과 함께라면 모든 것이 가능하다"는 것을 그들은 믿었다.

부모님이 의료선교사로 평생을 바친 조선에서 대를 이어 선교사가 된다는 사명감과 새로운 세계의 경험과 모험을 상상하며 두 사람은 가슴이 두근거렸다.

1925년 8월, 드디어 런던의 열대약학학교로 출발하는 날이 다가왔다. 조직적인 성격으로 정리정돈을 좋아하는 매리언은 며칠 동안 싼 짐을 마지막으로 점검하였고 일일이 품목들을 기록했다.

부두에 도착하자 일가친척들과 친구들이 나와서 기다리고 있었다. 그들 중 닥터 조지 히버 존스의 미망인과 후원자, 울버턴 부인도 있었다. 존스 부인은 1890년 미혼으로 어머니 로제타와 함께 선교의 길에 올랐고 조선에서 선교사와 결혼하신 분이다. 배웅하는 눈빛에 감동과 그리움이 담겨 있었다. 전송객들이 가져온 꽃들로 선실은 신방처럼 화려하게 꾸며졌다. 이 꽃과 향기로 영국 글레스고까지 가는 배 안에서 두 사람은 줄곧 신혼여행 중인 부부로 알려졌다.

닻이 오르고 형형색색의 리본 묶음이 두 사람에게 던져졌다. 전송 나온 사람들이 리본의 한쪽 끈을 잡고 떠나가는 사람들이 반대쪽을 잡았다. 배가 부두를 떠나면 리본이 풀리며 항해를 시작하면 끊어지게 된다. 리본의 끈이 하나 둘 끊어졌다. 사랑하는 부모님과 가족, 친구, 이웃들……. 그 모든 사람들과 이별을 뜻하는 것이다. 떠날 때의 아픔과 설렘은 선교사의 삶에 항상 따라다니는 친구이다.

매리언에게 이별의 슬픔은 몹시 컸다. 셔우드는 어린 시절 자랐던 조선의 자기 고향으로 돌아가는 길이지만 매리언은 자기 집과 가족과 고향을 떠난다는 의미를 포함하고 있었기 때문이다. 눈물을 글썽이며 헤어짐을 슬퍼하던 그녀는 런던으로 공부하러 가기 전에 고향인 엡워스에 들른다는 사실로 곧 기분이 좋아졌다.

먼저 스코틀랜드에 들러 아름다운 곳을 관광한 후 고색창연한 도시 엡워스로 갔다. 이곳은 유명한 존 웨슬리가 심금을 울리는 복음 전파로 영국을 흔들어 놓았던 곳

이다. 그토록 유서 깊은 도시가 매리언의 출생지이고 고향이라는 점에서 친근감이 더했다. '

일가친척과 소녀 시절의 동창들에게 신랑 셔우드를 소개하며 매리언은 행복해하였다. 고향 사람들은 매리언이 의사가 된 것을 매우 자랑스러워했다. 이 지방 출신 여성 중 의사는 거의 없었다고 한다. 매리언은 극진한 환대를 받았다. 위슬리 기념 교회당의 아름다운 잔디밭에서 두 사람을 위한 환영회가 열렸다. 그들의 모습에서 엡워스의 이웃들이 매리언의 집안을 얼마나 사랑하는지 알 수 있었다.

런던에 도착하여 학교 근처에 하숙집을 구했다. 학생들은 대부분 동양 각지에서 모인 의사들이었다. 런던의 열대약학학교의 교수들은 이 분야에 뛰어난 권위자들이다. 의학전문지에 여러 논문을 기고했으며 어떤 이들은 높은 직위를 받을 정도로 학문적인 공로가 컸다. 닥터 레너드 로저스는 말라리아 치료 부분의 개척자였으며 간염 치료도 성공적인 길을 열기도 했다. 이 학교에서 닥터 셔우드와 매리언은 지구 곳곳에서 날아오는 실제적인 임상 체험에 관한 의학 정보와 자료들을 접하는 소중한 행운을 누렸다.

런던항에는 각종 열대성 질병에 걸린 선원이나 선객들을 격리 수용하는 병원이 있었다. 동양 현지에 가야만 볼 수 있는 특수한 질병들을 런던에 앉아서 치료하는 임상경험을 할 수 있었고, 이 병에 걸린 환자들을 상황에 따라 기술적으로 치료하는 방법을 견학하였다. 이러한 경험과 의학지식은 훗날 조선에 와서 많은 도움이 되었다. 서양에 거의 없는 동양 질병의 치료과정에서 실수를 저지르지 않고 진단과 치료할 수 있는 방법을 배웠다. 이질에 걸린 경우 가장 효과적인 치료 방법은 식이요법인데 우유가 아닌 보리죽을 먹이게 하여 조선에 돌아와 선교사의 어린 자녀의 생명을 두 명이나 구할 수 있었다. 그 밖에도 지렁이, 개구리, 모기까지 해부하며 동양 특유의 병원체와 말라리아 원충에 대해서도 세밀하게 관찰하였다.

어느덧 런던 열대약학학교에서 교육받는 기간이 끝났다. 이제 조선으로 돌아가서 그동안 쌓은 의료 기술로 환자를 치료할 날만을 기다렸다. 조선으로 가기 전에 파리와 스위스 로잔에 들러 또 다른 의학 전문성을 익히기로 했다.

몇 년 전, 매리언이 의과대학의 학생이었을 때 퀴리 부인이 매리언의 학교에 초청 강연을 한 일이 있었다. 그때 매리언은 학생회장이라 강연이 시작되기 전에 퀴리 부인을 청중에게 소개하는 영광을 누렸다. 라듐 발견과 이것을 암 치료에 응용할 수 있게 한 공로로 세계적인 명성이 있었던 마담 퀴리는, 파리에 오게 될 일이 있으면 자신의 연구소를 찾아오라며 따뜻하게 초대해 준 적이 있었다.

두 사람은 퀴리 부인의 연구소를 방문하기로 했다. 아쉽게도 퀴리 부인은 외출 중이었고 과학자로 자신의 영역을 개척하고 있는 딸 이브를 만날 수 있었다. 동양의 작은 나라 조선으로 의료선교의 길을 떠나는 신혼부부에게 감동을 받았다고 하며 그녀는 친절하게 어머니 퀴리 부인의 연구실을 보여 주었다.

퀴리 부인 연구소 견학을 마치고 유명한 파스퇴르연구소도 방문하였는데 그때 진행 중이던 광견병 연구에 깊은 인상을 받았다.

마지막으로 가보고 싶은 곳이 셔우드의 전문분야인 흉곽질환을 다루는 스위스 로잔에 있는 롤리어 진료소(Rollier Medical clinic)였다. 폐결핵으로 인한 수술 대상자들을 일광욕법으로 치료하여 놀라운 성과를 보았다는 보도를 들은 적이 있었다. 조선은 특히 폐질환을 앓는 사람들이 많아 반드시 그곳을 들러 견학을 해야겠다고 생각하였다.

로잔으로 가는 길은 아슬아슬한 산길이었다. 롤리어 병원은 눈 덮인 산봉우리로 둘러싸인 알프스의 높은 지대에 있었다. 그곳은 먼지도 없고 바람도 들어오지 않는 지역이었다. 환자들이 아래도리만 걸친 채 눈 위를 걷고 있는 모습을 보고 깜짝 놀랐다. 그들은 따뜻한 햇살을 받으며 편안하게 자외선 치료를 받고 있었다.

닥터 롤리어는 친절하였고 치료 방법에 대해 차근차근 설명해 주었다. 환자들의 엑스레이 사진을 꺼내 놓고, 치료 전과 치료 후의 차이를 대조해 보여 주었다. 사진 속의 주인공들이 있는 병동으로 셔우드 부부를 안내하였다. 꼽추의 허리는 똑바로 펴져 있었고 내장결핵으로 부풀어 있던 복부가 정상이 된 모습들도 보았다. 그 당시는 신약들이 개발되기 전이었으므로 이 같은 치유 결과는 정말 기적같이 보였다.

이 치유방법의 가장 중요한 조건은 병원 장소이다. 먼지가 없고 자외선을 쬘 수 있는 공간이어야 했다. 환자들이 스스로 열과 맥박을 체크하고 열과 맥박 수가 높아지면 스스로 일광욕 시간을 줄인다고 했다. 이 견학 덕분에 셔우드는 조선에 돌아와 훗날 롤리어 진료소의 방법을 현지 실정에 맞게 고치고 규모를 축소하여 해주에 결핵 요양소를 만들 수 있었다.

그 밖에 견학할 곳은 인도의 봄베이에 있는 하킨스 연구소다. 이 연구소는 인도에서 발견되는 네 가지 독사의 독에 저항하는 혈청을 만드는 곳이다. 인도에서는 독사에게 물려 죽는 사람이 1년에 수백 명이나 된다고 한다. 이 연구소에서 뱀으로부터 독액을 추출하는 과정과 독액이 여러 과정을 거쳐 항독혈청으로 만들어지는 과정을 알게 되었다.

그 외의 몇 군데를 더 들러 의료 견학을 하였다. 의료선교를 위해서 경험하고 준비해야 할 소중한 일들이었다. 모든 일정이 끝나고 조선으로 가는 배를 탔다.

'아, 드디어 내가 태어난 고향, 조선으로 가는구나! 함께 의료선교를 할 수 있는 사랑하는 아내와 함께…….'

셔우드는 청소년 시절에 떠나온 조선이 눈앞에 다가온 듯 가슴이 뛰었다.

벚꽃이 만발한 4월, 셔우드 부부를 태운 배가 출항하였다. 배는 조선으로 가기 전에 일본에 들렀다. 일본은 동화 속 나라같이 조용했다. 유명하다는 공원을 구경했는데 공원의 모든 것은 상징적인 축소판이었다. 작은 폭포수, 조그만 초원, 반달 같은 다리가 있는 호수, 낡은 벤치들이 적당한 간격으로 놓여 있고 공원 한켠에 찻집이 있었다.

사람들은 그곳에서 화로에 끓인 차를 손잡이 없는 찻잔에 받쳐 들고 이야기를 나누며 차를 마시고 있었다. 벚꽃이 피는 계절에 많이 추는 '오사카 오도리'라는 민속춤도 구경하였다. 고베에서 우편물을 찾은 부부는 배의 정박시간이 길어 공원의 나무벤치에서 편지를 읽기로 하였다. 대부분의 편지는 환영과 격려를 주는 글이었으나 부담이 되는 편지도 있었다.

해주 선교병원에 있는 미국인 펄 런드(Pearl Lund) 간호원장이 보낸 편지에는 닥터 셔우드 내외가 그곳에 얼마나 필요한 사람이고 모두가 도착할 날만 기다린다는 따뜻한 내용의 편지였다. 그러나 어떤 편지들은 혼란을 주었다. 그중 하나가 셔우드 어머니 닥터 로제타의 편지였다.

어머니는 아들 내외가 당연히 평양연합기독병원(Union

Christian Hospital)에 와야 하는데 해주로 가게 된 것은 중대한 실수라고 했다. 아버지를 기념하여 지은 홀 기념병원이 1920년 평양 장로교와 통합하여 평양연합기독병원이라고 이름이 바뀌었다. 아버지와 함께 평양 선교지를 개척하고 병원을 개원하여 많은 어려움을 딛고 섬기신 어머니의 주장은 타당했다.

그러나 임지 선택은 선교회가 한 것이다. 평양 병원은 이미 훌륭한 의료선교사들로 인해 안정되었기에 셔우드 부부를 의료 사정이 열악한 해주로 보낸 것이다. 해주의 의료선교는 1909년부터 감리교 감독의 책임하에서 운영되었다. 그전에는 장로교 선교사들도 활동하였으니 중복을 피하자고 서로 합의를 하였다.

닥터 아더 노튼이 처음에 조그만 치료소를 개설했는데 환자들이 많아져서 1913년에 루이스 홈즈 노튼 기념병원(Louisa Holmes Norton Memorial Hospital)을 신축하여 발전시켰다. 이 병원은 해주지역 주민에게 봉사하기 위해서 지어졌다. 병상이 30개 정도뿐이라 환자들을 수용하기에는 부족해서 때로는 환자들을 방바닥에 눕히기도 했다.

해주에는 의료시설 이외의 교육시설도 필요했다. 여학

교 학생이 100명, 남학교 학생이 280여 명이 있었다. 셔우드도 의사와 교사들이 부족한 해주에 가는 것이 더 많은 일을 할 수 있다는 생각이 들어 어머니께 답장을 썼다.

"어머니, 아들 내외가 의사가 되어 부모님이 개척하신 평양에서 선교활동을 하는 것이 어머니의 큰 기쁨이 되겠지요. 그러나 하나님께서 꼭 해야 할 일이 있어 저희 부부를 해주로 보내셨다는 생각이 듭니다. 서운한 마음을 푸시고 저희가 해주에서 귀한 일을 할 수 있도록 기도해 주십시오!"

어머니는 이 편지를 받은 후 서운한 마음을 돌이키고 아들 내외가 해주에서 귀한 의료 선교사로 쓰임받게 해달라고 기도하였다고 한다.

또 한 통의 편지는 해주병원의 닥터 김(김영진)으로부터 온 것이다. 그는 지금 혼자서 힘겹게 해주병원을 유지해 나가고 있었다. 닥터 노튼이 병원 일을 총괄하다가 세브란스로 갔고 그 후임 닥터 하이디도 2년밖에 머물지 않았다.

닥터 김은 김창식 씨의 아들이다. 1894년 평양에서 기독교 박해가 있었을 때 그의 아버지 김창식은 초대 기독인으로 감옥에서 고문를 당하며 끝까지 믿음으로 아버지 닥터 홀을 도와 그 역경을 넘겼던 분이다.

그는 1901년 부목사가 되었다. 조선에 최초로 임명된 목사였다. 3년 후 조선인으로는 처음으로 감리교의 구역장이 되어 6년간 영변 구역에서 사역하였다. 마지막으로 맡은 교구가 해주였는데 지금은 은퇴하여 아들 닥터 김과 함께 살고 있다고 한다. 닥터 김은 편지 말미에 이렇게 썼다.

"1890년대에 조선의 북쪽에 하나님을 전하다 순교하신 닥터 윌리엄 제임스 홀의 아들 셔우드와 조선 최초 김창식 목사의 아들 김영진이 의사가 되어 이제 해주에서 함께 환자들을 치료하게 해 주셔서 얼마나 감격스럽고 기쁜지 모르겠습니다."

감히 그 깊이를 헤아릴 수 없는 하나님의 섭리로 조선 북쪽 지방에서 기독교를 개척한 두 사람의 2세들이 합력하여 헌신할 수 있는 길을 열어 주신 것이다. 다른 편지들은 조언하거나 설득하는 내용들이었다.

'더 넓고 큰 지역을 택하지 않고 왜 조선이라는 좁고 고립된 지역을 택하셨나요?'

'선교회에서 운영하는 의학교 교수진에 합류하시면 좋았을 텐데요.'

'무슨 권한으로 젊은 아내를 그곳 벽지로 끌고 가서 고독의 고통을 받게 하려는 거요? 아내가 도중에 참지 못하면 임기도 못 채우고 돌아올지도 모르겠네……'

'아이를 낳게 되면 함께 놀 서양인 친구도 없을 텐데 나중에 아이가 사회에 적응하지 못하면 부모로서 얼마나 무책임한 일이오?'

셔우드 내외는 일본의 한적한 공원에서 여러 편지를 읽으며 마음을 정리하였다. 지인들의 조언은 이미 결정한 조선 선교사의 길을 돌이키게 할 만큼 중요한 내용은 아니었다. 문득 40여 년 전, 조선에 초대 의료 선교사로 와서 수많은 핍박을 받으며 믿음의 뿌리를 내린 부모님을 생각했다. 부모님의 대를 이어 조선에서 환자를 돌보는 일을 결정한 것에 대한 아무런 후회가 없었다.

고베에서 조선으로 가는 배를 탔다. 아버지 제임스 홀은 연안용 기선을 타고 조선에 왔다고 했지만, 셔우드 내외는 일본에서 출발하는 야간 연락선을 타고 조선 해협을 건넜다. 부산에 내려 열차를 타고 서울로 가기로 했다.

조선에 도착하던 날, 새벽이었다. 갑판 위로 올라가니

배가 해안선으로 미끄러지듯 들어가고 있었다. 솟아오르는 아침 햇살을 받으며 먼 시야에 들어오는 당당한 조선의 해안선을 바라보았다. 셔우드는 가끔, 예로부터 수없이 전쟁에 시달린 요란한 이 땅이 어째서 '조용한 아침의 나라'라고 불리는지 궁금했다. 그런데 동이 틀 무렵 갑판 위에서 장엄한 해안선을 바라보며 그 뜻을 이해하게 되었다.

배는 잔잔한 바다 물결을 가르고 해안의 산들을 향해 접근하고 있었다. 솟아오르는 아침 해가 물결에 반사되어 수면 위에 황금색 넓은 길이 생겼고 마치 그 길은 자신을 위해 펼쳐져 있는 것 같았다. 멀리 구불구불한 소나무들이 만개한 분홍빛 산 벚꽃과 어울려 정말 아름다웠다. 해안선에 가까이 가자 수면에 반사된 산 벚나무의 꽃 그림자가 바다 위의 황금색 물길과 조화되어 절묘한 풍경을 연출하고 있었다.

셔우드는 넋을 잃고 황홀경에 빠져들었다. 이러한 감동은 조선에서 지냈던 소년 시절 추억과 어우러져 색다른 감동으로 다가왔다. 잠에서 깬 매리언이 셔우드를 찾아 갑판 위로 올라왔는데 그 장엄한 광경이 사라진 뒤였다.

배가 해안선으로 더 가까이 다가가자 벚꽃이 만발한 아름다운 부산이 눈앞에 나타났다. 매리언은 감탄사를 연발하고 새로운 환경에 흥분을 감추지 못하였다. 매리언이 즐거워하는 모습을 보고 셔우드도 기뻤다. 매리언이 말했다.

"당신은 부산에 도착하면 조선말로 신나게 이야기할 수 있겠네요. 그런데 나는 조선말을 하나도 할 줄 모르니 간단한 인사말 한마디만 가르쳐 주세요. 그래야 나도 조선 사람들과 친해질 수 있지요."

셔우드는 너무나 벅찬 마음에 사리를 분별하지 못하고 준비성이 많은 매리언에게 장난기가 동해 버렸다.

"사람들이 아주 놀랄 쉬운 인사말이 있는데 따라해 볼래요?"

매리언은 고개를 끄떡거렸다.

"내가 잔나비요."(Nai ga Chan nab-e-o, 나는 원숭이입니다).

매리언은 말뜻도 모르고 몇 번이나 속으로 되뇌며 문장을 외웠다.

부산에 도착하여 제일 먼저 어머니를 만났다. 친구분

들과 함께 마중을 나왔다. 셔우드는 16년 동안 조선을 떠나 있어 조선말을 다 잊어버린 게 아닐까 걱정하였는데 사람들을 만나니 소년 시절에 하던 말투로 쉽게 말을 할 수 있었다.

매리언도 사람들에게 둘러싸여 외롭지 않아 보였다. 그런데 그들이 "내가 잔나비요"(Nai ga Chan nab-e-o)라고 하는 매리언의 말을 듣고 모두 웃음을 참느라 애쓰고 있었다. 끝내 웃음을 참지 못한 어느 품위 있는 신사가 폭소를 터뜨리자 모두들 박장대소를 했다.

"아뿔사!"

그때서야 셔우드는 장난기가 발동해서 저지른 실수를 어떻게 수습해야 할지 당황했다. 로제타는 아들의 유치한 장난을 나무랐다. 셔우드는 변명할 여지가 없어 말장난한 것을 매리언에게 정중히 사과하였다. "내가 잔나비요"(Nai ga Chan nab-e-o)라고 농담으로 한 말이 셔우드가 매리언에게 가르친 처음이자 마지막 조선말이 되고 말았다. 그 사건이 있고 나서 어머니는 매리언에게 사교적이고 품위 있는 조선말을 가르쳤다.

교인들은 벚꽃이 만발한 부산에서 두 신혼 의료선교사

가 조선에 온 환영파티를 하겠다고 했지만 매리언은 공손하게 말했다.

"저희는 빨리 임지로 가서 일을 시작하고 싶습니다."

그때 나이 드신 호주 출신의 선교사가 매리언에게 조언하였다.

"젊은 부인, 지금 당신은 시간을 따지지 않는 동양에 와 있다는 것을 기억하세요. 동양에서 오래 있고 싶으면 느긋하게 처신하는 것을 배워야 합니다. 그렇지 않으면 일도 제대로 못하고 귀국하게 될 수도 있어요."

매리언은 실정을 잘 알려 준 선교사에게 감사하며 교인들의 초청을 받아들였다. 벚꽃이 만발한 공원은 환영파티 장소로 알맞은 곳이었다. 꽃향기가 가득한 공원에 미풍이 불어 벚꽃 잎이 눈송이처럼 날렸고 그 정경은 두 사람의 새로운 길을 축하해 주는 것 같았다. 오래도록 기억에 남을 인상 깊은 아름다운 환영파티였다.

파티가 끝나자 서울행 기차에 몸을 실었다. 기차는 전속력으로 달렸고 차창 밖으로 펼쳐지는 보리밭 물결이 너무나 아름다웠다. 셔우드는 말할 수 없는 감격으로 기쁨을 숨길 수가 없었다.

'아, 내가 조선으로 다시 돌아왔구나! 의료선교사가 되어 사랑하는 아내와 함께…….'

곁에 있는 아내에게도 이 벅찬 감정을 표현할 적당한 말을 찾지 못했다. 매리언은 셔우드의 표정을 보며 그 마음을 이해한다는 듯 살며시 손을 잡았다.

1910년, 14살의 소년이 공부하러 조선을 떠났다가 16년 만에 의료선교사가 되어 아내와 함께 돌아오게 하신 주님의 섭리에 깊이 감사드렸다. 서울역에 내리자 사방에서 악수를 청하는 사람들로 붐볐다. 잠시 후 인력거를 타자 숨을 돌릴 수 있었다. 인력거는 대부분 1인용이었는데 로제타는 2인 왕진용을 사용했다. 급한 왕진을 가야 할 경우 의사와 간호사가 함께 갈 수 있어야 했기 때문이다.

인력거는 빠른 속도로 남대문을 통과하고 있었다. 매리언은 바깥 풍경을 구경하느라 정신이 없었고 생각보다 건물이 현대식이고 도로가 큰 것에 놀랐다. 레일 위를 지나가는 전차 안에는 사람들이 가득 타고 있었고 자리가 비좁아 계단의 손잡이를 잡고 매달려 가는 승객들도 있었다. 그 예전 대중들에게 인기가 없고 저주의 대상이던 전차를 생각하며 감회가 새로웠다.

전차가 처음 들어왔을 때 조선에 가뭄이 심했다. 점쟁이들은 비가 오지 않는 이유를 이 전차 때문이라고 했다. 사람들이 전차를 거부하고 두려워할 즈음 끔찍한 사고가 발생하였다. 1899년 안개가 자욱한 여름날 아침에 일어났던 사고를 셔우드는 목격하였고 그 끔찍한 사고를 생생하게 기억하고 있었다.

조선의 우기는 더위와 습도가 심하다. 가뭄이 끝나고 장마가 오락가락했다. 조선 사람들은 딱딱한 목침을 베고 자는 것을 좋아하였다. 더위를 참지 못하고 비가 그친 날 밤에 밖에 나와 쉬던 사람들이 전철 레일을 베고 잠이 든 것이다.

그날은 유난히 아침에 짙은 안개가 차창을 덮고 있어 앞이 잘 안 보였다. 첫 전차가 레일을 베고 자는 사람들을 발견하지 못하고 지나갔다. 레일을 베고 잠자던 사람들은 순식간에 처참하게 머리가 잘렸다. 안개가 걷히고 참혹한 광경을 목격한 사람들은 분노하며 광폭해져서 전차를 전복시킨 후 불을 질렀다.

시간이 지나면 사람들의 생각은 변하기 마련이다. '외국 마귀의 발명품'이라고 두려워하며 저주받던 전차는 이제 조선 사람들의 사랑을 받으며 도심을 달리고 있었다.

"지금 우리가 지나는 곳이 동대문인가요?"

매리언의 질문에 셔우드는 지난날의 회상에서 깨어
났다. 동대문은 남대문만큼 크진 않아도 그림같이 아름
다웠다. 동대문 옆의 경사진 언덕에 릴리언 해리스(Lillian
Harris) 기념병원이 있었다. 어머니 닥터 로제타는 이 병원
의 원장이었다. 매리언이 다급하게 말했다.

"셔우드, 우리 내려서 걸어가요. 인부들에게 우리를 태
운 인력거를 끌고 저 급한 경사를 올라가도록 할 수는 없
어요! 너무 힘들 것 같아요."

셔우드도 그 길을 걸어가고 싶었다. 매리언처럼 인력
거꾼에 대한 동정심에서는 아니었다. 어렸을 적 그보다
더 가파른 경사진 곳도 다니는 인력거꾼은 힘이 세다는
것을 알고 있었다. 어머니가 원장으로 있는 병원 건물을
멀리서 바라보며 걸어가고 싶었다. 남편을 하늘나라로 보
내고도 하나뿐인 아들을 16년간 외국에 보내고 외로움을
달래며 사명감으로 일하신 어머니의 열정이 깃든 병원을
바라보며 걸어가고 싶었다.

가파른 비탈길을 걸어 올라가니 병원과 어머니가 사는

셋집이 나타났다. 사람들이 나와서 환영해 주었다. 손님들이 떠나자 어머니는 공식적으로 방문해야 할 곳을 설명해 주셨다.

영국 총영사관 하이 드레드를 만나고 영사관에 등록하는 일, 뉴욕에서 도움을 받은 적이 있는 감리교 감독 하버트 웰치 내외를 비롯해서 윤치호 선생을 찾아뵙는 일 등 만나야 할 사람들이 많았다.

8 해주구세병원

　사람들과의 만남은 다음 기회로 미루고 선교지인 해
주를 속히 가보고 싶다고 했더니 홀 부인도 승낙하였다.
그 당시 해주까지 철도가 연결되지 않아 사리원까지 가서
9명 정도 탈 수 있는 소형버스로 갔다.

　강가에 도착하여 사람들은 힘을 모아 차를 밀어 나룻
배에 실었고 소 2마리도 태웠다. 소와 같이 배를 타서 불
안해하는 매리언에게 뱃사공이 마음을 놓으라고 손짓했
다. 오히려 배가 심하게 흔들리면 소들이 자리를 이동하
여 무게의 균형을 잡아 준다고 했다. 건장하고 믿음직한
사공들이 강의 급류를 잘 이용하여 배를 목적지까지 정확

하게 대었다. 배에서 내려 다시 9인승 버스를 타고 해주
구세병원에 무사히 도착하여 안도의 숨을 쉬었다.

첫 임지 해주구세병원의 간부진과 교인들이 마중을 나
와 있었다. 남학교의 학생들이 일렬로 서서 멋지게 경례
를 했다. 환영식이 끝나자 학교 이사회에서 셔우드를 남
학교 교장으로 겸직 임명을 하겠다고 정중하게 말했다.
현재의 왁스(V. H. Wacks) 교장이 건강상의 이유로 곧 이곳
을 떠나게 되는데 후임 교장직을 맡을 마땅한 분이 없다
는 것이다.

매리언은 명쾌하고 사리가 분명하였다.

"영광스러운 직분이지만 우리는 의료선교사로 환자들
을 돌보러 이곳에 왔으니 겸직할 경우 병원 일에 지장이
없는지 알아보아야 할 것 같습니다."

이사들은 교장을 해도 시간을 소비할 일은 별로 많지
않다며 승낙해 주길 간청했다. 교장직을 할 사람이 없다
는데 환영인들 앞에서 왈가왈부한다는 것은 시간과 장소
가 적합하지 않았다. 셔우드는 교장직을 수락할 수밖에
없었다.

곧이어 함께 일할 사람을 소개받았다. 제일 먼저 만난

사람이 김창식 목사의 아들 닥터 김(김영진)이었다. 그는 셔우드의 두 손을 꽉 잡고 악수하며 기쁨에 찬 목소리로 말하였다.

"당신들이 와 주셔서 정말 기쁩니다. 나는 이 병원을 혼자 힘으로 지탱할 수 없어 많은 고심 중에 있었습니다. 의학적으로 어려운 일들이 두 분을 기다리고 있습니다."

"닥터 김과 함께 의료선교를 할 수 있게 되어 기쁘고 행운으로 여깁니다. 그렇지만 우리에게 처음에는 좀 쉬운 일을 주시기 바랍니다."

"모든 환자 진료가 당신들의 의술로는 쉬운 일임에 틀림이 없을 겁니다."

두 번째로 소개받은 사람은 제인 바로우(Jane Barlow) 양이었다. 그녀는 깔끔하고 깐깐한 성격의 독신녀였다. 처음 만난 우리에게 이런 말을 건넸다.

"두 분이 주님 사업에 더욱 열중할 수 있도록 자녀를 두지 않아 기쁩니다."

매리언은 상황에 따라 대응하는 재치가 있다.

"미스 바로우, 그 점이라면 아마도 당신을 실망시켜 드릴지도 모르겠어요."

뒤에 서 있던 의정 여학교 교장인 벨 오버먼(Bell Overman) 양이 웃음을 띠고 있었다. 곧 교대할 왁스 목사 부부가 손을 내밀며 악수를 청했다. 왁스 목사는 조선 사람들에게 '모터사이클' 선교사라고 불리고 있었다. 모터사이클을 타고 선교구역을 돌아다녔는데 어린이들을 자주 태워주어 아이들이 그를 좋아했다고 한다.

왁스 목사는 언덕 위의 커다란 벽돌집을 쓰라고 했지만 셔우드 내외는 여선교사들의 집과 가까운 '가운데 집'이라 불리는 돌로 지은 오두막집을 택했다. 아름다운 노란색 장미가 집 입구에 만발해 있었다.

닥터 김과 간호원장 런드 양의 안내를 받으며 병원을 둘러보았다. 작은 2층 건물이 깨끗하게 정돈되어 있었으나 의약품과 의료기구들이 많이 부족하였다. 30명을 수용할 수 있는 입원실은 응급환자들이 많아 늘 자리가 모자란다고 한다. 매리언은 외과 닥터라 수술실에 관심이 많았다. 수술실이 어두워 세밀한 수술을 하려면 조명이 많이 미흡했다.

외래환자 대기실은 환자들이 도착하기 전 이른 아침에는 병원 직원들의 예배 장소로 쓰고 있었다. 환자들이 도착하면 전도사들이 환자들을 위해 기도해 주고 마음을 위로해 주는 일을 하도록 했다. 병의 치료는 마음의 치료부터 시작해야 한다는 닥터 노튼(A. H. Norton)의 세심한 치료방침을 알 수 있었다.

병원을 살펴보고 매리언은 조선어학교에 등록하기 위해 다시 서울로 돌아가기로 했다. 환자들의 아픈 부분을 정확하게 알기 위해서는 무엇보다도 환자들과 의사소통이 필요했다. 병원이 낯설고 여러모로 안정되지 않아 어려운 일들이 많겠다는 생각이 들었다.

서울로 가는 기차 안에서 해주에서의 의료선교사의 길을 하나님께서 맡아달라고 기도하였다. 새 임지에 대한 두려움도 크고 그들 힘으로 할 수 있는 일은 한정되어 있음을 깨달았기 때문이다. 잠시 후 마음이 평안해지고 알 수 없는 힘과 기쁨이 밀려왔다.

조선으로 초기에 온 선교사들은 조선어를 혼자 공부해야 했다. 먼저 온 선배 선교사들에게 배우는 경우도 있었지만 대부분 독학이 많았다. 1919년 신교복음연합회에서 단기간의 '조선어교육과정'을 개설하여 봄가을에 각각

2개월간 조선어 학습시간을 마련하였다. 이 프로그램은 3년 과정이었으며 선교사들은 임무를 시작하기 전에 의무적으로 첫 학기를 마쳐야 했다.

셔우드 홀은 아내 매리언과 조선어 공부를 시작하였다. 어린 시절을 조선에서 보냈으므로 조선어(한글) 배우는 일은 쉬울 것이라 생각했다. 그러나 이 생각은 얼마나 잘못되었는지 깨닫게 되었다……. 어렸을 때 한 말은 '아이들의 말'에 지나지 않았다. 아마도 어릴 적 어머니를 방문했던 점잖은 분들께 버릇없게 말해서 그들을 대경실색하게 했을 것이다.

조선말은 어른들에게 "앉으십시오!"라고 경어를 써야 하는데 "앉아라!"라고 말한 것이다. 중간 정도의 경칭인 "앉으세요!"라고 말했어도 좋았을 것을. 그들은 아마도 서양의 야만스런 아이들이 어찌 조선 아이들처럼 경어를 쓸 줄 알겠느냐며 눈감아 주었을 것이다. 한 번은 조선의 양반이 어린 셔우드에게 경어를 쓰지 않는다고 야단을 친 적이 있다. 셔우드는 오히려 이렇게 항의했다.

"나에게 경어를 써 주면 내가 경어를 더 잘 배울 수 있지 않겠어요?"

이미 습관으로 굳은 말투를 고치는 일은 새로 배우는 것보다 더 어려움을 실감했다. 몇 주가 지나자 매리언은 한글의 자음 모음을 깨우치고 언어 구사력을 경쾌하게 하며 셔우드를 앞질러 가더니 품위 있는 말로 충고해 주기까지 했다.

그들에게는 아펜젤러와 언더우드 같은 뛰어난 선생님들이 계셨다. 신중하고도 능숙하게 가르쳐 주었고, 학자이며 조선말 교과서를 쓴 찰리 샤우어(Charlie Sauer) 선교사는 많은 조언을 해 주었다.

"어떤 조선인 선생이 영어가 부족하여 기묘한 영어로 통역이나 번역을 하더라도 절대로 웃지 마세요. 웃게 되면 그 사람의 체면을 깎는 것이 됩니다. 체면을 손상당한다는 것은 자존심을 상하는 일이 되고 상대방이 마음을 닫게 될 수도 있습니다."

선교사들은 조선인 선생님이 강의를 하는 시간이면 웃지 않으려고 마음을 무장하고 교실에 들어갔다. 조선어학교 교장인 쿤즈(E. W. Koons) 박사는 서울 경신학교의 교장이었다. 그는 도표와 재미있는 사례를 들어서 머리에 쏙쏙 들어오게 가르치는 재능이 있는 훌륭한 선생님이셨다.

이렇게 훌륭한 선생님들께 조선어를 배우고 있던 기간에 조선은 역사적인 격동의 사건이 일어났다. 이씨 왕조의 27대 왕이자 마지막 왕인 순종 황제가 1926년 4월 25일 서거했다. 국장은 조선의 관습에 따라 보름 정도의 기일이 지난 후 장례를 치른다. 일본인들은 조선의 애국자들이 이 기간에 예전 고종 승하 시 일어났던 1919년 3월 1일 독립만세 같은 운동을 또 일으키지 않을까 두려워했다.

　고종 황제는 일본인들의 압박이 심해지자 1907년 헤이그에서 열린 제2차 '국제평화회의'에 비밀리에 세 사람의 밀사를 파견한 일이 있다. 일본이 물러가게 해달라는 청원이 거절되자 밀사 가운데 한 사람인 '이준'은 세계대표들 앞에서 배를 갈라 자결을 하였다. 이에 경악한 일본 관리들은 1907년 7월 19일, 왕위를 순종에게 강제로 양위시켰다. 그리고 조선을 일본에 합병시킬 음모를 꾀하였다. 그 후 1910년 8월 22일 공식적으로 조선을 일본에 합병시켜 이씨 왕조는 종말을 고했다.

　그러나 조선의 애국자들은 오백 년 이어온 나라를 되찾을 기회를 엿보고 있었다. 1918년 제1차 세계대전이 끝나자 미국 윌슨 대통령은 '민족자결주의' 원칙을 발표했다. 국가의 자기결정권을 중시하고 경계를 재정립하여 전쟁의 원인을 제거하고 평화롭고 상호적인 관계를 증진하자는 이 원칙에 조선의 애국자들은 힘을 얻었다. 이 기회에 전 세계에 일본의 조선에 대한 강압정책을 알려서 국제적인 비난 여론을 일으키게 하여 일본이 조선을 포기하게 해야겠다는 결론을 내렸다.

33명의 조선 애국자들이 비밀리에 독립선언문을 만들어 서명하고 인쇄하여 조선 방방곡곡에 돌려 고종의 장례식 며칠 전인 3월 1일 독립선언서를 민중 앞에서 낭독하였다. 그 33인은 기독교인 16명, 천도교인 15명, 불교계통이 2명이었다. 이 선언은 전 세계를 향한 부르짖음이었다.

"조선은 독립국가로서 자유권이 있으며 일본에 부당하게 합병되었다"라는 사실을 알리는 부르짖음이었다. 이 선언서는 주요 열강의 정부들에게 발송되었고 조선의 각 지방에서도 그 지역 지도자들에 의해 낭송되었다. 그 열기가 얼마나 뜨거웠던지 남녀노소, 아이 어른 모두 거리에 나와 독립만세를 불렀다. 만세 소리가 거리에 진동하고 일본에 의해 금지되었던 태극기가 거리에 나부꼈다.

이에 경악한 일본 관리들은 33인을 체포하라고 통고하였고 비폭력 평화적인 시위였음에도 일본은 무자비한 보복을 하여 많은 사람을 감옥에 가두고 죽였다. 이때 많은 기독교인들이 체포되고 죽임을 당했다. 조선 민중들은 처음으로 기독교인들도 조선의 애국자라는 것을 인식했다.

이 독립 시위는 비록 완전한 자유를 찾지는 못했지만 조선에 대한 일본의 정책을 바꾸게 했다. 사이토 마토코가 조선 총독에 임명되었는데 그의 정책은 전임자들보다 회유적이었으며 주 관심사가 교육이었다. 그가 처음에 조선으로 올 때는 학교가 250개 정도였는데, 다섯 배 정도가 늘어났고 신학문의 열기가 조선에 퍼지게 되었다.

순종 황제 장례식 날 일본은 지난번 같은 시위가 일어날까 봐 온 신경을 곤두세웠다. 나중에 듣게 되었지만 실제로 1919년 고종 승하 시 만세운동과 비슷하게 학생들이 배일선언 인쇄물을 준비하고 태극기를 흔들며 만세운동을 준비했었는데 일본 경찰들이 사전에 철저하게 제압하여 성공하지 못했다고 한다.

순종의 장례행렬은 웅장했다. 일본 경찰은 장례행렬이

지나가는 동안에 거리에 나오지 말라고 경고하였다. 시위가 일어날지도 모르기 때문이다. 셔우드 부부는 어머니가 근무하는 동대문 부근의 높은 병원 마당에서 동대문을 지나 왕가의 묘지 금곡으로 가는 긴 장례행렬을 모두 구경할 수 있었다.

맨 앞에 기마 경찰이 나타났다. 검은 정복을 입고 칼을 들고 줄을 서서 걸어갔다. 그 뒤로 군경들이 말을 타고 따르고 만장을 든 많은 사람들이 따라갔다. 악귀를 쫓아낸다는 무시무시한 가면을 쓴 사람들이 그 뒤를 따르고 순종 황제의 시신을 실은 거대한 붉은 상여가 지나갔다. 맨 앞에서 베로 만든 뾰족한 모자를 쓰고 곡을 선창하는 사람이 있고 호곡하는 사람들이 상여 양편에 늘어서서 '아이고, 아이고'를 연방하며 울면서 걸어갔다.

관은 서로 교차하는 나무 장대들 위에 안치되어 있었고 장대에 연결된 끈들을 어깨에 걸치고 190여 명의 사람들이 무겁고 큰 왕의 상여를 질서 정연하게 운구하고 있었다.

두 사람이 상여의 전면과 후면에 올라가서 종을 흔들며 운구하는 사람들의 걸음에 박자를 맞춰 주었다. 그다음으로 왕가의 여자들이 가마를 타고 따르고 가마 뒤를 왕실의 친척들, 정부 요인들이 인력거를 타고 따르고 있었다. 이 장례의 행렬은 무려 2킬로미터나 되었다.

셔우드 부부는 조선어학교를 다니느라 임지 해주에 가기 전에 조선 왕조 마지막 왕의 장례식을 볼 수 있는 특별한 기회를 갖게 되었다. 사진 찍기를 좋아하는 매리언에게 많은 소재를 제공해 주었다. 왕가의 거창한 장례식, 옛 전통의 화려함의 마지막을 눈으로 확인하고 자료를 남길 수 있는 행운을 누렸다.

드디어 조선어학교의 첫 학기가 끝났다. 공부는 힘들었으나 오랫동안 우정과 의료선교정보를 나눌 수 있었고 좋은 친구들을 많이 사귀어서 기뻤다. 임지로 떠나기 전, 셔우드 내외는 어머니를 모시고 미국영사관 뜰에서 열린 서울 여성클럽의 연례파티에 참석하였다.

여름철이 시작되는 계절이었으므로 대화는 자연히 여름 휴가지를 정하는 일에 집중되었다. 사람들은 셔우드에게 휴가 장소를 추천해 주었는데 '소래해변'과 '원산해변'을 추천했다.

그러나 아직 휴가를 즐길 만한 여유는 없었다. 어서 해주에 가서 병원의 상황을 파악하고 힘겹게 준비한 의료 선교사의 사명을 감당하고 싶었다. 셔우드는 해주에 가기 전에 꼭 하고 싶은 일이 있었다. 아내 매리언에게 자신이 태어난 서울의 집을 보여 주고 싶었다.

"셔우드, 네가 태어난 집이 있던 자리에 신식 건물이 들어선다는 소문을 들었어. 다음에 가 본다고 미루다가 어쩌면 생가를 못 볼 수도 있어."

어머니의 말을 듣고 셔우드는 아내와 서둘러 생가를 찾아갔다. 집은 그리 크지 않았다. 오래된 한옥이었으나 편안하였고 동양적인 아름다움을 지니고 있었다. 기와지붕의 끝이 하늘을 향했는데 그 선이 고아해 보였다. 천장 가운데 커다란 나무 대들보가 있고 대들보를 중심으로 양쪽으로 지붕을 받쳐 주는 나무 기둥 서까래를 경사지게 눕혀서 겉으로 드러나게 했다. 집을 몸이라고 생각한다면 서까래는 척추에 붙어 있는 갈비뼈 같다는 생각이 들었다.

셔우드는 자신이 태어난 방과 아버지 닥터 홀이 돌아가셨다는 방도 구경했다. 이 집은 아버지가 태어난 캐나다의 통나무집과 비슷하게 만든 동양식 가옥이다. 선교사 생활 초기에 불편을 감수하며 이 집에 살면서 조선을 위해 헌신했을 부모님의 젊은 날들이 머릿속에 그려져 셔우드는 가슴이 먹먹했다.

부모님은 신혼인 노블 목사 내외와 함께 이 집에서 살았고 노블 목사의 딸이 태어날 때도 이 집에서 어머니가 출산을 도왔다고 한다. 청일전쟁의 발발로 평양에서 서울로 돌아오던 날 저녁에 딸이 태어난 것이다.

셔우드는 소년 시절부터 노블 목사의 부인과 자주 이야기를 나누었다. 부인은 두 아이를 아주 어릴 때 잃었는데도 슬픔 속에서 희망을 잃지 않고 긍정적으로 살아가는 의연한 모습과 후덕한 인격에 많은 힘을 얻었던 일이 기억났다.

"해주로 가기 전에 노블 목사님 내외분을 한 번 찾아뵙시다."

생가를 다녀오면서 두 사람은 노블 목사 댁을 방문했다. 부인은 외출 중이었고 노블 목사가 반갑게 맞아 주었다. 매리언은 선교에 도움이 될 수 있는 일들을 말씀해 달라고 하였다.

"돈이란 선교사가 되기 전까지는 개인 생활에 중요한 조건이 됩니다. 그러나 지금부터는 당신들의 생활에서 선교사업을 위한 자금 외에는 돈이 차지하는 가치는 점점 작아질 것입니다. 모든 선교사들의 기본 급료는 같아요. 두 사람은 의사이지만 고등학교를 졸업하고 선교 분야에서 일하는 사람보다 급료가 많은 것은 아닙니다. 미국에서 전문의로 살아간다면 호화로운 생활을 하겠지만 어쩌면 이제는 미국 친구들이 보내 주는 헌 옷도 고맙게 받아야 합니다."

노블 목사는 잠시 말을 멈추더니 경청하는 셔우드 부부를 보며 말을 이어 갔다.

"그렇게 낮은 자세로 있을 때 병든 사람들이 치료되고 하나님의 나라가 그들에게 가까워지게 할 수 있습니다. 진실하고 정직한 선교사가 되는 길은 항상 기도하며 처음 마음을 잃지 않고 최선을 다하는 태도입니다. 선교사업이란 하나님을 위한 일이고 봉사하는 것이며 개인의 야심을 위하는 일이 아니기 때문이지요. 그런 가운데 진정한 인생의 행복과 만족을 찾을 수 있을 것입니다."

노블 목사는 이 밖에도 선교사들이 갖추어야 할 여러

가지 이야기를 해 주었다. 이토록 진지한 조언은 선교사로 첫발을 내딛는 셔우드 부부에게 큰 도움을 주었다. 두 사람은 담대하게 선교지로 갈 마음의 준비를 하였다.

1926년 6월 29일, 제물포에서 해주행 기선을 탔다. 배는 험한 해안선을 따라 아름다운 섬 사이를 들락날락하며 항해했다. 해주에 도착하자 닥터 김은 홀 내외가 이 도시의 중요한 관리들을 방문하는 것이 좋겠다고 하였다. 방문하는 분마다 환대를 해주었다. 특히 황해도 박 지사는 소년 시절의 셔우드를 알고 있다며 반가워하였다. 일본인 경찰국장 사사키는 아내가 대화를 나눌 사람이 없어 외로워하는데 매리언이 자신의 아내와 좋은 친구가 되어 주길 부탁하였다. 이들과 쌓은 우정은 선교사업뿐만 아니라 셔우드가 훗날 어려움을 당했을 때 큰 도움이 되었다.

아직 짐을 풀기도 전인데 산부인과 병동에서 긴급히 매리언을 찾는 기별이 왔다. 매리언은 재빨리 청진기를 들고 달려갔다. 산기가 있는 임산부가 분만을 못하고 산고가 심했다. 태아가 잘못 나오고 있었다. 아기가 아직 살아있음을 확인한 매리언은 태아를 바로잡아 무사히 분만시켰다. 사내아이였다. 그 아이가 아들인 것은 매리언의 공로가 아닌데도 마치 매리언이 아들을 만들어 낸 것처럼 가족들은 고마워했다.

"서양에서 온 여자 의사가 아기를 잘 받아낸대요. 받는 아이마다 거의 아들이라네요!"

이러한 소문은 빠르게 퍼졌고 매리언은 아기를 낳는 곳마다 불려 다니느라 밤잠을 제대로 잘 수가 없었다. 아기들은 주로 한밤중에 태어나는 아이가 많았다.

셔우드는 학교 일로 긴급 연락을 받았다. 남학교 교장 직을 맡고 있는 그에게 교무부장이 와서 무단결근을 자주 하는 근무 태만한 교사를 당장 파면시켜 달라고 하였다. 집무를 시작하기도 전에 교사를 파면시켜야 한다는 것은 정말 꺼림칙한 일이었다. 학교까지 천천히 걸어가며 이 문제를 어떻게 처리해야 할지 곰곰이 생각하며 지혜를 주시길 기도했다. 처음 이 문제를 어떻게 처리하는가에 따라 교장으로서의 역량이 평가될 것이다.

교무실에 들어서자 무거운 분위기로 꽉 차 있었다. 교무주임의 얼굴은 화가 난 표정이었고 당사자 김 교사는 침통한 얼굴을 하고 있었다. 이런 분위기에서 좋은 결말을 내리기란 몹시 힘들다.

"이런 분위기에서 새 교장을 대면하는 것은 별로 좋은 것 같지 않네요. 우선 차라도 한잔하면서 이야기를 들어 봅시다."

셔우드는 부드럽게 말하며 교무부장의 가족 상황을 물어보았다. 그는 아내와 네 명의 아들이 있다고 하였다. "그렇군요. 다복하시네요" 하고 치하를 했다. 다음은 파면 대상인 교사의 현재 상황을 물었다. 그는 망설이다가 더듬거리며 말했다. 그의 눈에는 눈물이 가득했다. 슬픔을 억제하기가 힘들어 한동안 말을 하지 못했다.

"얼마 전에 아내가 폐병으로 죽었습니다. 지금 하나밖에 없는 아들이 같은 병에 걸렸는데 아이를 간호할 사람이 없습니다. 그래서 제가 최근에 결근을 자주 했습니다."

"그렇다면 교무주임에게 어째서 그런 사정을 말하지 않으셨습니까?"

교무부장은 얼굴색이 조금 변하더니 고개를 숙였다. 고조되었던 감정들이 수그러들고 모두들 마음이 차분하게 가라앉았다. 김 교사가 말을 이어 갔다.

"교장 선생님, 남쪽 사람들이 문둥병을 수치로 생각하

는 것처럼(당시 남쪽 지방에는 나병환자가 많았다) 북쪽 사람들은 폐병에 걸린 것을 수치로 알고 있습니다. 그래서 집안 식구들이 폐병에 걸려도 비밀로 하고 남에게 말을 할 수 없답니다."

셔우드는 닥터 김에게 직원의 자녀이니 김 교사의 아들을 특별 병동에 입원시켜 주길 부탁했다. 닥터 김은 한참을 망설이다가 병원 방침이 폐결핵 환자를 받을 수는 없지만 그 아이를 비어 있는 격리병동에 입원시키겠다고 하였다. 모두들 안도의 숨을 내쉬었다. 김 교사의 얼굴은 기쁨과 안도감으로 빛났으며 교무부장의 체면도 살아났다. 셔우드는 힘든 학교의 첫 번째 난관을 성공적으로 잘 통과할 수 있었다.

그날 밤, 셔우드는 석유 등잔 앞에 앉아서 몇 사람의 지인들에게 간절한 편지를 썼다. 낮에 있었던 교사의 아들 같은 폐결핵 환자들을 위한 작은 병동을 지을 수 있는 자금을 모금하는 호소의 편지였다. 첫 업무가 자신이 늘 생각하던 폐결핵 환자를 위한 결핵요양소와 연관된 일이었지만 결핵요양소를 짓는 일은 많은 시간이 걸린다는 것을 잘 알고 있었다.

다음 날 매리언과 함께 병원으로 출근했다. 난치병 환자부터 회진을 시작하였다. 첫날의 회진에서 의사로서의 많은 역량과 전문성이 필요함을 알게 되었다. 셔우드 부부는 청진기를 꺼내며 하나님께 기도드렸다.

"주님, 환자들의 병을 오진하지 않게 해 주시고 이 청진기로 환자의 병세를 정확하게 판단하게 도와주옵소서!"

셔우드 부부는 자신들을 기다리는 수많은 환자들을 대할 때마다 문득 직업상의 고독함을 느꼈다. 환자의 생명을 전적으로 책임져야 하고 여기에는 물어볼 선생님도 없고 의논할 의사들도 없다. 의료 기구도 충분하지 않다. 어느 순간부터 환자들의 생사여부가 그들의 손에 달려 있는 것에 작은 공포감이 밀려왔다. 이때 마음속 깊은 곳에서 들려오는 따뜻한 소리가 있었다.

'너희는 지금 혼자 있는 것이 아니다. 주님이 도와주시고 함께 계시지 않느냐. 두려워하지 말거라!'

그 순간 셔우드는 자신감을 되찾았다. 마음에 평안이 오고 앞으로 나갈 수 있는 용기가 생겼다. 매리언의 얼굴에도 평안이 찾아왔다. 환자가 너무나 많아 매리언은 여자 환자와 어린이들을 맡았고 셔우드는 남자 환자를 맡았다.

어느 날, 밖이 소란해서 나가 보니 호랑이에게 물려 심하게 다친 응급환자가 들것에 실려 왔다. 산에서 나무를 하던 사람이 호랑이한테 습격을 당했다. 호랑이는 가만히 내버려 두면 대개는 사람을 해치지 않는다. 그러나 배가 고프거나 다치면 쉽게 먹이를 찾기 위해 사람을 해치는 야수로 변한다. 다행히 그 환자는 공격을 당했을 때 부근에 나무를 하던 사람이 있었기 때문에 비명을 듣고 뛰어와 그를 구했다. 하지만 이미 호랑이 발톱에 할퀴어 눈알이 빠지고 상처를 심하게 입은 후였다. 상처를 치료하고 병균이 감염되지 않도록 적절한 처치를 했다.

독사에 물려 온 환자들도 많았다. 장결핵, 간염, 만성 말라리아 증세로 비장이 팽창하여 복부가 심하게 부른 환자들도 많았다. 간염 환자에게는 런던의 의학교에서 배운 대로 흡출법을 써서 치료할 수 있었다. 이 치료법은 대단히 만족할 만한 결과를 보였다.

시일이 지나면서 청진기로 진단해 볼 때 호흡기 환자 두 명 중 한 명은 결핵 환자였다. 대부분은 이미 병세가 상당히 진전되어 입원시켜 치료하지 않으면 희망이 없는 상태였다. 이런 환자들을 위해서 우선 일차적인 처방은 했으나 더 시급한 일은 감염되지 않은 가족들과 어린이 환자들과의 접촉을 막아야 한다는 것이다. 그러나 이 같은 격리 요청은 대가족 생활을 하는 조선 사람들에게는 받아들이기 어려운 현실이었다. 가족들은 환자들과 헤어지지 않고 의술만으로 완치시켜 주기를 기대했다.

무엇보다도 결핵요양소의 설립이 시급하였다. 환자를 격리해서 치료해야 한다는 의사 말에도 가족들의 무관심과 고집스러운 태도를 보며 셔우드는 의기소침해졌고 결핵 환자들을 위해서 할 수 있는 일이 아무것도 없다는 좌절에 빠졌다.

이처럼 우울한 날이 계속되는 중에도 희망을 주는 일도 있었다. 한 환자가 출혈도 있고 청진기를 통해서 들리는 소리도 거칠었지만 증세에 비해 병세는 그다지 심해 보이지 않았다. 가끔 거품 있는 밝은색 피를 토했다. 다행히 이 환자는 디스토마 때문에 결핵과 비슷한 증상을 보였다는 사실을 알게 되었다. 이런 경우에는 에메틴 치료법(emetin treatment)을 써서 고칠 수 있었다. 환자들이 부끄러워하는 폐병이 아니었다는 것을 말해 줄 수 있다는 것은 얼마나 다행이었던지.

매리언은 그녀 나름대로 바쁜 의료 일정을 보내고 있었다. 쌍둥이를 임신한 임산부의 출산을 돕고 자궁종양 환자를 치료하는 일도 빈번했다. 어느 날 매리언은 비장한 어조로 이렇게 말했다.

"내일 난소종양 환자의 수술을 하는데 이 수술은 반드시 성공해야 해요. 비록 수술실의 조명도 밝지 않고, 수술기구도 충분하지 못하고, 조수하고 한 번도 수술을 해보지는 않았지만 이 수술은 절대로 실패하면 안 됩니다."

조선에서 첫 번째로 수술을 집도하는 자신을 향한 다짐과 격려일지도 모른다. 수술 전 날, 매리언은 수술실에 들어가기 전에 하나님께 간절히 기도드렸다. 펄(pearl) 런드 간호 원장과 간호사들은 꿀벌들이 일하듯 바빴다. 수술복, 환자의 가운, 고무장갑, 수술기구들을 몇 번씩 소독하였고 남자 간호보조원을 수술실 밖에 파리채를 들고 서 있게 하여 곤충이 날아 들어오는 것을 잡고 필요 없는 사람들이 들어오는 것은 막도록 조처했다.

해주에서 첫 번째 수술 환자인 이 처녀를 사소한 점까

지 세밀하게 살폈다. 환자는 난소종양이라는 병소만 제외하면 건강 상태가 좋았다. 환자는 침착했다. 수술받기 위해 가운을 입고 의사와 간호사도 마스크를 썼다. 의사의 지시에 따라 마취사가 마취를 시작하려는 순간이었다. 갑자기 수술실에 사람이 뛰어들었다.

"수술을 멈추시오. 환자가 독사진이 없어 수술하기 전에 사진을 찍어야 해요. 만일 사진 없이 환자가 죽으면 악귀가 그 가족에게 역병을 주어 괴롭힌대요. 사진이 없이는 절대로 수술을 못합니다!"

모두들 넋을 잃을 정도였다. 긴급회의를 하였고 일단 밖에 있는 가족들이 어떤 형태로든 분노를 폭발하지 않게 배려하기로 했다. 환자를 일으켜 세우고 사진사와 직계가족 한 사람만 들어와 사진을 찍게 했다. 진정제의 효과가 없어지기 전 10분 내로 끝내야 한다고 했다. 사진사는 급히 사진을 찍고 나갔고 다시 소독제를 뿌리고 수술은 진행되었다. 어처구니없는 그 같은 상황에서도 매리언은 침착하게 수술을 진행하였고 수술은 성공했다.

환자는 병균에 감염되지 않았고 회복도 빨랐다. 퇴원할 때는 뱃속의 커다란 종양을 제거하여 원래보다 훨씬 날씬한 몸매를 갖게 되었고 매리언의 의술에 사람들은 경탄하며 기쁨을 감추지 못했다. 이런 일이 있은 후부터 수술할 때마다 환자들에게 최근에 사진을 찍었는지 물어보는 것을 잊지 않았다. 그 당시는 어이없는 사실이었지만 시간이 지나면서 셔우드는 농담처럼 말하며 웃곤 했다.

"매리언, 수술 직전에 금지된 구역에 외부 사람이 들어왔다는 것을 당신 선배 외과 과장 닥터 맥과이어가 알았으면 얼마나 기절초풍을 했을까?"

셔우드는 병원 일과 학교의 여러 문제로 바쁜 시간을 보냈다. 저녁이면 펌프질을 자주해야 하는 석유 등불 밑에 앉아서 친지들에게 결핵요양원 건립에 필요한 자금을 후원해 달라는 간청의 편지를 쓰느라 밤을 밝히는 날이 많았다.

조선의 밤은 그들 부부에게는 한동안 힘든 시간이었다. 마치 조용한 시골에서 살던 사람이 소음이 많은 도시로 이사 온 느낌이었다. 이 소음은 도시의 것과는 달랐다. 다듬이 소리, 개 짖는 소리, 새끼를 잃은 것 같은 슬픈 동물 울음소리. 특히 참기 힘든 소리는 무당들이 굿을 하느라 울리는 북과 징 소리다. 이 째지는 듯한 쇳소리는 밤이 깊을수록 점점 강렬해지다가 클라이맥스에 오르면 갑자기 중단된다.

"휴, 이제 끝났구나!" 하고 잠을 자려 하면 또다시 이전 과정이 반복되고 새벽까지 이어졌다. 그런 밤은 참으로 길고 으스스한 밤이었다. 매리언은 수술이 잡혀 있는 전날 밤은 숙면을 이루어야 하는데 잠을 잘 수가 없어 많이 힘들어했다. 그렇다고 주택이 방음 시설이 되어 있는 것도 아니다.

그러나 잠을 못 자는 것보다 더 안타까운 일은 미신과 민간요법으로 환자들을 회생이 어려운 시기에 병원에 데리고 오는 일이다. 가족들은 악귀를 내쫓는다면서 환자의 몸을 바늘로 찔러 상처를 내기도 하고 특정 부위를 달군 쇠붙이로 지졌다. 환자를 업거나 나귀 등에 태워서 무당 집으로 데리고 가거나 셔우드의 집 뒤편에 있는 서낭당에 데리고 가서 악귀를 쫓아 달라고 빌었다. 그런 과정에서 바늘에 찔린 곳으로 병균이 감염되어 치료할 수 없는 상태가 되어 있다. 매리언은 정신이 혼란해졌다.

'아, 어떻게 해야 이 환자들을 병원으로 먼저 오게 할

수 있을까?'

이러한 생각으로 닥터 홀 부부의 몸과 마음은 한시도 편하지 않았다. 매일 밤 환자들에게 전염병이 퍼지는 악몽에 시달리기도 했다. 어느 날 아침, 지친 모습의 셔우드 부부를 보고 펄 런드 간호원장이 이렇게 말했다.

"두 분의 모습이 지치고 걱정스러운 모습이네요. 두 분의 힘만으로 이렇게 무거운 책임을 수행할 생각이신가요? 우리는 이 일을 하며 하나님이 계신다는 사실을 늘 기억해야 한답니다. 그분은 한없이 우리를 보살펴 주시니까요. 하나님께 모든 것을 맡기셔야 해요. 그분은 우리의 짐을 덜어 주실 거예요."

펄의 말이 옳았다. 그녀는 지쳐 있는 셔우드 부부에게 회복할 수 있는 말씀으로 용기를 주었다. 그날 저녁 기도회를 마치고 오랜만에 편안한 마음으로 잠잘 수 있었다. 모든 일을 자신이 한다는 자만을 버리자 마음이 평안해지고 새롭게 맡은 일을 감당할 수 있다는 힘이 생겼다.

벚꽃 피는 봄에 해주에 도착하였는데 어느새 여름이 되었다. 한 계절이 너무도 빨리 지나갔다. 언더우드 선교사 가족들이 소래 해변으로 잠시 휴양을 가자는 제안을 보내 왔다. 주말에 도착한 언더우드 선교사 가족들과 소래 해변을 갔다. 해변은 아름다웠다. 백사장의 깨끗한 모래도 인상적이었다.

가끔 복잡한 머리를 식히기 위해서는 휴양지가 있으면 좋은데 휴양지는 소래해변도 좋지만 원산해변도 좋다니 한번 가보자고 하던 어머니 닥터 로제타의 말이 생각났다. 명사십리 해변이 좋다는 이야기를 많이 들어 설렘과 기대가 컸다.

"어머니, 이번 주말에 지난번 말씀하시던 원산해변에 저희들과 같이 다녀오시지요."

셔우드 홀 부부는 조선어학교 2학기 강의가 시작되기 전, 10월 초순에 2박 3일 휴가를 내어 어머니를 모시고 원산을 다녀오기로 하였다. 원산에는 어머니와 잘 알고 있는 캐나다 선교사 맥컬리 자매의 오두막 별장이 있었다.

세 식구는 해주에서 서울로 가서 원산으로 가는 기차를 탔다. 거리는 약 225킬로미터였는데 무려 일곱 시간이나 걸렸다. 엘리자베스와 루이스 맥컬리 자매가 역에 마중 나와 있었다. 그녀들의 집은 항구가 보이는 언덕 위의 햇살이 잘 들어오는 곳에 있었다.

그 집에 잠시 머물렀다가 원산해변으로 갔다. 해변을 보는 순간 얼마나 아름다운지 마음은 벌써 원산 바닷가에 기울어졌다. 경치가 좋은 해안 주변에 레이드 목사의 작은 별장이 있었는데 고국으로 돌아가게 되어 별장을 오래전에 내놓았으나 팔리지 않는다고 하였다. 세 사람은 레이드의 별장에 가 보았다.

아담한 목조건물이었고 화려하지 않고 소박하여 마음에 들었다. 앞마당에서 바다가 보였는데 멀리 있는 섬들이 그림처럼 보이고 집 가까운 곳에 작은 강이 바다로 흘러가고 있었다. 이 별장과 함께 모터보트를 얹어 판다고 하였는데 파도가 심할 때는 보트를 강기슭 수로에 정박하면 안전하다고 했다. 별장의 위치가 높아 날씨가 좋은 날은 창문을 열면 시원한 바람이 들어오고 추운 날은 문을 닫으면 햇빛이 가득 들어와 거실 전체를 훈훈하게 해 준다고 한다.

별장 주인 닥터 레이드(W. T. Reid)는 남감리교 선교부를 창설했던 레이드(C. F. Reid) 목사의 아들로 그도 의사였다. 유리창엔 방충망도 쳐 놓았고 마당엔 펌프를 설치해서 신선한 지하수를 쓸 수 있었다. 특히 강당으로 쓰기에 적당한 큰 방이 있어 강연이나 회의 장소로 쓰고 주일엔 예배를 드려도 좋을 듯했다.

"아, 하나님께서 우리를 위해 이렇게 좋은 집을 예비해주셨네!"

세 사람은 망설임 없이 그 별장을 구입하기로 하였다. 더 좋은 조건은 돈은 후불로 주어도 된다는 것이었다. 닥터 레이드는 이 집을 많이 아꼈고 돈보다는 집을 좋아하는 사람이 주인이 되길 바라고 있다고 했다. 집값을 후불로 지불하고 가격도 저렴한 편이라 흔쾌히 계약했다. 일하다가 피곤하면 찾아와 쉴 수 있는 아름다운 공간을 마련하게 되어 기뻤다.

이 별장이 가족들과 병원 식구들이 휴식이 필요할 때 안식처가 되길 바랐는데, 훗날 일제는 원산의 외국인 별장이 있던 곳을 군함기지로 활용하려고 별장을 폐쇄시키고 강제로 고성 화진포 호수 주변으로 이주시켰다.

그해 가을, 어머니 닥터 로제타의 예순 번째 생일을 맞았다. 조선에서는 태어나는 해를 한 살로 치고 61세는 '환갑'으로 큰 잔치를 한다. 조선의 달력은 '갑을 병정 무기 경신 임계'라는 이름을 각 해에 붙여 10년의 기간을 정한다. 여기에 12가지 짐승이나 파충류를 정하여 십이지(十二支)를 만들고 이름의 배합이 이루어진다.

갑자, 을축 등의 순서로 나가는데 같은 해가 다시 일치하려면 60년이 지나야 한다. 그러므로 태어난 해와 같은 이름의 연수(회갑)를 맞게 되면 자식들은 부모의 만수무강을 기원하며 잔치를 하는 것이 풍습이다. 선교사들도 회갑을 맞이하면 조선의 교인들은 아들딸이 되어 잔치를 차려 준다. 닥터 로제타도 제자들, 후배들, 교인들이 성대한 잔치를 베풀고 축하해 주었다.

성대한 음식과 축하 화분이 연회장에 가득했다, 참석한 조선의 명사들과 지인들, 완치된 환자들이 36년간 조선에서 의료 봉사한 로제타의 공적을 치하했다. 특히 맹인학교를 설립하고 뉴욕 점자를 바탕으로 한국 점자를 개발하여 맹인들에게 새로운 세상을 열어 주고 많은 사람들의 병을 고쳐 준 것은 물론, 한국 사람들을 의사로 양성시킨 공적을 모두들 크게 치하했다. 이날 닥터 로제타 홀이 입은 실크 한복은 어느 맹인 부인이 맹인학교에서 배운 기술로 자신이 번 품삯을 모아 만들어 보낸 옷이었다.

순서에도 없었는데 스무 살쯤 되어 보이는 아가씨가 앞에 나와서 어머니와 자신이 이렇게 살아 있게 된 것은 로제타가 위중한 산모와 아기를 구해 주었기 때문이라며 감사의 인사를 했다. 또 한 사람이 나와서 자신의 어머니가 처녀 때 화상을 입어 흉한 모습이었는데 로제타가 본인의 피부를 떼 내어 이식해 주어 결혼도 하고 잘 살 수 있게 되었다고 감사하며 큰절을 하였다. 병원의 한 여의사 남편이 자작시에 직접 곡을 붙이고 직원들이 합창하여 참석한 사람들 모두 큰 감동을 받았다.

"산 중 깊은 곳에 보석이 숨겨져 있네 / 진주는 깊은 바다 밑에 놓여 있지만 / 하나님의 은혜로 닥터 홀 부인은 우리에게 오셨네 / 60년간 흘린 노고와 눈물 끝이 없었네 / 서슴지 않고 하나님께 바친 그녀의 생애는 / 정녕 오래도록 기억되리."

닥터 로제타는 기쁨의 눈물을 흘렸다. 앞으로도 조선의 여성들이 의료 직업을 가질 수 있도록 여성들을 위해 더 많이 봉사하겠다고 답례 인사를 하였다. 환갑잔치가 있은 지 2년 후에 닥터 로제타는 그 꿈을 실현시켰다. 1928년 9월 4일, 서울에 여자의학교(Women's Medical Institute)를 설립하여 문을 열었다. 이것은 최초로 조선에 세워진 여성을 위한 의학교였다.

셔우드 부부는 서울에서 조선어학교 2학기를 마치고 해주로 돌아왔다. 부부에게 너무나 기쁜 일이 있었다. 매리언이 임신을 한 것이다. 두 사람은 행복하였고 새 생명을 잉태하게 해 주신 하나님께 감사드렸다. 그런데 바로우 양이 착잡한 표정으로 매리언에게 말했다.

"매리언, 당신, 임신했죠? 틀림없어요. 당신은 실수로 아가를 가졌어요. 이제 선교사 임무를 수행하는 데 당신의 임무는 크게 저하될 거예요."

예기치 못한 말을 들은 매리언은 눈을 크게 뜨며 날카롭게 반박하려다가 숨을 크게 쉬고 감정을 진정시키더니 차분한 목소리로 물었다.

"그 유용성이란 게 대체 뭔데요?"

바로우는 선교사가 결혼하거나 아기를 낳으면 하나님 일을 하는 데 방해가 된다고 주장하였다. 다른 여선교사들은 매리언의 임신을 축하해 주었다. 이처럼 선교사들의 반응은 각양각색이었지만 조선인 친구들은 매리언의 임신 소식에 환호성을 질렀다. 마침 윤치호의 딸 헬렌 윤이 미국에서 공부를 끝내고 조선에 돌아와 여학교를 시작하겠다고 해주에 와 있었다. 그녀는 조선인들의 환호에 대해 이렇게 설명해 주었다.

"조선인들은 결혼하고 아들을 못 낳으면 남편이 아들을 낳으려고 첩을 얻게 되고 본부인은 쫓겨날 수도 있지요. 많은 사람들이 매리언을 유능한 전문의사라 인정하지만 아이가 없는 것을 걱정했어요. 아기를 낳아야 아무개의 어머니라는 이름으로 친밀감을 갖게 되지요. 또한 제사를 지내 줄 아들을 낳게 되길 더 바라지요."

"아, 맞아요! 아기가 있다고 해서 내가 의료선교를 못하게 되지는 않을 거예요. 오히려 조선인들과 가까워지고 선교 효과도 더 커질 거예요. 미스 윤, 바로우 양에게 이 사실을 잘 설명해 줄 수 있겠어요?"

헬렌 윤은 흔쾌히 승낙했다. 바로우는 매리언에게 불쑥 심한 말을 하고 며칠 여행을 간다고 자리를 비웠다. 헬렌 윤이 바로우에게 뭐라고 말했는지는 모르지만 여행에서 돌아온 바로우는 매리언을 찾아와서 자신이 심한 말을 해서 미안하다고 사과했다. 매리언은 다정한 태도로 그녀의 사과를 받아주었다. 바로우 양이 숙소로 돌아가며 한 말은 더욱 뜻밖이었다.

"당신 아기한테 주려고 갓난아기 옷을 한 벌 주문했는데 아기가 태어나기 전에 도착했으면 좋겠군요."

바로우는 중년이 훨씬 지난 나이에 선교사가 되어 조선으로 온 독신녀이다. 하나님 일을 하려고 조선어를 열심히 배워 거의 완벽하게 구사하는 점에 가끔 경탄을 금할 수가 없었다. 그녀는 부유한 가정에서 고생하지 않고 자랐다. 지금도 본국에 있으면 편안하게 살 수 있지만 이 고달픈 선교사의 길을 택했고, 모든 환경이 어렵고 생소한 조선에 와서 적응하였다. 매리언은 그녀를 이해했다. 바로우가 허용적인 분위기가 되자 모두들 편안해하였다.

매리언의 배는 점점 불러 왔고 조선에 와서 처음으로 크리스마스를 맞이하게 되었다. 크리스마스트리를 만들고 흙으로 만든 벽난로에 장작을 넣어 방을 훈훈하게 하였다. 트리 앞에 앉아 가족, 친구, 후원자들이 보낸 편지를 읽으며 따뜻한 성탄절을 보내고 있었다.

갑자기 전화벨이 울리더니 위급한 수술 환자가 발생했다며 매리언에게 와달라는 급한 연락이 왔다. 매리언은 만삭이었고 환자가 있는 곳은 50킬로미터나 떨어진 산속 오지 마을이었다.

9 한겨울 밤 오두막집 대수술

　고국에서 온 크리스마스 카드를 읽다가 피곤하여 잠자리에 들려던 순간이었다. 병원과 숙소를 연결한 전화벨이 요란하게 울렸다.

　"50킬로 떨어진 산골 마을에 한 남자가 장폐색증을 앓고 있는데 이른 아침부터 몹시 고통스러워하고 있답니다."

　병원 직원의 다급한 목소리였다. 셔우드는 걱정스러운 표정으로 매리언을 바라봤다.

　"이 밤중에 그 멀리까지 가서 수술할 수 있을까? 더구나 당신은 해산이 임박한 임산부이고 한겨울이라 길도 미끄러운데……."

매리언은 잠시 깊은 생각을 하더니 일어나 옷을 갈아
입으며 말했다.

"힘들지만 이런 위급한 상황에 도움을 주지 않는다면
그 사람을 죽게 내버려 두는 것과 다름이 없지요. 그런 응
급 환자를 치료할 수 있는 곳이 여기서는 우리밖에 없으
니까요."

셔우드는 독신여성 기숙사에 가서 간호과장 런드 양과
간호사를 깨웠다. 그들도 같은 마음이었다. 병원에 가서
모든 기구의 소독을 확인하고 떠날 준비를 했다.

그날 밤은 달빛이 아름다웠다. 밤이 깊어지며 매서운
찬바람이 불더니 마을에 도착하기 전에 눈이 내리기 시작
했다. 몸이 얼어 덜덜 떨려 고통스러운 가운데 드디어 차
가 마을로 들어섰다. 마중을 나온 사람을 따라 어느 집으
로 들어갔다. 열린 문 사이로 화로를 가운데 두고 사람들
이 둘러앉은 광경이 보였다. 환자가 어디 있느냐고 물었
더니 아직도 가야 할 길이 멀었다는 것이다. 그곳에서 조
선사람 네 명을 더 태우고 차는 덜컹거리며 다시 좁은 산
길을 달렸다. 마치 한밤중 어떤 공작을 꾸미러 가는 단원
들과도 같았다.

차가 달릴 수 있는 막다른 길까지 가자 길이 좁아 차는
더 가지 못하고 논두렁길을 2킬로미터 남짓 걸어야 했다.
살을 에는 바람이 옷 속을 파고들었다. 셔우드는 아내가
걱정되어 계속 매리언의 뒤를 따랐다. 매리언은 말없이
무거운 몸으로 논둑길을 타박타박 걷고 있었다. 머릿속엔
환자의 상태와 그곳에서 수술이 가능할 수 있을지? 많은
생각으로 꽉 차 있는 것 같았지만 참 크신 사랑이 그녀를
지켜 주는 것 같았다.

논두렁을 한참 걸어가니 마을이 나타났고 언덕에 진흙
으로 지은 낡은 초가집 한 채가 있었다. 높은 돌계단을 올
라가니 남자들이 모여 있는 사랑방이 보였다. 천정은 낮
고 벽은 흙벽이고 바닥엔 돗자리가 깔려 있었다. 난방장
치라고는 약하게 타고 있는 화롯불뿐이고 아주 작은 등잔
이 벽에 걸려 있었는데 불꽃의 크기가 완두콩만 했다.

"아! 저 깜빡이는 등잔불 아래서 어떻게 수술을 하겠어
요. 닥터 김이 손전등을 주머니에 넣고 와서 다행이네요."

사람의 의술만으로는 불가능한 조건이었다. 불가능을
이기는 기적이 있지 않고는 안 될 일이었다. 겉옷을 사랑
방에 벗어 놓고 빈대나 이가 많이 달라붙지 않길 바라며

환자가 있다는 옆방으로 갔다. 환자가 친척들과 식구들에게 둘러싸여 누워 있었다. 닥터 노튼이 조선의료 선교사로 있을 때 의술을 배워 의사면허를 따서 이 지역에서 의료업을 하고 있는 조선인 의사도 와 있었는데 그가 셔우드 내외에게 도움을 요청하였다. 그 의사의 진단은 정확했고 수술을 해야 환자가 살 수 있었다.

사람들을 방에서 모두 나가게 하고 곧 수술을 준비했다. 너무도 불결한 옷, 이불들을 어떻게 소독해야 할지 난감했지만 소독을 시작했다. 두 조선 남자가 거리를 두고 등잔불을 비추고 다른 한 사람은 손전등으로 수술 부위를 비추게 하였다.

어려운 수술이 밤새도록 진행되었다. 수술을 다 마치자 동이 텄다. 마지막 봉합이 끝나고서야 저렸던 다리와 무릎을 펼 수 있었다. 만삭인 매리언은 허리를 잘 펴지 못하고 진땀을 흘리면서도 의사로서의 투철한 사명감과 신앙심으로 끝까지 잘 참아 주었다.

"와, 참 대단하십니다. 감사합니다!"

등잔불을 들고 서서 수술 전 과정을 지켜보던 조선 남자들이 탄성을 질렀다. 수술을 마치고 사랑방으로 왔다.

담배 연기로 자욱한 방에서 간호과장 런드 양이 예수님을 전했다.

"이 추운 겨울밤에 우리를 여기까지 불러 한 생명을 구하게 한 것은 하나님 사랑입니다. 수술에 최선을 다했으니 환자의 상태는 하나님께 맡깁니다."

마을 사람들은 환자가 낫기만 하면 온 동네가 예수님을 믿겠다고 약속했다. 환자는 수술 경과도 좋았고 얼마 후 완쾌되었다. 그 후 두 마을에서 교회를 세워 달라고 요청해 왔다. 기독교인이 한 사람도 없는 마을에 이렇게 하여 교회가 생기고 셔우드는 그 지역에 정기적으로 의료 봉사를 시작하였다. 크리스마스를 며칠 앞둔 그날 밤의 응급 수술은 오래도록 잊지 못할 예수님 사랑의 사건이었다.

분만 날이 가까이 다가오자 셔우드는 서울에 가서 아기를 낳으면 어떻겠느냐고 매리언에게 넌지시 말했다. 다른 환자의 아기는 받아도 자신의 아기는 왠지 주저되었다. 그러나 매리언은 해주에서 아기를 낳겠다고 하였다. 남편과 런드 간호과장을 충분히 신뢰하기에 서울 병원에 갈 필요가 없다고 하니 셔우드는 뭐라 할 말이 없었다. 그 당시는 '무통분만'이 보편화되지 않아 산모의 고통을 줄여 줄 방법이 없었다. 1927년 12월 18일 매리언은 건강한 사내아이를 낳았다. 셔우드는 기쁨을 감추지 못했다.

"여보, 매리언, 수고했어요! 우리가 아들을 얻었어요!"

아기 이름은 할아버지의 이름을 따라 '윌리엄 제임스'로 지었다. 아기는 씩씩하게 울고 우유도 잘 먹으며 건강하게 자랐다.

일본이 조선을 통치하기 시작하자 조선은 '은둔왕국'에서 '허가왕국'으로 이름이 바뀌었다는 소문이 들려왔다. 건축, 정지작업, 자동차의 소유나 판매, 출판과 인쇄, 공공집회까지도 허가를 받아야 했다. 이러한 허가 업무는 하급 관리들이 관할했는데 반기독교단체의 입김이 작용한다는 것을 느낄 수 있었다.

병은 치료보다 예방이 우선이기에 병원에서 시간을 내어 공중위생계몽과 교육을 위해 마을을 찾아다니며 강연회를 준비했는데 계속 방해에 부딪혔다. 선교사업에 사용하라고 고국에서 선물받은 비싼 영사기와 환등기로 공중위생계몽 교육을 시작했는데 보이지 않는 장애와 방해가 심했다. 질병 예방접종을 할 때도 허가를 받아야 했다. 학교에 장티푸스 예방접종 허가를 신청했는데 승낙하지 않아 다른 학교 학생들은 예방접종을 할 수가 없었다. 결국 홀이 교장으로 있는 학교만 예방접종을 하였고 그 학교는 장티푸스에 걸린 학생이 한 명도 없었다. 예방접종을 못 한 학교는 여러 명의 환자가 발생했다.

이런 일들은 셔우드에게 깊은 좌절감을 안겨 주었다. 미국으로 공부하러 떠나기 전에 우리나라 최초의 여의사 에스더 이모를 비롯해 조선에 결핵으로 목숨을 잃은 사람들이 많은 걸 보며, 훗날 의사가 되어 조선에 돌아와 결핵 요양소를 설립하겠다는 꿈을 안고 미국으로 갔었다. 그래서 그 분야를 전공하였고 롱아일랜드 '홀츠빌'에 있는 결핵 요양소에서 근무하며 이 포부를 동료 의사들과 자주 거론하곤 하였다. 우직한 성격이었던 셔우드는 경제적인 현실성이 없음을 알면서도 반드시 그 꿈을 이루려는 정열에 불타 있었다.

웰치 감독은 조선 선교사 파견이 결정되기 전에도 셔우드의 이 같은 계획에 귀를 기울여 주었다. 단순한 젊은 의사의 이상주의에서 나온 객기라고 웃어넘기지 않았다.

감독이 되기 전 오하이오 주 웨슬리안 대학교(Ohio Wesleyan University)에서 11년이나 총장을 지낸 그는 젊은이들의 꿈을 인정하는 안목을 가진 분이었다.

웰치 감독은 셔우드에게 좋은 소식을 전해 주었다. 메리 버버그(Mary Verburg)가 조선에 새 병원을 짓는 데 사용해 달라고 유산을 남겼다는 유언을 선교회에서 통지받은 일이 있다고 하였다. 이 유산은 유언장의 조건에 맞는 사람과 계획이 나타나지 않아 유언의 법적 집행인이 집행을 보류하고 있는 중이었다. 그 조건이란 공중위생을 강조한 내용이었다. 웰치 감독을 만났을 때 그는 격려의 미소를 지으며 셔우드에게 말했다.

"당신의 사업계획은 그 요지부동한 유언 집행인의 마음을 움직일 수 있을 것입니다."

모든 여건이 희망적이었으나 공중위생 교육을 막는 반기독교 세력들의 방해에 부딪혔으니 셔우드는 사기가 저하되고 마음에 심한 상처를 입게 되었다. 낙심되는 마음을 기도로 달래며 고심하고 있을 때 진찰을 받으러 온 환자 중에서 낯익은 얼굴을 발견하고 깜짝 놀랐다. 공중집회 위생계몽을 하려고 할 때마다 허가를 내주지 않고 항상 애타게 방해했던 그 관리였다.

"이 아침에 어떻게 저희 병원에 오셨습니까?"

셔우드는 반가운 표정을 하며 부드럽게 물었다.

"기침이 심하고 가슴이 아파서 밤에 잠을 잘 수가 없습니다. 무당이 하라는 대로 다 해 봤으나 더 심해지기만 합니다."

그는 풀이 죽은 채 대답했다. 그의 가슴에 청진기를 대고 귀를 기울였다.

"안됐습니다만 폐병에 걸렸다는 것을 말하지 않을 수 없군요!"

폐병에 걸린 사실을 알게 된 관리의 얼굴은 충격과 공포로 굳어졌다.

"이 병원에는 현재 폐병을 치료할 시설이 없습니다. 담액이 음성으로 나타날 때까지 다른 환자들과 격리되어 치료받아야 하기 때문입니다. 그러자면 시간이 오래 걸립니다."

"내 가슴속에 폐병 균이 있다면 이제 나는 죽을 게 틀림없군요!"

그는 겁에 질린 목소리로 더듬거리며 다시 말을 이었다.

"실은 제 아, 아들도 밤에 심하게 기침을 심하게 하는데 폐, 폐병일까요?

"아드님도 병균을 갖고 있을 가능성이 매우 큽니다. 폐병은 한 사람이 걸리면 다른 가족들에게도 쉽게 전염이 됩니다. 그래서 제가 폐병 예방 교육을 하려고 그렇게 애썼던 것입니다."

그는 마음을 가다듬더니 비탄에 잠긴 얼굴로 애원하듯 말했다.

"우리 아들이 폐병에 걸렸는지 검사받을 수 있도록 이 병원으로 데리고 와도 좋습니까?"

얼마 안 되어 그는 병색이 짙은 소년을 데리고 나타났다.

"당신 아들은 폐뿐만 아니라 목의 내분비선에도 감염된 것 같습니다. 증상이 아주 좋지 않아요. 아이가 병에 대한 저항력을 잃어버렸기 때문입니다."

그 관리는 흐느껴 울었다.

"선생님, 저 아이는 외아들입니다. 저한테는 금쪽과 같습니다. 기독교 신의 신통력을 써서라도 제발 제 아이를 살려 주십시오. 부디 부탁합니다!"

그는 두 손을 맞잡고 간절하게 애원했다. 셔우드는 그

에게 잠시 진정시킬 시간을 주고 닥터 김과 긴히 의논했다. 전에 학교 교사의 아들을 치료하기 위해 사용했던 멀리 떨어져 있는 병동을 임시 폐결핵 병동으로 활용하자고 했다. 두 부자가 가엽기도 하고 이번 경우를 잘 처리하면 다른 관리들에게도 영향을 주어 공중위생 교육에 많은 관심과 도움이 될 것이라는 생각도 들었다.

"그러다가 만약에 그들의 병이 호전되지 않고 치료받다가 잘못되면 어떻게 합니까?"

"그 문제는 전능하신 하나님께 맡겨야지요. 우리 부모님도 우리도 지금까지 의료선교사를 하며 수없이 어려운 일에 봉착했을 때마다 그렇게 하지 않았습니까? 진실하게 생명을 사랑하는 마음으로 최선을 다할 뿐이지요."

이번 일은 그들의 생명만 국한된 것이 아니라 보다 큰 중요성을 내포하고 있었다. 결핵은 격리해서 치료를 받아야 완쾌된다는 사실을 확실히 알릴 수 있고 결핵 요양소가 필요하다는 분위기를 조성시킬 수 있기 때문이었다.

아버지보다도 아들의 병세가 훨씬 심했다. 거의 가망성이 없었으므로 가족들이 몰래 특효약이라 생각하는 민간요법으로 쓰이는 뱀탕을 아이한테 먹일 수도 있어 간호사들은 24시간 교대근무를 하며 소년을 지켜봐야 했다. 생사탕에는 파충류의 내분비선 독소가 그대로 남아 있을 수 있기 때문이다. 의료진들은 소년에게 맞는 특별한 영양 처방으로 최선을 다했다. 그 당시는 결핵 특효약이 거의 없던 시절이었으므로 할 수 있는 임상치료와 간절한 기도밖에는 다른 방법이 없었다.

다행히 소년의 병세가 조금씩 회복되기 시작했다. 조심스럽게 일광욕 치료를 시작했는데 일광욕은 목의 내분비선에 감염된 결핵균을 빠르게 녹였고 혈색이 좋아지며 체중도 늘어났다. 셀 수 있을 정도로 도드라졌던 앙상한 갈비뼈가 차츰 보이지 않게 되었다. 어느 사이 소년은 병원의 귀염둥이가 되었다. 동시에 소년의 아버지 병세도 조금씩 회복되었다. 드디어 부자의 폐에서 들리는 험악한 소리가 청진기에서 들리지 않게 되었다. 예방교육을 지독하게 반대하던 관리의 얼굴에 평안의 빛이 보였다.

어느 날, 닥터 김이 평소 그답지 않게 침착성을 잃고 흥분한 모습으로 사무실로 뛰어 들어왔다. 오래전 아버지들이 평양에서 선교개척을 시작했을 때 기독교인들을 악독하게 박해하고 죽이려 했던 높은 행정관리가 해주에 나타났다는 것이었다. 셔우드 아버지 윌리엄 선교사와 평양을 개척했던 초기의 신자 닥터 김의 아버지도 그의 손에 처형될 뻔했는데 구사일생으로 살아났다. 오랜 시간이 지난 후 닥터 김 아버지는 조선 최초의 감리교 목사(김창식 목사)가 되었는데 지금은 은퇴하여 해주에서 아들과 함께 살고 있었다.

"거리에 나갔다가 우연히 그 악질적인 행정관을 보았는데 그 사람은 저를 알아보지 못했습니다."

그의 출현이 좋은 징조인지 그 반대인지 알 수가 없었다. 그 의문점은 오래가지 않아 밝혀졌다. 그가 셔우드의 진찰실에 나타난 것이다. 아들과 손자가 이 병원에 입원해 있어서 면회하러 왔다는 것이었다.

"아! 이럴 수가? 어떻게 이런 인연이……."

참으로 놀랍게도 그는 특별한 결핵 환자 두 부자의 아버지이자 할아버지였다. 아들과 손자를 면회한 다음 그는 셔우드와 단둘이 이야기를 나누고 싶다고 하였다.

"당신은 어려서 아마 나를 모르고 있겠지만 나는 당신과 당신 부친을 잘 알고 있소."

나이 들어 이젠 머리가 허옇게 된 노인은 만감이 교차한 얼굴로 이야기를 시작했다.

　"당신은 내가 전에 죽이려 했던 선교사의 아들이오. 당신 부친을 돕던 김창식도 내 손에 죽을 뻔했소. 나는 평양에서 김창식을 사형수 감옥에 넣었는데 그 감방에서 사형당하지 않고 살아나온 사람은 김창식뿐입니다."

　노인은 감정이 격해진 듯 잠시 숨을 고르더니 다시 말을 이어 갔다.

　"기독교를 박해했던 우리는 점점 세력을 잃었지요. 한편 기독교인들은 매우 강해졌어요. 평안 감사는 김창식을 죽이지 못한 그 사건 이후 내게 책임 추궁을 하며 나를 평양 관가에서 내쫓았어요. 상식적으로 생각하면 이젠 기독교인들이 우리에게 보복해야 할 차례지요. 그러나 당신들은 오히려 내 아들과 손자에게 사랑과 친절을 보여 주고 죽을병까지 고쳐서 살려 주었어요. 나는 지금에 와서 기독교가 나쁜 종교라고 탄압한 일이 잘못했다는 점을 알게 되었어요. 용서하시오! 아들과 대를 이을 우리 손주를 고쳐 주어 그저 감사할 뿐이오!"

　그는 눈물을 흘리며 진심으로 사과했다. 그가 돌아간

후 셔우드는 선교 초기에 조선에 와서 아버지 닥터 홀이 뿌린 고난의 열매를 생각하며 만감이 교차했고 무릎을 꿇고 감사기도를 드렸다. 그 일이 있고 난 뒤 모든 일들이 형통하였다. 아버지와 아들이 완쾌되어 퇴원하는 날, 그 관리와 나이 든 그의 아버지까지 셔우드의 하는 일과 교회를 보호해 주겠다고 하였다. 셔우드는 천군만마를 얻은 듯 기뻤다.

소년은 빠지지 않고 주일학교에 나왔다. 한번은 황해도 각처에서 모여든 기독교 대표 신자들의 집회가 있었다. 환등기를 이용해 '예수의 생애'라는 제목으로 강연을 하려고 했다. 병원의 바쁜 일이 있어 깜빡하고 미리 강연회 허가 신청을 못했는데 결핵을 고친 소년의 아버지에게 연락하자 곧 집회 신청을 허락해 주었고 집회에도 참석했다.

셔우드는 일련의 이 모든 기적 같은 일들이 조선에 결핵으로 신음하는 사람들을 위해 결핵요양소를 세우라는 뜻으로 받아들였다. 비록 막대한 자금이 필요한 일이었지만, 다음에 있을 선교회 연례회의에서 버버그 여사의 유산에 대한 승인 신청서를 내 볼 계획을 세웠다. 계획서를 내기 위해서는 먼저 조선의 선교부와 모국에 있는 선교위원회에서 사업 허가를 받아야 했다.

해주구세병원이 좋은 소문이 나면서 병원은 기초가 단단히 잡혔고 남학교도 잘 운영되었다. 선교에 대한 인식이 좋아졌고 선교사들을 용납하는 분위기가 조성되었다.

1927년 6월, 선교부 연례회의가 서울에서 있었다. 이 기회에 웰치 감독께 아들 윌리엄 제임스의 세례를 부탁했다. 서울 제일감리교회에서 세례가 예정대로 진행되고 있는데 갑자기 하얀 도포를 입은 조선 사람이 벌떡 일어났다. 주위에서 "앉으시오. 앉으시오!" 하고 소리쳤으나 그는 못 들은 척 자리에 서서 말하기 시작했다.

"죄송하오나 나는 말을 좀 해야겠소! 지금 세례를 받고 있는 저 백인 아기는 초대선교사 하락(닥터 윌리엄 제임스 홀의 중국 발음으로 표기한 조선 이름)의 손자요! 우리 마을과 우리 가족을 광명의 세계로 인도해 주신 분이 바로 하락 선생이었소! 뒤늦게나마 하락 선생 손자의 출생을 축하하오!"

주위가 갑자기 조용해졌다. 세례식이 끝나고 많은 사람들이 다가와 아기 윌리엄을 축복해 주었다. 34세의 짧은 생을 살았지만 조선에서 선교사업에 일생을 바친 아버지 닥터 홀이 아들의 갈 길을 열어 주고 있음을 느낄 수 있

296

었다.

연례회의는 웰치 감독의 능숙한 사회로 진행되었다. 해주 결핵요양원 설립 신청에 대한 보고를 하자 많은 선교사들이 자금 문제로 반대하였다. 영변과 원주병원이 자금과 인력이 모자라 모두 문을 닫고 해주병원만 유일한데 이 상황에서 어떻게 새 사업을 시작하겠느냐는 의견이었다. 셔우드의 뜻을 존중하는 웰치 감독은 재치 있게 다음과 같은 토론 의제를 내놓았다.

"셔우드 선교사가 해주병원장 일을 계속하며 여가를 이용해 결핵요양소 건립을 추진하도록 하면 어떻겠습니까? 물론 선교부에서 예산을 받지 않는다는 조건으로 말입니다."

이렇게 하여 연례회에서 허락되었다. 지금까지 버버그 여사의 유산에 관한 집행을 만족시킬 만한 사람이 없었는데 결핵요양소는 특별하므로 계획서를 작성할 때 조선의 결핵환자 수와 전염상태, 현재 환자들의 상황을 자세히 적어 제출해서 유산관리인의 마음을 움직일 수 있게 하라고 웰치 감독이 조언해 주었다.

그날 밤 셔우드는 밤을 새워 계획서를 작성하며 유산

관리자의 마음을 움직일 수 있는 서류를 만들어 보냈다. 그리고 새벽마다 매리언과 간절히 기도했다. 몇 주일이 지난 후 전보 한 통이 해주구세병원으로 도착했다. 버버 그 후원회에서 온 전보였다. 봉투를 뜯는 손이 떨렸고 매리언도 초조하게 셔우드의 표정을 살피고 있었다.

"당신이 제출한 서류가 승인되었음. 선교자금 활용이 가능함."

셔우드와 매리언은 부둥켜안고 뜨거운 눈물을 흘렸다.

10 버버그 여사 후원의 결실

"닥터 홀이 버버그 여사의 유산을 결핵요양원 건립 후원금으로 받게 되었대요!"

이 소식은 밀물처럼 퍼져 나갔다. 자금을 확보하였기 때문에 요양원을 지을 대지를 구입하는 절차를 밟아야 했다. 셔우드는 부동산 매매에 일가견이 있는 조선인 친구들을 만났다. 그들은 팔려는 땅이 나와 있는 곳을 알려 주고 직접 셔우드 부부를 데리고 가서 보여 주기도 했다.

마침내 이상적인 장소를 발견했다. 그곳은 셔우드의 집 뒤에 있는 경사진 곳이었다. 요양원 자리는 입지적으로 공기가 좋고, 해가 잘 들며, 방풍이 잘 되는 곳이 좋다.

갑자기 응급환자가 있을 수 있기에 병원과도 그리 멀지 않아야 했다. 그곳은 소나무 숲에 둘러싸여 있어 방풍이 잘 되었고 남향이라 따뜻한 햇볕을 쪼일 수 있었다. 앞쪽에는 황해의 섬들이 아름다운 풍경으로 다가왔다.

"땅을 살 때 조선 사람의 명의로 구입하는 것이 유리합니다."

주위에서 지인들이 좋은 권고를 해 주었다. 신실한 조선인 친구들에게 땅 구입하는 것을 맡기고 셔우드는 잠시 휴가를 떠나기로 했다. 마침 장마철인 우기라 병원이 한산하였고 학교도 방학이라 휴양처가 있는 원산해변으로 가기로 했다.

원산에 도착해서 별장을 손질하고 집 안팎을 청소하는 동안 맥컬리 댁에 머물렀다. 집에 얹어 구입한 보트에 페인트를 칠하고 'Chamie'라는 이름을 붙였다. 조선말로 '재미'라는 뜻인데 이 보트는 친구들에게 많은 재미를 안겨 주었다. 서울에서 사귄 친구들도 원산해변으로 휴가를 와서 이 보트를 이용하곤 했다. 친구들은 셔우드가 휴양처를 원산으로 정한 것을 무척 기뻐했다.

별장 지하실에 임시진료실을 만들어 놓고 마을 주민들

에게 휴가를 온 의사들이 교대로 진료를 해 주었다. 진료 중에 조선인 중 상당수가 결핵에 감염된 사실을 알게 되었다. 결핵에 감염된 조선인들에게 어떤 조치를 취해 주지 않으면 후에는 가족은 물론 선교사 가족들도 감염될 것이기에 조선인 환자들의 치료가 시급했다. 돛단배를 타고 강풍에 휘말리기도 하며 원산에서 즐거운 추억과 휴식을 선물 받고 은혜로운 집회를 마지막으로 휴가가 끝났다.

해주로 돌아오자 병원에는 소위 '여름병'으로 불리는 병에 시달리는 어린이 환자들이 많았다. 채 익지 않은 과일을 먹어서 배탈이 난 경우였다. 장티푸스와 이질도 발생해 병원 일손이 바빠졌다. 해주구세병원은 '이질을 잘 치료하는 병원'이라고 소문이 나서 일본인들도 공립병원에 다니다가 이 병원으로 옮겨 왔다. 셔우드가 런던 열대약학학교에서 배웠던 치료법이 조선인 환자들에게 효과가 있었다.

병을 치료하다가 한 가지 이상한 수수께끼를 발견했다. 똑같은 방법으로 치료했지만 일본인들은 조선인들에 비해 회복이 대단히 늦었다. 연구시설이 없어 그 이유를 과학적으로 규명하지는 못했지만 고춧가루를 넣은 김치가 효과를 보는 것 같았다. 매운 성분은 아메바 균이 내장에서 서식하기도 전에 매운맛이 물리적인 작용을 하여 균이 자라지 못하게 하는 것이 아닐까 하고 추측했다. 실제로 권유를 받아들여 김치를 먹기 시작한 일본인들은 매우 좋은 효과를 보였다.

병원에는 신경정신병 환자들도 적지 않았다. 본인은 물론 가족들까지도 고통을 받고 있기에 안타까웠다. 처음 이런 환자를 받을 때는 비교적 치료될 가망성이 있는 환자들만 받았다. 나중에는 치료하기 힘든 환자들도 받기로 했다. 결국 기독교 선교사 본연의 봉사정신과 열정으로 모든 환자를 받아들이는 데까지 발전했다.

어떤 환자는 놀랄 정도로 빨리 완치되어 의료진을 기쁘게 했다. 병원에서는 환자들이 낫도록 최선을 다했고 쇠로 살을 지지는 따위의 비위생적이고 잔혹한 '무당치료법'에서 그들을 보호해 주었다. 셔우드는 병원 의료진들에게 환자의 마음에 편안함을 주어야 한다는 점을 상기시키며 성경을 통해 가르쳐 주신 말씀을 늘 묵상했다.

병원이 '죽는 장소'가 아니라 '병을 낫게 하는 곳'이라는 좋은 이미지를 유지하기 위해서는 신경정신과 환자들의 입원 수를 제한할 수밖에 없었다. 환자를 수용할 여건이 되지 않아 더 받지 못하고 돌려보낼 때의 마음은 말할 수 없이 아프고 착잡했다. 그들의 절망과 고통을 알고 있기에 셔우드는 안타까움으로 몸을 떨곤 했다.

"결핵 요양원 건립 허가를 내줄 수 없습니다. 우리 도시에 결핵 환자들을 우글거리게 할 수는 없지 않소."

요양원을 지을 대지 구입 허가를 받으러 시장실을 방문했다. 조선 친구들은 땅 주인과 좋은 가격으로 흥정을 끝낸 후였다. 그런데 이런 장애에 부딪히리라고는 생각을 못했다. 시장은 계속 다른 이야기를 덧붙였다.

"당신이 매입하려고 하는 대지는 이미 우리가 공원 조성을 하려고 계획한 정부 소유의 소나무 숲 옆이오. 그곳을 결핵 환자들이 어슬렁거리게 할 수는 없습니다."

"시장님, 해주에는 결핵 환자들이 많습니다. 이들이 공공장소에서 상당히 많은 병균을 퍼뜨리고 있어 위험합니다. 요양소를 지어 환자를 격리시키면 일반인들에게 전염될 걱정은 없어 오히려 해주 시민의 건강이 안전합니다."

"당신들이 말하는 병균이란 거 지어낸 말이 아니오? 도대체 병균을 본 사람이 있단 말이오?"

병균을 현미경으로 보여 주겠다고 해도 그들은 당치 않은 말이라고 일축해 버렸다. 계속 "안 된다!"는 말뿐이었다. 셔우드는 또 한 번 심한 좌절감에 휩싸였으나 결핵 환자들을 살릴 요양원를 지어야 한다는 신념은 흔들리지 않았다.

당시 결핵이 전국으로 퍼져 나가고 있었다. 다른 나라에서는 20명에 한 명 정도라면 조선은 5명 중 한 명이 결핵 환자였고 활동력이 강했던 병균이었다. 비위생적으로 일하는 도시의 근로자들은 가장 좋은 감염원이었다. 서민들의 주택은 초가집으로 불결하였고 창문도 없고 굴속같이 막힌 구조여서 햇볕이 들어올 틈이 없었다.

결핵환자들 중에는 치료도 받지 않고 불치병으로 생각하여 비관해 스스로 자살하는 사람들도 있었다. 그러니 요양원 건립은 치료뿐만 아니라 계몽과 교육이라는 목적에서도 절실히 필요했다. 결핵 요양소라는 이름이 부담스러울 듯하여 '결핵환자 위생학교'라는 이름을 붙일 계획이었다. 이 '결핵환자 위생학교'는 환자의 치료는 물론 전염병 예방을 포함한 일반적인 의료상식을 가르칠 예정이었다. 환자들이 완치되어 집으로 돌아가면 배운 것을 주변 사람들에게 전하게 될 것이니 병을 막는 데 큰 도움이 될 것은 당연했다.

선교위원회 허락을 받았고, 버버리 여사의 유언에 따라 요양원 건립자금도 확보되었는데 소년 시절부터 꿈꾸어 왔던 일이 수포로 돌아간다는 생각에 셔우드는 좌절했고 밤이면 잠이 오지 않았다. 신앙심이 강한 조선인 신자들은 그런 셔우드를 위해 기도하며 용기를 잃지 않도록 격려해 주었다. 셔우드는 자신이 부끄러워졌다. 보잘것없는 자신의 인간적인 힘만 믿고 일을 성취시키려 했던 자만심을 깨닫게 해 주었다.

회심 기도 중 어느 날, 불현듯 해주에 와서 만났던 도 경찰국장 사사키의 얼굴이 떠올랐다. 지금까지 일본인 친구들의 힘을 빌리는 일은 달갑지가 않아 한 번도 부탁한 일이 없었다. 그런데 문득 사사키를 만나고 싶은 생각이 들었다. 셔우드는 면회를 신청했다. 사사키는 반갑게 맞아 주었다.

"이렇게 영광스러운 방문을 해 주신 용건이 무엇입니

까?"

처음에는 주저했으나 전염이 확산되고 있는 시점에서 요양원 건립을 추진하게 된 경위와 진퇴양난인 현재 상황을 솔직하게 말했다. 그는 셔우드의 이야기에 귀를 기울여 주었다.

"다른 대지를 찾아보시지요. 적당한 곳을 찾은 다음 허가를 신청해 보십시오. 그러면 별일 없이 순조로울 겁니다."

사사키는 조언만 해 주었을 뿐 약속을 해 준 것은 아니었다. 그러나 그가 신중한 태도로 말하고 있다는 것을 알 수 있었다. 길을 가다가 벽에 부딪혔을 때 돌아가는 방법을 사사키에게 배운 셈이다.

새로운 장소를 찾는 일은 오랜 시간이 걸리지 않았다. 새 대지는 처음에 구입하려 했던 곳에서 수백 미터 거리에 있었다. 남향에 약간의 경사를 이루고 있었으며 아래로 넓은 평야가 펼쳐져 있어 요양원 대지로는 좋은 위치였다. 도시에서 그리 멀지 않아 왕래하기도 불편하지 않았고 너무 가깝지도 않아 도시의 매연을 피할 수 있었다. 땅 주인도 팔고 싶어 했다. 이번에는 시장과 시의원들이 별 문제를 제기하지 않고 대지구입을 허가해 주는 것을 보고 사사키가 도와주었음을 짐작하고 감사했다.

'아, 드디어 조선에 결핵요양원을 지을 수 있게 되었구나!'

1928년 3월이었다. 굽이굽이 험한 산길을 가듯 수많은 어려운 일들을 겪으며 여기까지 왔다는 생각에 셔우드는 울컥하였다. 남들은 불가능한 일이라고 했지만 어릴 때부터 꿈꾸어 왔던 일들이 놀랍게도 현실로 다가옴을 느끼며 셔우드는 진심으로 두 손 모아 감사기도를 드렸다.

어려운 시련 속에서도 해주구세병원(노튼 기념병원)의 소문은 좋게 퍼졌다. 외국인 방문객들과 후원자들이 점점 많아졌다. 사촌인 에밀리 해스킨(Emily Haskims)도 그 중 한 사람이었다. 그녀는 설교를 통해 병원 직원들과 환자들에게 좋은 영향을 주었고 병원 일에도 많은 관심을 보였다. 후일 시간을 내어 다시 찾아오겠다는 약속을 하고 본국으로 돌아갔다. 미국의 제약회사 파크 데이비스(Parke Davis, 현 화이자) 같은 제약회사 판매원들도 찾아왔는데 그들은 세일즈를 넘어 좋은 후원자가 되었다.

"여보, 울버틴 여사가 우리를 후원해 주기로 한 3년이다 되어 가네요."

전에 선교위원회 사무장 디펜스 박사가 병원을 방문했을 미국에 돌아가 울버턴 여사에게 선교후원을 연장해 줄 것을 부탁드렸는데 아무 소식이 없었다. 고심하던 매리언은 유려한 필체로 현재의 병원 사정을 알린 후, 선교후원을 3년만 더 연장해 달라는 편지를 썼다. 이런 시기에 운산에 있는 '동양연합광업회사'에서 우리를 그곳 병원 담당의사로 와 달라는 서신을 보내 왔다.

"우리 광산 담당의사인 닥터 파워(E. L. Power)가 건강상의 이유로 미국으로 가게 되어 사직서를 제출하였습니다. 닥터 홀 부부를 우리 병원 담당의사로 모시고 싶습니다."

광산에서는 보수를 지금보다 두 배의 좋은 조건을 제시했고 선교 사업을 할 수 있도록 도와주고, 선교에 필요한 의약품과 다른 물품을 무료로 제공해 주겠다고 제안했다. 셔우드는 고심했다. 이 요청을 수락하면 안정된 환경에서 오래 일할 수 있겠지만 결핵요양원 건립의 꿈을 잃게 될 것이기 때문이다.

'주님, 어찌해야 합니까? 어서 요양원을 지어 저 불쌍한 결핵환자들을 격리 수용해서 치료해야 하는데 그 길이

열리지 않고 있습니다!'

고민하며 기도하고 있는데 낭보가 날아왔다. 뉴욕의
울버턴 여사의 편지가 온 것이다. 앞으로 5년을 더 후원
하겠다는 내용이었다. 이제 자신의 나이가 76세라 그 후
는 책임을 질 수는 없다고 했다. 셔우드 부부는 감동하며
서로 얼싸안았다. 결핵요양원 건립에 최선을 다하라는 뜻
으로 알고 울버턴 여사에게 진정이 담긴 감사의 편지를
썼다.

요양원 건축허가가 나오지 않아 초조하게 기다리던 1월
의 어느 날이었다. 감리교 본부 웰치 감독한테서 전보가
왔다. 2~3개월만 운산에 있는 미국금광으로 가서 환자를
진료해 달라는 내용이었다. 닥터 파워가 미국에 가서 치
료를 받고 광산 병원으로 다시 돌아온다고 했다는 것이
다. 그러면 셔우드 홀 내외를 해주구세병원으로 돌아오게
해 주고 병원의 재정 손실도 없도록 배려해 준다는 내용
이었다.

엄동설한에 아기 윌리엄을 데리고 북쪽 추운 지방으로
가는 일이 주저되기도 했지만 병원 일을 닥터 김에게 잠

시 맡기고 금광회사에 가서 환자들을 진료하기로 했다. 셔우드는 지금까지 동양에 진출한 구미기업들에 대해 별로 좋은 인상을 갖질 못했다. 옳지 못한 방법으로 서로 경쟁하고 노동자들을 착취하는 사례를 자주 보았기 때문이다. 그러나 그런 선입관은 운산에 도착하여 말끔히 해소되었다. 마음이 따뜻한 사람들이 많았고 그들은 모두 셔우드 내외를 진심으로 환영하고 반갑게 맞아주었다.

운산은 만주 국경에서 약 100킬로미터에 있는 조선의 최북단 지역으로 겨울엔 영하 24도를 오르내리는 추운 지방이었다. 운산의 '동양연합광업회사'에 서양 직원들이 40여 명 있었고 복지시설도 잘 갖추어져 있었다.

셔우드는 소년시절에 어머니와 운산광업소에 간 적이 있었다. 그 당시는 종업원들이 혼자 와 있었는데 여러 해가 지나자 광산이 발전되었고 광산회사에서는 유능한 기술자들이 필요했다. 이 벽촌에 그들을 데려오려면 병원시설을 만들어 가족을 데려올 수 있게 해야 했다. 학교교육은 저학년 어린이들은 현지에서 미국인 선생에게 배우고 고학년이 되면 평양외국인학교로 보내 교육을 시켰다. 회사에서는 매년 1만 5천 달러를 병원비로 사용하였고 모든 진료는 무료였다.

근무시설이 좋고 보수도 많고, 여러 사람들을 만나게
되므로 선교할 기회가 많은 이 회사의 초빙제안을 거절하
기란 그리 쉬운 일이 아니었다. 그러나 해주 결핵요양원
건립을 생각하면 복지시설이 좋다고 이곳에 오래 머무를
수는 없었다.

병원 시설은 훌륭했다. 온갖 종류의 좋은 수술기구들이
진열장 안에 잘 보관되어 있었고 값비싼 미국산 의약품과
의료품들도 진열되어 있었다. 매리언은 수술실의 밝은 램
프를 보고 몹시 부러워했다. 셔우드는 일본산 의약품만 보
다가 효능 좋은 미국산 의약품을 보며 해주병원에도 이런
약을 쓰면 좋을 텐데 하는 생각에 눈이 번쩍 뜨였다.

진료실과 의료품을 보여 주던 지배인은 두 의사 부부
가 부러워하는 모습을 보며 무척 기쁜 표정을 짓더니 해
주로 돌아갈 때 수술용 램프와 주사바늘을 선물하겠다고
하였다.

미국에 가서 치료받고 있는 닥터 파워는 시골 실정에
맞게 인정미를 가진 현대판 의사였다. 광산 사람들이 왜
그를 좋아했는지 곧 알게 되었다. 그는 미국 사람이든 조

선 사람이든 차별하지 않고 친절했고 성심껏 진료했다. 환자들을 사랑했고 그들도 닥터 파워를 사랑했다.

이 유능한 의사가 병이 나서 진료를 계속할 수 없게 되자 의사를 구하려 해도 이곳에서는 좋은 미국인 의사를 구할 수 없었다. 닥터 파워가 미국에 가서 치료를 받고 있을 동안 셔우드 부부가 임시로라도 그의 자리를 대신해주게 되어 마을 사람들이 이들 부부를 따뜻하게 환영해주었던 것이다.

닥터 파워는 매리언에게 흥미 있는 병증을 하나 발견했으므로 후에 자기가 조선에 돌아오면 그 환자를 수술할 때 보조해 달라고 말했다. 매리언은 닥터 파워가 속히 건강을 회복해서 돌아오길 기다렸다. 경험 많은 외과의사에게 더 많은 것을 배울 수 있는 경험을 쌓을 수 있는 기회를 얻었기 때문이다.

환자들과 가까워지려는데 어느새 광산병원에서의 2개월이 지났다. 닥터 파워는 회복되어 약속대로 병원으로 다시 돌아왔다. 여러 유익한 경험과 물질적 혜택을 준 광산회사에 감사드리며 셔우드 부부는 해주로 돌아왔다. 무엇보다도 추운지방에서도 아들 윌리엄이 별 탈 없이 잘 지내준 것도 고마운 일이었다.

"어서 오십시오. 저 혼자로는 치료하기 힘든 환자들이 많이 밀려 있습니다."

해주에 돌아오니 닥터 김이 반색을 하며 말했다. 전보다 준비가 더 잘 된 상태에서 병원 일을 다시 시작하게 되었다.

"아, 여보 매리언! 드디어 요양원 건축허가가 나왔어요!"

1928년 3월, 셔우드는 떨리는 목소리로 매리언을 불렀다. 운산에서 해주로 돌아온 지 며칠 후였다. 셔우드는 춤추듯 기뻐하며 감사기도를 드렸다. 허가서에는 어린 시절 평양 친구였던 도지사 루터 박(Luther Park)의 서명이 있었다.

또 다른 기쁜 일이 있었다. 이종사촌 에밀리 해스킨스가 약속대로 병원에 도움을 주려고 다시 가족들과 함께 해주에 왔다. 마침 기공식을 하려고 할 때에 그들의 가족인 로버트 윌리엄스 목사가 기공식 예배를 드려주고 함께 첫 삽을 떴다. 결핵요양원이란 이름을 쓰지 않고 '결핵환자 위생학교'라는 이름을 붙였다.

"내 아들 셔우드, 그동안 참 수고 많았네! 하나님의 은혜로 이제야 그 꿈을 이루게 되었네!"

어머니 로제타 홀이 안식년 휴가를 마치고 돌아와 정초식(건축 기초공사 후 모퉁이에 머릿돌을 설치해 공사착수를 기념하는 서양식 의식)을 해 주었다. 셔우드는 어머니가 참석해서 정말 기뻤다. 어린 시절부터 꿈꿔 왔던 셔우드의 꿈을 그 누구보다도 어머니가 잘 알기 때문이다. 기공식을 마치고 어머니는 여자의과대학 설립을 추진하기 위해 서울로 돌아갔다.

셔우드는 요양원 건축에 온 힘을 쏟았다. 그러나 한정된 예산으로 원하는 건물을 지어 줄 건축업자를 만나기가 어려웠다. 기도하던 중에 우연히 중국인 업자를 만나게 되었다. 그는 죽은 아내를 기념하는 뜻에서 이익을 남기지 않고 건축해 주겠다고 했다. 계약서 첫 구절에 주일에는 작업을 하지 않겠다고 하였다. 독실한 기독교인이었다. 이 업자 또한 주님이 예비하신 분이었다.

일을 맡은 사람들은 모두 열심이었다. 셔우드는 만주방식의 침실을 병동에다 설치하기로 하였다. 이것은 소년 시절(1910년) 어머니를 따라 만주 횡단여행을 할 때 본 것으로 방의 한 부분을 침대모양으로 높게 만드는 것이다.

높이 쌓은 침대 돌 밑으로 부엌 아궁이를 만들어 불기와 연기가 침대를 데워 주고 굴뚝으로 나가게 하는 방법이다. 침대 밑에는 여닫는 문이 있어서 더운 날은 그 문을 닫으면 불기와 연기가 바로 굴뚝으로 빠져나간다. 취사용 화력으로 방바닥과 침대를 따뜻하게 하는 이 방법은 난방과 통기의 효과가 있다. 침대가 있어 간호사들도 허리를 굽히지 않아 허리가 덜 아플 것이다. 콘크리트 바닥에 조선의 매끈한 기름종이를 바르면 따뜻하고 바닥에 틈이 없어 벌레도 접근하지 못해 위생적이다.

의료진들에게는 편리하고 환자들에게 위생적인 시설을 만들어 주려고 주야로 골몰하던 어느 날, 다급한 목소리가 들려왔다.

"닥터 홀, 성난 군중들이 공사장으로 몰려온다고 합니다."

"외국인 악귀들이 우리 조상의 묘소를 훼손했다!"

공사장에 급히 도착해 보니 성난 군중들이 살기가 등등한 모습으로 모여 있었다. 험악한 몸집의 고함소리, 손에 든 돌멩이로 금세라도 셔우드를 공격할 것 같았다. 그들을 진정시키고 이야기를 들어 보니 불량한 사람들이 큰 잘못을 했다는 것을 알게 되었다. 중국인 업자는 요양소 건물을 돌을 사용하여 짓겠다고 설계하여 돌을 많이 사들였다. 여러 사람들이 돌을 팔려고 가져왔는데 이 중에서 양심이 없는 사람들이 묘소 앞에 있는 상석을 훔쳐 와서 깨뜨려 판 것이다.

셔우드는 사건의 전모를 들으며 아찔했다. 조선인들은 조상의 묘소를 아주 소중하게 생각하는데 묘 앞에 음식을 차려 놓고 제사 지내는 상석을 훔쳐 왔으니 중대사가 아닐 수 없었다. 직접 가서 살펴보니 글씨가 새겨진 석판들이 돌무더기에 섞여 있었다. 이 돌들을 중국인 업자들에게 팔아먹은 불량자들은 벌써 도망가고 없었다. 가져온 상석들도 이미 여러 조각이 나서 주인에게 돌려줄 수 없었다.

셔우드는 진심으로 고개 숙여 사과했다. 깨뜨린 상석은 산소에 원상태로 복귀해 주고 위로금도 드리겠다고 약속했다. 돈만 아는 사람들의 몰염치한 일이지만 미리 막지 못한 잘못을 거듭 사과했다. 군중들은 셔우드의 정중

한 사과에 마음이 풀렸는지 원상태로 잘 복귀해 달라고
말하고 노여움을 풀고 돌아갔다.

'아, 이런 사실을 건축이 완공된 후에 알게 되었다면 어
떤 사태가 벌어졌을까?'

늦긴 했지만 지금이라도 발견된 것이 얼마나 다행인지
몰랐다.

결핵에 걸린 사람들을 치료하려면 일광욕실이 필수이
다. 적외선을 받아들이기 위해서 셀루 글라스(cellu-glass)라
는 특수한 재료를 썼다. 자외선 투과유리(vita)를 사용하면
적외선을 더 많이 받을 수 있지만 셀루 그라스는 내구성
도 강하고 값이 저렴하여 환자들이 쓰기에 부담이 없다.
퇴원해 집으로 돌아가서도 요양소에서 배운 방법을 실천
할 수 있기 때문이다. 셔우드는 조선인들이 외국인처럼
살기를 바라지는 않았다. 단지 그들에게 서구의 지식을
배우게 해서 자신들의 생활방식에 이용하게 해 주고 싶
었다.

'동양과 서양의 좋은 점들을 취사선택하여 자기의 것
으로 활용할 수 있게 하는 것이 최선의 방법일 수도……'

건축자금이 넉넉지 않아 중앙관과 병동 사이에 연결된 일광욕실을 하나밖에 지을 수 없었다. 더 필요한 공간은 건축 비용을 줄이기 위해 흙을 구워 만든 벽돌로 짓기로 했다. 중국인들은 돌을 다루는 일에 능숙하고 조선인들은 흙과 목공일에 우수한 재능이 있었다. 그 인부들을 다룰 때 소년시절, 어머니의 병원 짓는 감독을 했던 일이 많은 도움이 되었다. 경험은 평생의 유익한 도구라는 생각이 들었다.

조선에서 '간호'라는 개념은 비교적 새로운 개념이었다. 처음 쓰이기 시작한 것이 1903년 마거리트 에드먼드 양이 해외여성선교회의 후원으로 평양에서 처음으로 간호사 양성소를 시작했을 때부터였다. 조선어에는 그런 일을 하는 사람을 지칭하는 말이 없었다.

어느 학식 높은 조선 어르신이 선교사들을 위해 간호원(看護員)이라는 이름을 지어 주었고 이 말은 병자를 보호하고 돌봐 준다는 뜻이었다. 1906년에는 쉴즈(E. L. Shields) 양이 서울 세브란스에 간호사 양성소를 만들었는데 이때도 에드먼드 양이 도와주었다. 그렇게 하여 평양과 서울, 두 곳에 간호학교가 생겼으나 간호사 수가 많이 모자랐다. 당시 조선의 관습은 여자를 교육시켜 모르는 남자나 여자의 병을 수발들게 하는 직업은 나쁜 일로 여겼기 때문이다. 그래서 요양원 병동에는 침대 두 개마다 환자를 돌보는 가족들이 사용할 독립된 부엌이 하나씩 있도록 설계해야 했다.

병원 건축에 관한 제반 문제도 신경을 써야 했지만 의료품과 의약품을 구입하는 일에도 심혈을 기울여야 했다. 셔우드는 이 물건들을 관세 없이 통관시킬 수만 있다면 많은 경비를 절약하게 된다는 것을 알고 통관 교섭을 시작했다. 의료기구와 용품은 일본 관리 담당이었고, 의약품은 조선 관리가 담당했다.

이 두 통관 절차를 허락받기 위해 명함도 일본 글씨와 한자 한글을 함께 쓴, 두 개의 명함을 만들었다. 먼저 일본 관리를 찾아가 의료품을 관세 없이 통관시켜 달라고 부탁했으나 그는 조선인들이 일본의 고마움을 모른다고 많은 불평을 하며 순순히 허락하지 않았다.

"저는 조선 사람들의 병을 고쳐주려고 지금 여기 있습니다."

셔우드의 말에 그도 동조하였다. 천연두 퇴치 등 일본

의 위생 보건 활동에 대한 공적을 높이 치하하고 통관을 허락해 달라고 공손하게 부탁했더니 그 관리는 숨을 크게 몰아쉰 후 서류에 '무관세 통관'이라는 관인을 찍었다.

가벼워진 발걸음으로 이번에는 의약품을 담당한 조선인 관리를 찾아갔다. 조선인 관리는 품위도 있고 덜 의례적이었다. 일본인 관리처럼 긴장한 목소리도 아니고 사무실 옆방에 방석을 깔고 앉게 한 뒤, 찾아온 용건을 물어 분위기도 편안했다. 일본에 대한 불만을 한참 터뜨린 그 관리는 의외의 말로 셔우드를 놀라게 했다.

"당신은 어째서 이렇게 비싼 서양 의약품을 수입합니까? 우리 조선 의약품은 오래전부터 효능이 입증되었습니다. 이를테면 호랑이발톱, 표범담즙, 뱀으로 만든 약들보다 효능이 좋은 것을 어디서 구한답니까?"

셔우드는 내심 놀랐지만 겉으로 태연하게 말했다. 자신도 서울에서 태어났고 조선에서 자라 그 같은 효능을 알고 있으나 이 약품들은 치료효과와 용도가 다르니 조선 사람들의 병 치료를 위해 통관시켜 달라고 정중하게 부탁하였다. 결국 그 조선 관리도 서류에 '무관세 통관'이라는 관인을 찍었다.

'휴, 이제 하나하나 해결이 되어 가는구나!'

셔우드는 관청을 나오며 긴 숨을 내쉬었다.

요양원 건축공사와 그에 필요한 부수적인 일들이 차근 차근 이루어져 갔다. 마침 어머니 닥터 로제타의 오랜 숙원사업인 여자의학교 설립의 꿈이 이루어졌다. 수많은 장애와 어려움을 극복하고 1928년 9월 4일 조선에서 최초로 경성여자의학강습소가 설립된 것이다. 이 병원이 고려대학교 의과대학의 전신이다. 로제타가 설립한 이 학교의 교수진이나 직원들은 모두 무료봉사를 자원하였다. 훗날 학교가 계속 발전하여 어느 정도 수준에 도달하자 조선 사람들 스스로 경제적인 지원을 맡아 주었다.

요양원 건물은 그해 9월에 완성되었다. 셔우드는 구불구불 휘어진 푸른 소나무 숲속에 아늑하게 자리 잡은 요양원 건물을 바라보며 만감이 교차했다. 멀리 앞쪽으로는 바다가 펼쳐져 있고 고기잡이배들의 평화로운 모습은 환자들이 휴식하고 병을 회복하기에 좋은 환경이었다. 원하는 것보다 하나님께서 더 좋은 것으로 이루어 주셨음을 알았고 그 감동은 말로 표현할 수 없었다.

'해주결핵 요양학교'의 공식 개교식은 1928년 10월 28일로 정했다. 이 학교의 봉헌식은 웰치 감독의 후임으로 조선에 온, 제임스 베이커 감독이 맡아 주기로 했다. 노블 목사, 빌링스 박사를 비롯해서 도지사 루터 박, 일본 관리 대표로 온 사사키 경찰국장 등 많은 내빈들과 함께 셔우드와 매리언도 나란히 개원 축하테이프를 끊었다.

닥터 김이 요양원 건립경위를 발표하였다. 세브란스 의과대학의 오(Oh. K. S) 학장은 요양원이 조선에서 얼마나 시급하고 중요한 일인지 연설했고, 베이커 감독은 해주남산에서 시작한 이 요양소를 1885년 미국에서 처음으로 사라락 호숫가에 결핵요양소를 세운 트뤼도 박사의 요양소와 비교해서 연설했다. 결핵으로 고통받는 조선의 결핵 환자들에게 새로운 시대의 막이 열리는 극적인 순간이었다. 이제 더 이상 우리나라 최초의 여의사 에스더 박처럼 그렇게 큰 뜻을 가지고도 비참하게 목숨을 잃는 일이 없길 바랐다.

환자들이 기본적인 생활용품을 구입할 수 있도록 요양원 상점의 선반에 일회용품을 진열했다. 해주 시장이 이것을 보고 말했다.

"아하, 의료품이나 일회용품을 여기서 구입할 수 있으니 환자들이 시내로 나오지 않아 시민들에게 전염을 예방하게 되는군요."

셔우드는 고개를 끄떡였다. 이제야 그들이 자신의 뜻을 조금씩 이해해 주는 것 같아 기뻤다. 현재 완성된 동쪽 건물과 같은 모양으로 지어질 별관 건물은 토목기사로 만주 신천에서 선교사로 있는 에드웬 캠벌이 설계하기로 했다. 본관 건물도 그가 설계한 것으로 앞으로 지어질 부수적인 건물에 대한 청사진도 제시했다. 별관 한 채를 짓는 데 약 8백 달러의 건축비가 필요한데 별관이 지어지면 입원실로 쓰고 입원비로 외래 환자들을 무료로 진료해 줄 계획이었다.

처음 3주는 세 명의 여성 환자가 입원했는데 한 달이 지나자 전국에서 입원하겠다는 사람들이 쇄도하여 입원실이 부족하였다. 11월이 지나자 난방비로 운영비가 계속 적자가 되었다. 겨울을 지낼 난방비 걱정을 하고 있는데 가뭄 속에 단비 같은 반가운 소식이 왔다.

"미국에서 난방비 후원금이 도착했습니다."

추운 겨울이 오기 전, 요양원 환자들을 춥지 않게 하려고 밤을 새워 가며 미국의 친지나 친구들에게 난방비 후원을 간청하는 편지를 보냈다. 그 간절한 마음이 전해져 난방후원금을 보내 준 것이다. 때마침 평양의 선교기관에서 난방기구가 들어왔는데 크기가 맞지 않아 요양원에서 필요하다면 보내주겠다고 하였다. 추위가 오기 전에 난방 문제가 다 해결되었다.

어느 날 환자를 진료하고 있는데 뜻밖에 해주 시장이 진료실로 왔다. 요양원 설립을 반대했고 선교 사업이 '해주의 적'이라고 말하던 그가 요양원에 온 것이다.

"시장님, 어떻게 오셨습니까?"

시장은 주위를 살피더니 착잡한 표정으로 셔우드를 바라보며 말문을 열었다.

"닥터 홀 선생님, 우리 아들 때문에 왔습니다. 아이가 요즘 기침을 많이 하는데 혹시나 결핵에 걸리지 않았는지 진찰해 주십시오. 저…… 만약 결핵에 걸렸다면 여기에 입원시켜 치료해 주실 수 있겠습니까?"

시장은 두려운 목소리에 면구스러운 표정으로 말했다.

"아직 진찰 전인데요. 만약 결핵에 감염되었다면 정성

을 다해 치료해 드리겠습니다."

진찰을 하는 동안 시장은 안절부절못하며 몹시 초조해하였다. 진찰 결과 시장의 아들은 예상대로 결핵에 감염되었으나 다행히 초기였다.

"입원실이 부족하지만 아드님을 위해 자리를 마련해 보겠습니다."

시장 아들은 요양원 규칙에 잘 따랐고 치료에 좋은 반응을 보여 상당히 효과가 빨랐다. 얼마 후, 통원치료를 할 만큼 좋아졌다. 셔우드는 퇴원 후에도 소년이 완치될 때까지 정성껏 돌봐주었다.

"선교사 선생님께서 옛 감정을 잊어버리고 이렇게 친절하게 대해 주시니 제가 어떻게 해야 할지 모르겠습니다."

몇 달 후, 시장은 지역 유지들의 야유회에 셔우드와 요양원 의사들을 초대했다. 그 자리에서 그는 병든 동포들의 생명을 살려 주는 요양원 건립을 반대했던 것을 죄송하게 생각한다며 앞으로 자신들이 도울 수 있는 일은 적극 돕겠다고 하였다. 그렇게 반대하였던 요양원 도로확장 허가를 해주었고 도로건설에 보태 쓰라고 135달러를 희사하기까지 했다. 많은 분들이 사랑의 기부금을 보내

왔다.

요양원 입원환자들에게 병을 완치시키는 과정을 이해시키는 데 어려움이 많았다. 기침을 안 하고 얼굴 혈색도 좋아져 병이 나은 것처럼 보여도 결핵균이 잠복해 있어 언제 재발될지 모른다고 말해도 다 나았다며 집으로 가고 싶어 했다. 그런 환자 중에 대표적인 환자가 '형'이라는 이름의 청년이었다. 그가 요양원에 처음 왔을 때는 중환자였다. 높은 열과 심한 기침, 매일 한 컵이나 되는 가래를 토해냈다. 다행히 왼쪽 폐는 정상이었다. 치료 효과가 좋고 회복도 빨랐다. 체중이 늘고 기력도 회복하여 본인도 새사람이 된 것 같다고 하였다.

형이는 향수병에 걸려 퇴원하겠다고 조르기 시작했다. 여태까지의 수고가 모두 수포로 돌아간다고 만류했지만 그는 끝내 고집을 부리고 집으로 돌아갔다. 몇 달이 지난 후 병이 재발해 다시 입원시켜 달라는 연락이 왔지만 입원실이 없어 기다리는 사이에 그는 안타깝게도 세상을 떠났다. 이 같은 일들은 비일비재하였다.

그렇게 죽어 가는 환자 소식을 들으며 마음이 아파하는 셔우드에게 좋은 생각이 머리를 스쳐 갔다. 요양원에서 농장을 만들어 운영하면 회복기의 환자들이 무료하지 않고 소득도 생길 것이다. 위생교육과 현대식 영농방법을 교육한다면 완치하고 고향에 돌아가 현대식 영농기술자가 될 것이다. 농장뿐만 아니라 모범 촌락을 만들어 환자들이 깨끗한 주택에서 계몽교육을 받을 수 있게 해주면 금상첨화일 것이라는 생각이 들었다.

얼마 후 극적으로 요양원에 인접한 곳에 3만 평의 비옥한 과수원 땅을 구입할 수 있는 행운이 왔다. 이 과수원을 운영하던 젊은 아들이 갑자기 죽었다. 그의 아버지는 큰 충격을 받아 아들을 생각나게 하는 과수원을 팔고 싶어 아주 싼 가격으로 사라고 요양원에 제의해 왔다. 마침 해롤드 윌리스 무어를 추모하는 기념으로 유용하게 쓰라고 보내온 돈이 있어 농장을 마련할 땅을 사게 되었다.

1929년 겨울, 서쪽 건물과 여성 전용 별채를 지을 후원금이 선물처럼 마련되었다. 이 여성 전용관은 어머니 닥터 로제타와 그 친구들이 보내 준 소중한 후원금으로 지어졌기에 여동생 이름을 따서 '에디스 마거리트 기념관'이라는 이름을 붙였다.

현미경이나 엑스레이 촬영기계, 단체 일광욕을 시키는

최신식 의료기구들이 기부에 의해 도착될 때마다 셔우드 부부는 눈물이 날 정도로 고마웠다. 이 요양원은 조선 사람들의 생명을 사랑하는 분들의 정성으로 만들어진 '사랑의 작품'이라는 생각이 들었다.

'결핵 위생학교'로 시작한 해주 결핵 요양원은 조선의 결핵환자들에게 희망과 위로를 주는 장소로 변하고 있었다. 조선의 재력가 중에 결핵병이 든 환자가 요양원에서 병이 완전히 나은 후 별채를 지어 기증하는 일도 있게 되었다.

셔우드 부부는 어느새 5년의 임기가 끝나 안식년을 맞이하게 되었다. 마침 운산 미국금광에 의사로 있는 닥터 어니스트 이바스 부부가 미국으로 돌아가게 되었는데 의사를 구한다는 소식을 듣고 안식년 동안 병원을 돌봐 주겠다는 것이었다.

셔우드 부부는 감사하며 병원과 요양원을 사교성 많고 활달한 닥터 이바스와 직원들에게 맡기고 1930년 6월 해주를 떠났다. 일본에서 샌프란시스코로 가는 배를 타고 미국에 도착해 뉴욕으로 갔다.

미국에 도착하니 슬픈 소식이 기다리고 있었다. 그들의 큰 힘이 되었던 후원자 울버턴 여사가 별세했다는 소식이었다. 애도의 마음으로 추모를 드리고 새로운 사촌 그레이스 해스킨스를 찾아갔다. 그녀는 선교사 생활비 일부를 후원하겠고 자신이 세상을 떠나더라도 빙엄턴 테버너클 감리교회에 후원을 부탁하겠다고 하여 셔우드 부부는 가슴이 뭉클하였다.

셔우드는 필라델피아에서 대학원에서 결핵학 연구로 명성이 있는 '헨리 핍스 연구소'에서 공부하게 되었고, 매리언은 뉴욕의 대학원에서 외과진료에 대한 특별한 연수를 받게 되었다. 공부하는 틈틈이 여러 교회를 방문하여 선교활동에 대한 보고와 강연을 시작했다.

어느 날 강연이 끝나자 한 신사가 악수를 청하며 자신을 소개했다. 그는 '미국결핵협회' 뉴욕본부에서 재직하고 있는 필립 제이콥스(Philip. P. Jacobs)였다. 제이콥스는 '대중에게 결핵을 잘 알려 주는 방법'이라는 제목으로 본부에서 강연을 준비하는데 셔우드에게 관심이 있으면 참여하라고 하였다. 그리고 도움이 될 두 사람을 소개하고 소개장까지 써 주었다.

"한 분은 미국의 큰 신문사인 〈노스 아메리칸〉의 편집자 미첼 핫지스(Leigh Mitchell Hodges)이고, 한 사람은 에밀리 비셀(Emily P. Bissell) 양인데 이 두 사람은 크리스마스 씰 아이디어를 미국에 소개한 주인공들입니다."

크리스마스 씰은 지금 결핵협회의 주 수입원이고 연 5백만 달러나 모금되며 씰 운동은 미국의 결핵 환자들을 감소시키는 데 가장 큰 영향을 주었다고 하였다.

셔우드는 제이콥스의 이야기를 들으며 가슴이 뛰었다.

'아! 이 크리스마스 씰 운동을 조선에서도 펼칠 수 있을까?'

며칠을 골똘히 생각하며 윌밍터에 사는 비셀 양을 만날 날을 기다리고 있는데 우연히 셔우드가 윌밍터 교회로 강연을 하러 가는 일정이 잡혀 그녀를 만날 수 있었다.

"어떻게 크리스마스 씰을 발행할 생각을 하게 되었나요?"

"우리 집 근처에 작은 결핵요양원이 하나 있었어요. 운영 자금란으로 항상 허덕여 요양원 문을 닫아야 할 지경에 이르렀지요. 어느 날 제이콥 리스라는 분이 기고한 글을 읽고 〈노스 아메리칸〉의 핫지스 씨를 찾아가 이 아이디어를 전해 드려 성사가 되었지요."

그 글의 내용은 덴마크의 한 우체국 직원이 편지를 배달하다가 우표를 보고 착안한 것을 쓴 글인데 결핵환자를 돕는 씰을 만들어 카드에 우표와 함께 붙여 보내면 작은 돈으로도 결핵예방 운동에 동참하게 된다는 착안이었다.

이 착상은 덴마크 국민들에게 좋은 호응을 얻어 전국에 번졌다. 그 결과 요양원은 문을 닫지 않게 되었고 덴마크는 결핵으로 인한 사망률이 전 세계에서 제일 낮아졌다. 비셸 양은 그 기사를 핫지스 편집장에게 전하였고 이 기사가 큰 호응을 얻어 미국에서도 크리스마스 씰 운동이 시작되었다고 한다.

셔우드는 이야기를 들으며 마음이 설레었다. 조선에서도 크리스마스 씰 발행을 해야겠다는 생각이 들었다. 크리스마스 씰 디자인, 인쇄방법, 보급에 대한 강의를 모두 듣고 당시 발행되고 있는 여러 나라의 씰도 거의 다 수집했다.

"셔우드, 어느새 안식년 휴가가 끝나고 있어요. 빨리 조선으로 돌아가 새로 배운 의술로 환자들을 치료하고 싶어요."

매리언의 말에 셔우드도 고개를 끄덕였다. 조선에 빨리 돌아가고 싶어 지름길이라는 시베리아를 횡단하는 육로를 택했다. 그러나 그 결정이 얼마나 잘못된 것인지를 알았을 때는 후회해도 소용이 없었다.

11 아! 최초의 크리스마스 씰

1931년 가을, 베를린에서 간단한 소지품을 구입한 후 소련으로 향하는 열차를 탔다. 소련은 경제가 어려워 옷 감이 부족해 짧은 치마를 입었고 한 덩어리의 빵을 사기 위해 긴 행렬의 줄을 선 모습이 보였다.

레닌그라드 역은 삭막하고 황량했다. 도난사고도 많아 잠시라도 짐에서 눈을 뗄 수가 없었다. 소련 땅에 도착하 여 웃는 얼굴을 만나 보지 못했다. 여행경비를 현찰로 많 이 가져가지 말라는 여행사 직원의 이야기를 들은 것이 잘못이었다. 지갑의 현금은 거의 바닥이 났다. 시베리아 평원을 지나면서 영국인 여행자 두 명을 사귀었다. 그들

은 우리가 조선으로 무사히 갈 수 있도록 하나님이 보내
준 천사였다.

만주에서 러시아 루블로 돌려받은 여행 경비를 소련관
리에게 모두 빼앗겼고 설상가상으로 여권에 문제가 생겨
매리언과 윌리엄은 소련 변경에 남아야 한다고 하였다. 모
스크바 관리들이 실수하여 매리언과 윌리엄의 여권에 도
장을 찍지 않은 것이었다. 소련 관리들은 막무가내로 매리
언과 윌리엄을 남겨 두고 셔우드만 혼자 떠나라고 했다.

다급해진 셔우드는 갑자기 여행국에 있는 친구가 생각
났다. 그에게 연락하여 상황을 말하고 여권에 도장을 찍
지 않은 것은 소련 관리들의 실수라고 했다. 여행국 친구
가 와서 자초지종을 듣고 이 모든 사실을 상부에 보고하
겠다고 했더니 그들의 태도가 조금씩 누그러지기 시작했
다. 한바탕 말씨름이 끝나자 그들은 마지못해 만주로 가
도 좋다고 하였다.

영국인 친구들은 국경선을 통과했는데 셔우드 가족이
오지 않자 사고가 생겼는지 알아보려고 다시 소련 경계로
들어오려다 경비병들이 막아 엉거주춤한 상황에서 셔우
드를 보자 소리쳤다.

"빨리 표를 사세요! 빨리요! 시간이 없어요!"

"아, 표를 살 돈이 모자라요!"

키 큰 영국 사람이 돈을 꺼내 주어 겨우 3등석 기차표를 끊어 열차를 탈 수 있었다. 얼마 후 알게 되었지만 그 기차를 놓쳤으면 아주 큰일을 당할 뻔했다. 만주사변이 일어난 것이다.

만주사변은 1931년 9월, 일본이 중국 둥베이 지방을 침략한 전쟁으로 중일전쟁의 발단이 되었다. 그 기차를 마지막으로 소련과 만주를 연결하던 거차는 한동안 운행되지 못했다. 기차를 지키고 있던 군인들은 그날 밤 많은 사람들을 총살하려고 했고 영국인 친구들은 기차를 탄 후에 이 사실을 알았다고 한다. 그래서 얼굴이 몹시 어두웠었다. 그들은 셔우드 가족을 1등석으로 불러 차를 마시자고 했는데 만일의 경우 밖을 내다보다가 매리언과 윌리엄이 놀랄까 봐 커튼이 있는 1등석으로 오게 하였다. 여행지에서 만난 사람은 때론 생사를 같이하는 형제 같다는 말이 맞는 것 같다.

만주의 중심지 목단(지금의 선양)에 도착하니 거리마다 일본 군인들이 삼엄하게 경비를 서고 있었다. 다리가 폭파되고 뒤로 오는 기차는 운행이 모두 정지되었다. 강심장인 매리언도 이번 일에 놀라서 한동안 정신을 차리지 못했다.

구사일생의 어려움을 헤치고 열차는 평양으로 달렸다. 선교사 쇼 목사에게 마중을 나와 달라고 전보를 쳤는데 평양역에 쇼 목사가 마중을 나와 있었다. 무사히 도착하게 해 준 고마운 영국친구들에게 사례하고 깊은 감사를 전했다.

참으로 아슬아슬하게 여러 번의 위기를 모면하고 돌아오자 전쟁터에서 살아 온 듯 감사했다. 안식년 휴가를 마치고 조선으로 돌아오는 길 내내 주변 사람들을 천사로 보내 주시는 도우심의 손길을 느꼈다.

해주에 돌아오자 모두들 반가워했다. 닥터 이바스와 직원들의 노력으로 요양원에는 별채가 두 채나 더 세워져 있고 병원도 안정되어 있어 기뻤다.

'이제 안식년 휴가 때 계획했던 크리스마스 씰 운동을 시작해도 되지 않을까?'

셔우드는 크리스마스 씰에 대한 의견들을 만나는 사람

들에게 타진해 보았으나 대부분의 사람들은 별로 관심을 보이지 않았다. 서구에서는 성공할지 몰라도 조선에서는 절대로 가능성이 없다고 부정적으로 단정하기도 했다.

"너무나 서구적이라 조선 사람들에게는 생소합니다."

"우표는 원래 외국 것이었는데 이제는 조선에서도 도시나 벽촌에 보편적이 되지 않았습니까? 우체국 통계에 의하면 신년카드를 보낼 때 팔리는 우표가 8만 달러가 넘고 매년 1만 달러 이상 증가한다고 합니다."

곧 서울에서 선교사 회의가 열리는데 셔우드는 그때 쎌에 대한 계획을 추진할 기회가 오리라 믿었다. 쎌의 그림을 여러 가지로 도안해 보았다.

서울에 머무는 동안 정부로부터 크리스마스 쎌 발행 허가를 받기 위해 평소에 친분이 있는 일본 관리 오다 야스마츠를 만났다. 그는 외무성에 근무하였고 영국담당이었는데 셔우드에게 협조적이었고 크리스마스 쎌에 대한 생각도 긍정적이었다. 그런데 셔우드가 최초로 도안한 그림을 보여 주자 그는 한마디로 "안 됩니다!"라고 말했다. 조선 사람들이 자부심을 갖고 있는 거북선 모양으로 쎌의 그림을 고안했던 것이다. 현재 일본이 조선을 지배하고 있는 일을 고려하지 못했다.

"일본과 조선 사람들이 만족할 수 있는 도안을 새로 만들어 오시지요."

오다 야스마즈는 점잖게 말했다. 셔우드는 씰의 도안을 남대문으로 바꾸었다. 남대문은 조선을 상징하는 보편적인 그림이다. 이것은 조선의 방위를 나타내므로 남대문도안은 결핵을 방어하는 성루라는 의미도 담았다. 드디어첫 번째 씰 도안과 씰 캠페인에 대한 허가가 일본 관청에서 나왔다. 오다 씨가 성심껏 도와준 덕분이기도 했다.

1932년 가을, 황해도 도지사를 찾아가 크리스마스 씰보급에 대한 목적을 이야기했다. 서양에서 소박하게 시작한 이 운동이 많은 결핵 환자들을 치료하고 결핵 퇴치에큰 역할을 했다는 이야기를 듣고 도지사는 이 운동을 후원해 주었다.

해주시청에 많은 사람들을 모이게 한 후 씰을 소개하고 크리스마스 씰 후원회를 만들었다. 도지사는 명예회장이 되고 셔우드가 회장으로 임명되었다. 그 위원회에서 제일 먼저 한 일은 조선의료선교협회(Korea Medical Missionary Association)에 크리스마스 씰의 보급을 담당해 달

338

라고 요청한 것이었다. 선교병원 중 결핵병동을 가진 병원이 여러 곳 있었으나 전국 결핵협회는 아직 발족되지 않았을 때였다.

그러나 크리스마스 씰 운동이 순탄한 것만은 아니었다. 보급 운동을 막 시작하려 할 때 관청에서 갑자기 허가상에 잘못된 부분이 있다며 바로잡을 때까지 활동을 정지하라는 통보를 받았다. 가슴이 철렁해진 셔우드는 다시 도지사를 찾아갔다.

"아마 기술상의 문제가 있는가 봅니다. 제게 맡기십시오. 제가 알아보고 해결되도록 노력하겠습니다. 그렇게 좋은 동기로 결핵환자들을 고쳐 주려고 일하는데요."

셔우드는 도지사에게 허리 굽혀 인사를 하고 나오며 존경받을 참 멋진 관리라는 생각이 들었다. 얼마 후 도지사의 노력으로 다시 허가가 나와 다시 보급 운동을 시작하게 되었다. 한고비를 넘었나 했더니 또 어려운 고비가 닥쳐왔다.

"그 미친 짓 같은 크리스마스 씰 사업을 왜 펼친다는 것입니까?"

"이 사업에 실패하면 누가 돈을 상환해 준답니까?"

"당신은 그것 말고도 병원, 학교, 요양원 때문에 골치 아픈 일이 많을 텐데 일을 자꾸 벌여 놓으면 어쩝니까? 이 일 때문에 의료선교 일까지 타격받게 되면 당신 가족들은 어떻게 하려고 그럽니까?"

조선인, 서양인 친구들까지 합세하여 크리스마스 씰 보급 운동을 반대하였다.

이렇게 어수선한 가운데 정신이 번쩍 들게 할 기쁜 소식이 있었다. 매리언이 임신을 한 것이다. 임신 중에도 매리언은 환자를 치료하였고 셔우드도 학교, 병원, 요양원 일과 틈틈이 크리스마스 씰 보급하는 일에도 관심을 기울였다.

1932년 10월 8일 매리언은 둘째 사내아이를 낳았다. 사람들의 축하 속에 윌리엄은 남동생이 생겼다고 펄쩍펄쩍 뛰며 좋아하였다. 외할머니 이름을 따라 조지프 케이틀리(Joseph Keightley)라고 이름을 지었다.

둘째가 태어나고 안정이 되자 잠시 중단했던 크리스마스 씰 캠페인에 다시 몰두할 수 있게 되었다. 크리스마스 씰 위원회에서는 의사 3명, 목사 2명, 평신도 2명 모두 일곱 사람을 홍보대사로 임명하여 전국 방방곡곡을 다니며 이 운동의 의미를 전달시키는 사명을 맡겼다. 이들은 모두 자원한 사람들이었다. 뉴욕에서 제이콥스는 크리스마스 씰의 보급에 있어 제일 중요한 것은 '시간을 맞추는 것'이라고 하였다. 크리스마스가 돌아오기 전에 이 씰이 붙은 카드나 편지를 받아 보게 해야 된다는 것이었다.

수많은 어려움 끝에 조선 최초의 크리스마스 씰이 남대문의 얼굴을 달고 1932년 12월 3일에 발행되었다.

'아, 드디어 조선에서 크리스마스 씰로 결핵퇴치 운동을 할 수 있게 되었네……!'

셔우드 홀은 남다른 감회로 말을 잇지 못하며 감사의 기도를 드렸다. 남대문 얼굴을 달고 발행된 조선 최초의 크리스마스 씰을 제일 먼저 구입한 사람은 배제학당의 헨리 아펜젤러 목사였다. 씰 발행을 허가해 주지 않아 요양원 이름으로 제작하여 먼저 보급해 처음 고안한 씰에는 '해주구세요양원'이라는 글자가 새겨져 있었다.

이 씰은 몇 장 되지 않아 나중에 수집가들 사이에서 매우 비싼 가격으로 거래되었다고 한다. 인쇄 도중 씰 발행을 허가한다는 통지를 받고 '해주구세요양원'이라는 글자는 삭제하였다.

위원회에서는 "결핵을 어떻게 예방할 것인가?"라는 인쇄물을 만들어 씰과 함께 전국에 배포하였다. 조선 사람들은 크리스마스보다 구정에 씰을 더 많이 사용했다. 글을 쓸 줄 아는 입원환자들은 전국 각지의 친지들에게 크리스마스 씰을 알리는 편지를 썼는데 다음과 같은 감동의 답신 편지를 보내온 사람도 있었다.

"이 훌륭한 운동에 조금이라도 도움이 되길 원하며 이글을 씁니다. 저는 미국에 유학하여 프린스턴 대학교를 졸업할 무렵 결핵에 걸렸습니다. 프린스턴 근방에 있는 어느 결핵요양원에 가서 병을 고쳤습니다. 조선에서도 결핵을 치유할 요양소가 생겼다는 소식을 듣고 너무 기뻤습니다. 더 많은 씰을 보내 주시면 팔아 드리겠습니다."

첫해의 크리스마스 씰 운동은 성공을 거두었다. 결핵 퇴치 교육효과도 있었고 170달러 이익금을 냈다. 선교회에서는 해주 요양원을 비롯한 결핵 퇴치에 힘쓰고 있는 6개의 병원에 나누어 보냈고 그 돈은 환자 치료에 사용되었다. 조선의 결핵 씰 보급은 전 세계에서 유일하게 선교사들이 주관하는 운동이 되었다.

처음 3년은 정물을 도안했는데 민속놀이 같은 좀 더 활동적이고 색깔 있는 도안을 만들어야겠다고 생각했다. 유명한 화가들이 자청해서 그림을 그려주겠다고 나섰다. 영국화가 엘리자베스 케이스, 젊은 조선화가 김기창 씨, 호주선교사 에즈먼드 뉴 목사가 도안을 해 주어 카드와 씰로 제작되었다. 친숙한 겨울놀이 연날리기, 제기차기, 널뛰기, 그네뛰기, 팽이 돌리기 등이 민속화로 도안되었다. 조선 땅에 결핵 퇴치의 목적으로 이웃사랑의 정신이 펼쳐지고 해마다 크리스마스 씰은 방방곡곡에 널리 보급되었다.

요양원도 씰 캠페인에 힘입어 계속 발전하였다. 처음 8개의 침대로 시작했던 병실이 60여 명이 넘는 환자들을 수용하게 되었다. 요양원의 농장도 소규모로 현실화되었다. 전문성이 있는 북장로교의 농업선교사 덱스터 루츠(Dexter N. Lutz)의 도움을 받을 수 있었다.

그는 요양원 농장에서 토양분석, 농경지 이용, 산지개발, 과수재배, 낙농 등 현대 농업기술을 지도했다. 인근의 농부들도 희망하는 사람들은 이 강좌에 초청되어 함께 교육을 받게 하였다. 농사 이외에도 양계, 양잠, 양봉, 목공, 수공업에 대한 과학적인 교육이 필요했다.

회복기에 있는 남녀 환자들이 건강이 허락하는 정도에 따라 하루에 몇 시간 일하고 임금을 받게 된다면 2년 후 완치되어 집에 돌아갈 때 필요한 영농자금을 마련해 줄 수 있게 될 것이다. 건강을 회복하고 영농기술을 익혀 고향에 가서 선진 농업기술을 전파할 수 있으니 마을이 발전될 것은 자명한 일이었다.

셔우드는 가슴이 뛰었다. YMCA에서 한국에 현대농업기술을 도입시킬 계획으로 페니에게 기술자를 요청했는데 클라크를 파견해 준다는 사실을 알게 된 셔우드는 YMCA와 미국의 페니에게 해주구세요양원에 모범농장을 만들게 해달라고 간청했다. YMCA에서는 다음과 같은 조건을 제안해 왔다.

"당신이 충분한 땅을 구입해 시범마을을 건립한다면 우리는 가축, 씨앗, 비료를 공급해 주겠소. 또한 두 사람의 전문가를 고용해서 우리 측에서 봉급을 지급하겠소."

이미 3만여 평의 땅을 확보해 농사를 짓고 있었고 인접한 곳에 있는 땅 주인이 12만여 평의 땅을 더 팔려고 내놓아 모금 운동을 하는 중이었다. 그 땅은 밭, 동산, 논으로 지형이 다양하여 회복기의 환자들이 자기 취향에 맞는 농업 분야를 선택할 수 있었다.

마침내 클라크가 도착했다. 그는 농장 설계와 건축을 도와주었다. 젖소, 염소, 토끼, 닭을 기를 축사를 짓고 농지도 선정되었다. 페니는 요양원 농장 계획이 잘 추진되자 큰 관심을 보였고 경제적인 지원까지 해 주었다.

클라크가 농장을 지도하고 모범마을은 선교사 루츠가 맡기로 했다. 이 두 전문가들의 활동으로 요양원 농장은 갱생센터, 교육실습장, 모범마을을 갖춘 현대식 규모 있는 농장으로 성장했다. 요양원에서 소비하고 남는 채소나 과일은 80킬로미터 거리에 있는 소래 해변의 가게에 팔기도 했다.

어느 날, 심신이 허약한 환자들과 가족들이 모범마을에 예배당을 만들어 달라고 부탁하였다. 지금까지 환자 대기실에서 예배를 드렸는데 크리스천 환자와 직원의 수가 늘어나 모두 들어가지 못했다.

셔우드는 이런 사정을 사촌 그레이스 크레이 해스킨스 여사에게 편지를 써 보냈다. 안식년 휴가로 미국에 갔을 때 그녀는 콜로라도 덴버에 있는 아름다운 저택에 셔우드 부부를 초대해 준 일이 있었다. 셔우드는 그 자리에서 해주 요양원에 교회당이 있으면 좋겠다는 이야기를 한 적이 있었다.

그날 뿌린 씨앗이 싹이 트는 기쁜 소식이 왔다. 그레이스 크레이 해스킨스가 1만 달러를 보내 주었다. 부유한 집안의 활동적인 그녀는 어머니 로제타를 항상 존경하고 사랑한다며 교회당 이름을 '로제타 교회'라고 지어 주었으면 좋겠다는 편지도 보내왔다. 설계는 에드윈 캠벨이 해 주었다. 해주 근처의 해안에 많이 있는 둥근 돌을 사용하고 초록 산천과 어울릴 빨간 지붕으로 설계되었다.

몇 달 뒤 교회당이 완공되었다. 이 건물은 주위환경과 잘 어울리는 조선에서 손꼽히는 아름다운 교회당이 되었고 산과 바다가 조화를 이루어 절묘한 경관을 연출했다.

헌당식은 1933년 9월 2일에 있었다. 이날 로제타는 조선에서 43년간 선교사 생활을 마치고 은퇴하였다. 1890년 처녀의 몸으로 조선에 와서 43년간 의료선교를 하며 수많은 환자를 고치고 의료교육의 발판을 마련한 공이 인정되어 나라의 공식표창을 받았다.

로제타는 혼자된 친정 오빠의 병환을 돌보기 위해 예

정보다 2년을 앞당겨 은퇴하였다. 로제타의 얼굴에 지난 세월을 회고하는 감동의 물결이 일렁거렸고 그녀를 사랑하는 많은 분들이 이별을 아쉬워하는 눈물을 흘렸다.

새 교회는 환자와 직원들의 정신적인 안식처가 되었다. '로제타 교회' 헌당식이 있던 날, 셔우드는 〈서울 프레스〉의 편집장을 지낸 야마가타가 보낸 한 통의 감동적인 편지를 받았다.

"당신의 어머님은 조선 여성들을 위해 정말로 훌륭한 일을 하셨습니다. 그 교회당이 아무리 아름답게 지어졌다 하더라도 제가 생각하기에는 어머님이 평생 행하신 훌륭한 일에 비하면 백분의 일도 그 업적을 상징할 수는 없을 것입니다. 어머니 닥터 로제타, 그분이 교회입니다. 이제 그분이 은퇴하신다니 조선의 여성들은 당신의 어머니를 더 이상 볼 수 없게 되어 매우 섭섭할 것입니다."

크리스마스가 지난 어느 날, 김영순 목사가 셔우드를 찾아왔다. 요양원에 혜순이라는 소녀가 정신적으로 극히 의기소침한 상태에 있고 밥도 잘 안 먹는데 희망을 갖게 해 줄 방도가 없겠느냐고 물었다. 셔우드는 문득 미국에서 도착한 아름다운 크리스마스 상자가 생각났다. 한 번 쓴 카드이지만 꼬마 환자들에게 기쁨을 줄 수도 있을 것 같아 모아 놓았었다. 그중에서 백악관에서 온 카드를 들고 혜순이를 찾아갔다.

"혜순 양, 이 크리스마스 카드는 저 멀리 미국에서 온 것이에요. 아픈 사람들이 미국 대통령에게 보냈는데 대통령이 이것을 받은 후 친절하게 환자들에게 답신을 보낸 것이지요. 자, 봐요. 여기에 프랭클린 루스벨트라는 이름이 있죠?"

핏기 없는 혜순이 해쓱한 얼굴에 엷은 미소가 스쳐갔다.

"카드 한 장 가져도 되나요?"

"그럼요. 루스벨트 대통령도 혜순이 같이 병에 걸려 위중하셨지요. 하지만 대통령은 반드시 병을 이기겠다고 결심했어요. 그래서 의사가 시키는 대로 했고 얼마 후 건강을 회복했어요. 그리고 훗날 대통령이 되었어요."

희미하던 혜순이의 눈동자가 밝아지고 목소리가 떨렸다.

"제가 병을 이기려고 노력하면 선생님이 미국 대통령님께 편지를 써 주시겠어요?"

"물론이지요. 하지만 대통령이 너무 바빠서 직접 답장을 쓰지 못할 수도 있어요. 다른 사람에게 대신 편지를 써 보내게 하실지도 모르죠."

그날 저녁부터 혜순이는 밥을 먹기 시작했다. 얼마 후 건강이 좋아져 걷기도 하고 앉아 있을 수도 있게 되었다. 대통령께 편지를 써 보낼 정도로 병이 회복되었다. 편지를 보내려 하는데 옆에서 윌리엄이 불쑥 말을 꺼냈다.

"아빠, 루스벨트 대통령이 우표 수집에 열광한다는 기사를 읽은 적이 있어요. 조선 우표와 씰을 동봉해 보내면 어떨까요?"

윌리엄 말대로 조선 우표와 씰을 동봉해서 보냈다. 답장이 오리라는 큰 기대를 하지는 않았지만 혜순이에게 희망을 주는 일이 있게 되길 기도했다.

얼마 후 백악관에서 편지가 도착했다. 편지 봉투의 소인은 1934년 6월 18일로 찍혀 있었다. 편지 속에 혜순이에 대한 위로의 글이 들어 있을 것 같았다. 봉투를 여는 셔우드는 손이 떨렸고 흥분을 감추지 못했다.

"혜순 양, 깜짝 놀랄 일이 있어요! 미국에서 편지가 왔어요!"

"어머나, 미국 대통령한테서 온 것인가요?"

"맞아요! 여기 대통령 친필서명까지 있어요. 프랭클린 루스벨트(Franklin D. Roosevelt)라고 써 있죠?"

"어서 읽어 주세요! 의사 선생님!"

혜순이는 상기된 얼굴로 벌떡 일어났다.

"친애하는 닥터 홀, 보내 주신 서신 대단히 감사합니다. 나는 특별히 당신이 이야기한 소녀 혜순 양에 대해 관심을 표합니다. 그 소녀가 완쾌되길 간절히 빕니다. 그리고 당신 어린 아들 윌리엄에게 우표를 보내 주어 깊이 감사한다고 말해 주십시오. 그 우표들이 나의 수집에 보탬이 되어 기쁘게 생각합니다. ─프랭클린 D. 루스벨트."

혜순이는 춤을 추며 기뻐했다.

"저는 대통령님께서 답장을 해 주실 거라고 믿고 있었어요. 대통령님이 보내신 편지가 내 병이 낫는 데 도움이 되었다는 것을 알면 기뻐하시겠죠?"

그날 이후 혜순이의 건강은 몰라보게 좋아졌고 얼마 후 건강을 되찾은 동생을 오빠가 데리러 왔다. 혜순이는 자랑스럽게 백악관 미국 대통령이 보낸 편지를 보여 주었다. 오빠도 크게 놀라며 달라진 혜순이의 얼굴을 보고 기쁨을 감추지 못했다.

혜순이와 루스벨트 대통령의 이야기가 전해지자 크리스마스 씰에 대한 호응도가 눈에 띄게 좋아졌다. 이제는 결핵 환자들도 더 이상 자기 병을 감추지 않고 증세가 초기일 때 병원을 찾아와 진료를 받아 결핵 전염도 막고 치료하기가 전보다 훨씬 수월해졌다.

가을에 접어들어 병원이 조금 한산해진 어느 날 교회당 김영순 목사가 찾아왔다. 돌아오는 휴일에 금강산 구경을 가자고 했다. 모범농장도 안정되어 가고, 마침 추석 명절 기간이라 병원이 조금 한산한 시기였다. 매리언은 몇 년 전 북경에서 온 친구들과 금강산을 가 보았는데 꼭 한번 가볼 만한 산이라며 자신은 아이들을 돌봐야 하니 두 분이 다녀오라고 했다.

셔우드는 김 목사와 서울을 경유해 원산 가는 기차를 탔다. 원산에서 남쪽으로 세 번째 정거장인 '안변역'에 내려 작은 버스를 갈아타고 금강산 입구 등산코스 출발지점으로 갔다. 마을 촌장이 입구에서 새벽엔 추우니 이불을 사 가지고 가라 하였다. 얇은 명주이불을 사서 배낭에 넣고 산을 오르기 시작했다. 얼마 가지 않아 아주 생소한 외딴 지역으로 들어왔다는 것을 알 수 있었다. 마을에 사는 사람들의 복식이나 머리 모양이 옛날 조선식 그대로였다. 산마루 이름 중 '단발령'이라는 곳이 있었다. 승려가 되기 위해 출가하여 금강산을 찾아오는 사람들이 이 고개에서 삭발을 했기 때문에 붙여진 이름이라고 한다.

산속으로 들어갈수록 지형은 온통 암석이었으며 올라 갈수록 더 험해졌다. 오렌지, 연노랑, 빨강색 단풍이 계곡과 온 산을 덮고 있었다. 감탄이 저절로 나왔다.

얼마 동안 산을 오르니 저녁 시간이 되었다. 어디서 밤을 새워야 할지 알 수 없었는데 지나가는 사람에게 숙소를 물었더니 첫날은 '장안사'에서 보내는 게 좋을 것이라고 했다. 장안사 주지는 쾌활하고 친절했다. 부르튼 발을 보고 동자승에게 발 씻는 그릇에 물을 담아 약초를 넣어 가져오라고 하였다. 그 물에 발을 담그자 아픈 발이 씻은 듯이 나았다. 주지스님은 불교의 진리에 대하여 설명했고 셔우드는 경청했다.

"불교는 한때 조선에서 매우 세력이 컸었지요. 그러나

불행하게도 신도들이 속세의 권력에 미혹되어 정치에 개입했답니다. 그것이 타락의 시작이었지요. 불교는 도시에서 쫓겨났고 산속으로 피신한 것입니다. 기독교인들은 천국을 말하지만 우리는 '열반'(Nirvana)이라고 하는데 이것은 모든 욕망이나 고뇌가 사라진, 인간이 도달할 수 있는 가장 높은 종교적 인식세계를 말합니다."

종교를 논하는 주지승 눈에는 광채가 서려 있었다. 숙박비를 내려하자 그는 사양하며 꼭 내고 싶으면 절에 시주하라고 하여 그렇게 했다. 일행이 신은 가죽신은 등산에는 적당하지 않다고 짚신을 주었다. 볏짚으로 만든 것인데 개울을 건너가거나 돌이 많은 오솔길을 건너는 데 훨씬 편리했다. 닳아서 못 신게 되면 암자에서 사서 신고 또 산을 올랐다.

산을 오르는데 경치는 말로 표현 못할 정도로 아름다웠고 셀 수 없는 수만 개의 봉우리가 눈앞에 펼쳐졌다. 누가 지었는지는 모르지만 다이아몬드(금강)산이라 이름을 붙일 만하였다. 산봉우리의 결정 같은 암석들이 햇빛을 받아 진짜 다이아몬드처럼 눈부시게 빛났다. 금강산이란 이름은 불교의 경전 '금강경'(金剛經)에서 이름을 땄다는

설도 있다. 이름의 유래야 어찌 되었든 하늘까지 닿을 듯
한 장엄한 경관은 '금강'이라는 이름을 실감 나게 하였다.

구룡폭포에 가까이 가자 경치는 더욱 가경을 이루었
다. 아홉 개의 폭포들은 깊은 못에서 흰 거품과 물보라를
뿌렸다. 마치 용들이 날아오르는 듯했다. 힘들어 오르지
않을까 하다가 그 용들이 오라고 손짓하는 것 같아 한 걸
음씩 가파른 바윗길을 올랐다. 마지막 아홉째 폭포에 오
르는 순간 주위의 경치에 놀라 숨이 막힐 지경이었다. 안
개가 산 주변을 보일 듯 말 듯 둘러싸고 있는 모습은 한 폭
의 동양화였다. 동양화가들에게 영감을 주는 엄청난 근원
이 바로 여기 있음을 눈으로 확인하였다. 천국에서 다시
하계로 내려와 해주로 돌아왔다. 보배 중의 보배인 금강
산을 볼 수 있었던 은혜에 감사하였다.

어느 날, 아이들을 돌보는 최씨 아줌마가 마치 비밀을
털어놓듯 주저하며 셔우드에게 이야기했다.

"선생님이 병원에 출근하고 안 계시면 사모님이 힘들
어 하시며 자주 의자에 앉아 쉬곤 하셔요!"

"아, 알고 있어요. 셋째 아이를 임신했어요."

최 씨 아줌마는 기뻐하며 다행이라는 듯 얼굴을 활짝 폈다.

얼마 후 아내를 진찰하는데 매리언은 남편의 얼굴이 이상해지는 것을 보고 재빨리 물었다.

"왜 그래요? 이상이 있나요?"

"두 군데서 심장 소리가 들려요. 아, 당신 쌍둥이를 임신했구려!"

매리언은 어쩐지 태동이 여기저기에서 느껴지고 이번은 전에 두 아이보다 많이 힘들다고 하였다. 위로 두 아이를 낳을 때까지는 계속 환자 진료를 보았는데 이번에는 힘들어하였고 심장의 압박감이 심해져서 위험할 정도였다.

서울이나 평양의 큰 병원에 가서 출산하자고 해도 매리언은 긴 여행이 오히려 좋지 않다고 했다. 셔우드가 오래전 필라델피아 스테트슨 병원에 근무할 때 세 쌍둥이를 거뜬하게 받아낸 경험이 있으니 남편한테 맡기겠다고 했다.

1934년 9월 12일 매리언은 쌍둥이를 낳았다. 시작은 모든 게 순조로웠다. 첫째 아이는 여자였는데 아이가 건강한 울음을 터뜨리자 안심했다. 그런데 한참 후 두 번째 사내아이가 나왔는데 아이가 울지 않았고 산모의 상태도 좋지 않았다. 간호사가 다급하게 말했다.

"아기가 숨을 쉬지 않아요!"

닥터 김이 달려와 인공호흡을 했으나 소용이 없었다. 산고로 지친 산모에게 사산 소식을 전한다는 게 얼마나 가혹한 일인가……. 프랭크라고 태명을 지어주었던 아기는 세상의 빛 한번 보지도 못하고 하늘나라로 갔다. 간호사는 죽은 프랭크를 목욕시키고 세례 때 입히려고 준비해둔 수놓은 옷을 입혔다. 아기는 마치 살아서 잠을 자는 듯했다.

요양 병원의 목수가 조그만 관을 짰고 간호사들은 명주 천으로 아기를 감쌌다. 셔우드는 아기를 양화진의 아버지 닥터 홀과 누이동생 에디스 옆에 묻어주는 게 좋겠다고 하였다. 프랭크는 할아버지와 고모 곁으로 갔다.

비슷한 슬픈 경험을 한 노블 목사가 따뜻한 위로와 동정심으로 장례예배를 치러 주었다. 매리언은 프랭크의 사산으로 인한 충격으로 몸을 회복하지 못했다. 딸 필리스가 유아세례를 받게 되었는데 언더우드 목사가 서울 자신

의 집에서 세례를 주겠다고 초대하였다. 세례식에 참석한
많은 사람들이 매리언에게 예쁜 딸을 낳았다고 축하했다.
필리스의 유아세례를 겸한 서울 방문으로 매리언은 비로
소 예전의 명랑함을 되찾았다.

하루는 아이들과 집 뒤의 언덕을 산책하던 때였다. 묘
지 사이에서 일본 군인들이 포복훈련을 하고 있었다. 아
이들이 많이 놀랐고 군인들도 놀란 모양이다.

당시 선교사들 사이에 흉흉한 소문이 돌고 있었다. 일
본이 아시아와 중국 북방을 지배하려 전쟁을 준비하고 있
고 그 일들은 선교사들의 선교활동에도 지장을 준다는 소
식이었다. 해주에서도 일본군의 군사 활동이 눈에 띄게
증가하고 있었다. 소문은 사실이었다. 선교사들이 어디를
가든 거취는 낱낱이 보고되었다. 어떤 여행계획이든 일본
형사들에게 조사를 받아야 했다. 선교사들은 처음에는 일
본군의 야욕을 그리 심각하게 생각하지 않았으나 몇 개월
지나 그들의 야욕은 낱낱이 드러났다.

중일전쟁이 시작되었다. 1937년 7월 7일, 북경 외곽지
대서 일본군이 중국군을 공격했다. 만주를 통과한 지인들

이 너무나 끔찍한 장면을 보았다고 소식을 전했다. 일본 군들이 마적의 머리를 잘라 창끝에 꽂아 철로 변에 진열해 놓은 것을 보고 그 잔인함에 몸서리를 쳤다고 하였다. 일본군이 탄 열차를 습격하면 이런 운명에 처하게 된다는 경고였는데도 마적들은 그 후에도 철도 습격을 자주 했다고 한다.

지중해에 수뢰가 설치되었다는 소문도 들려오고 일본 군부의 세력이 매일매일 무겁게 압박해 오는 것을 실감할 수가 있었다. 최근엔 일본 군부가 전쟁을 준비하려고 원산해변에 군항을 설치한다는 소문이 나돌고 있었다. 그 소문은 곧 사실로 확인되었다.

12 그리운 화진포 성

"원산해변을 일반인 접근 금지구역으로 포고한다!"

1937년 가을, 라디오에서 나오는 뉴스는 셔우드를 놀라게 했다.

'그러면 그곳에 있는 모든 가옥들과 별장을 철거해야 한다는 말이 아닌가?'

일본 군부는 선교사들에게는 관용을 베푼다며 다음과 같은 조치를 취했다.

"원산해변에서 남쪽으로 해안을 따라 160킬로미터 정도 내려가면 아주 아름다운 장소가 있는데 그곳에 선교사들의 휴식처를 제공해 주겠소!"

그곳은 행정구역이 강원도 고성으로 금강산과 더 가까운 곳이었다. 정면은 바다, 다른 한 쪽은 호수, 남쪽은 야산과 비탈이 있는 구릉이었다. 구릉에 올라서면 서쪽으로 호수가 내려다보이고 동쪽은 바다와 닿는 암벽이다. 바다, 호수, 산이 어우러진 정말 경치가 아름다운 장소였다.

일본인들은 이곳을 '가신호'라고 불렀다. 조선말로는 '화진포'라고 한다. 호수 둘레는 16킬로미터 정도로 모양은 허리가 잘록한 누에고치처럼 생겼고 산으로 둘러싸여 있었다.

일본 군부는 원산해변에 있던 선교사들의 별장에 대해 섭섭지 않을 보상금을 주거나, 아니면 집을 뜯어 화진포의 새 장소에 옮겨주겠다고 제안했다. 선교사들은 대부분 보상금보다는 후자를 택했다. 새 장소를 제공해 주는 것에 안도하면서도 아쉽기도 하고 착잡한 마음이었다. 휴양지 이전 일이 진행되고 원산의 마지막 별장을 헐어 새 휴양지로 옮긴 후, 일본군은 원산해변을 다이너마이트로 폭파시켜 나무 한 그루도 남아 있지 않게 했다.

셔우드와 매리언은 새 휴양지 이전 실행위원으로 임명받고, 즉시 착수하라는 명령을 받았다. 실행위원의 임무는 별장을 다시 짓기 위해 대지의 경계를 정하고 번호를 매기는 일이었다. 대지의 구획이 결정되면 번호를 써 놓은 종이를 제비 뽑아 땅 주인을 정하기로 했다.

남달리 사진을 잘 찍는 매리언은 사진 찍는 공식 사진사 일도 겸하게 되었다. 서우드와 매리언은 촬영기를 준비해 화진포로 갔다. 아직 새 휴양지에 못 와 본 사람들에게 사진을 보내 주려고 주변을 촬영하느라 몹시 바빴다.

새 휴양지는 생각했던 것보다 훨씬 좋았다. 모래바닥에 파이프만 묻으면 깨끗한 물을 쉽게 얻을 수 있었고 파도가 심한 날이면 뒤쪽의 화진포 호수에서 뱃놀이를 즐길수도 있었다. 그러나 높은 지대의 원산 별장에서 즐겼던 그 파도 치는 해변을 잊을 수는 없었다.

화진포 이곳저곳을 살펴보니 바다 쪽을 향한 암벽 위에 대지가 될 만한 곳을 찾을 수 있었다. 두 사람은 평지보다 높은 암벽 위에 별장을 짓기로 했다. 암벽으로 올라가는 소나무 숲 사이에 오솔길을 지그재그로 만들 자신이 있었다.

일단 그 위에 올라서면 한눈에 펼쳐지는 경관이 너무나 아름다워 입이 다물어지지 않고 감탄이 저절로 나온

다. 바다와 호수와 방풍림으로 조성한 푸른 소나무 숲이 반짝이는 햇살을 받아 눈부시게 아름다웠다. 셔우드와 매리언은 새 장소에 지을 작은 별장 모습을 종이 위에 그리며 행복했다.

1917~1918년 사이에 일어났던 러시아 혁명 당시, 조선으로 피신 온 백인계 러시아인과 히틀러의 공포정치를 피해 조선으로 피난 온 독일인들이 있었다. 선교사들은 그들을 친절하게 대해 주었는데 베버(Herr Weber) 씨는 망명 독일인 가운데 한 명이었다. 그는 건축학을 전공한 건축가였다.

어느 날, 베버 씨와 저녁 식사를 같이하게 되었다. 지나가는 말로 재미삼아 바닷가 암벽에 별장을 지으려고 구상 중이라고 하였더니 갑자기 베버 씨가 벌떡 자리에서 일어났다.

"닥터 홀, 제가 설계하고 싶으니 그 기회를 저에게 주시겠어요? 독일에서도 이와 비슷한 장소에 작은 성을 몇 채 지어 본 경험이 있습니다."

셔우드는 그의 제안이 속으로 무척 반가웠다. 그 무렵

장티푸스 전염병이 돌고 있어서 병원을 오래 떠날 수가 없었다. 그러나 건축 경비가 문제였다.

"그 점에 대해서는 걱정하지 마세요. 설계는 무료로 해 드리고 재료값만 주십시오. 건축과정의 일도 제가 감독하고 인부들과 일도 하겠습니다. 그동안 먹고 살 수 있는 생활비만 조금 주시면 됩니다."

그는 극히 검소하게 살고 있었다. 망명 중이긴 해도 돈 보다는 자신의 건축 재능을 예술적으로 발현해 보고 싶은 마음이 가득해 보였다. 셔우드는 베버를 데리고 가서 별장을 짓기로 한 바다가 내려다보이는 암벽의 대지를 보여 주었다. 원산에서 뜯어온 별장을 다시 맞추는 조선인 건축업자도 소개해 주었다.

베버 씨는 건물이 다 지어질 때까지 선금을 받지 않고 최소한으로 경비를 줄이는 선에서 건축하겠다고 하였다. 또한 공사가 끝나기 전에는 바쁘면 현장에 오지 않아도 된다며 자신을 믿으라고 했다. 요양원 공사를 할 때는 입찰을 통해 합법적인 계약을 했지만 이번 경우는 작은 공사이고 베버 씨와 조선 업자가 믿을 만한 분들이라 그들의 재량에 맡기기로 했다.

"원산의 별장처럼 작고 아담하며 바다가 잘 내려다보이면 좋겠습니다. 잘 부탁드립니다."

그들에게 모든 일을 맡기고 해주로 왔다. 공사 중에 한 번쯤 화진포에 다녀왔어야 했는데 병원 일이 바빠 도무지 시간을 낼 수 없었다. 그렇게 몇 달이 지난 어느 날, 베버 씨한테서 연락이 왔다. 별장이 다 완성되었으니 보러 오라는 소식이었다. 어렵사리 시간을 내어 강원도 고성의 화진포로 향했다.

현장에 도착한 셔우드는 적잖이 놀랐다. 입을 벌린 채 벙어리처럼 말을 한 마디도 못했다. 별장은 셔우드가 생각한 것처럼 암벽 위의 작은 집이 아니라 그야말로 크고 아름다운 성이었다. 회색 돌로 지은 성은 푸른 소나무 숲과 잘 어울렸다. 마치 라인 강가의 작은 성을 화진포 암벽 위에 재현해 놓은 것 같았다.

"어떻습니까? 별장이 맘에 드시는지요? 최선을 다해 지었습니다."

베버 씨와 조선인 건축업자는 자신들의 건축창작물에 대해 만족해하며 자랑스럽게 생각하고 있었다. 그들에게 생각보다 너무 크게 지었다 하면 상처를 줄 것 같아서 셔우드는 마음을 가라앉히고 훌륭한 건축물이라고 칭찬하였다.

성 지붕을 평평하게 하여 그 위에 올라 사방의 절경을 감상할 수 있었다. 이곳에서 보름날 달빛을 받으며 가족 파티를 연다면 환상적일 것 같았다. 둥글고 큰 탑에는 들창이 달려 있었는데 베버 씨는 특히 이 부분의 설계를 자랑스러워했다. 탑은 바로 암벽 옆에 세워져 있어서 바다의 절경이 눈앞에 들어왔다.

"부인께서 손님을 초대해 파티를 열 때는 이 넓은 리빙룸을 쓰시면 됩니다."

베버 씨는 한쪽에는 들창이 있고 그 반대쪽에는 큰 벽난로가 있는 방으로 셔우드를 안내하며 말했다. 벽난로 속에는 동굴 속에서 채취해 온 수정 암석이 벽에 가득 붙어 있었다. 그는 벽난로가 얼마나 불을 잘 빨아들이는지 보여 주려고 불을 붙였다. 춤추는 듯한 불꽃이 벽난로에 붙어 있는 수정에 현란하게 반사되었다.

베버 씨는 자신의 건축 작품에 스스로 감탄하고 있었다. 셔우드도 두 사람의 뛰어난 건축 솜씨에 탄복했다. 베버 씨와 조선인 건축업자가 자부심과 기쁨에 차 있을 때 셔우드는 건축비에 대한 걱정으로 얼굴이 어두웠다.

'저들이 내게 청구할 엄청난 건축비를 도대체 어떻게 감당해야 하나?'

눈앞이 캄캄했다. 따지고 보면 명확하게 공사비를 계약서에 제시하지 않은 것은 자신의 잘못이었다. 기가 질려 한동안 아무 말도 못 하다가 가까스로 용기를 내어 말했다.

"공사비가 모두 얼마입니까?"

그들이 청구한 액수는 생각보다 너무나 적었다. 그러나 적은 액수이긴 해도 근검절약하며 살아가는 선교사의 경제 능력으로는 도저히 해결할 수 없는 금액이었다. 훌륭한 별장을 지어 주어 감사하다고 대답하고 그들에게 건축비를 마련해 올 시간을 좀 달라고 한 뒤 서둘러 별장을 떠났다. 해주로 가려다가 갑자기 소년 시절의 친구였던 수잔 로(Susan Rou)의 얼굴이 떠올라 평양으로 차를 돌렸다. 평양에 도착하자 수잔은 반색을 하며 반가워했다.

"그렇지 않아도 당신에게 전보를 치려 했는데 이렇게 오시다니요! 이제 그 일을 결정할 수 있겠네요."

"그 일이라니요. 무슨 일인데요?"

"평양에 당신 소유로 된 작은 땅이 있잖아요. 내 동생 루시가 광산회사에서 광산물을 보관하는 땅이 필요한데 그 땅을 사고 싶어 해요. 값만 적당하면 즉시 현금 지불이 가능하대요."

"아, 이렇게 공사비를 해결해 주실 수가……."

그 땅은 아주 오래전, 아버지 닥터 홀이 소천하자 생명 보험금이 나온 것을 어머니가 셔우드의 교육비로 쓰려고 싼 가격에 구입해 놓은 것이었다. 땅을 팔아 화진포의 성 건축비로 베버 씨에게 드릴 수 있었다. 기적적으로 궁지 에서 건져 주심에 또 감사드렸다. 셔우드 가족들은 주말 에 화진포 성에서 예배도 드리며 의료봉사 활동도 하며 즐거운 시간을 보낼 수 있었다.

그러나 훗날 이곳에서 일본 헌병에게 잡혀 가는 힘든 일을 겪었고 전쟁이라는 소용돌이 속에서 일본 군부는 '화진포의 성'마저 빼앗아 버렸다. 남은 것은 사진 몇 장 과 매리언이 해변에서 성을 바라보며 그린 유화 한 점뿐 이었다. 그러나 화진포의 성에서 간직한 아름다운 추억들 은 빼앗아 갈 수 없었다.

셔우드 부부는 다시 안식년을 맞았다. 미국에서 친지들과의 재회, 전문적인 의료기술 연찬, 후원자들과의 만남, 강연 등으로 바쁜 일정을 보내고 있었다. 그런데 갑자기 조선에서 의약품이 모자란다고 약품을 구입하여 속히 귀국하길 바란다는 전보가 왔다. 중일전쟁으로 약품을 쉽게 구할 수 없는 상황이 지속되고 있었다. 급히 필요한 의약품을 구해서 1939년 3월, 서울에 도착했다.

서울에 도착해 보니 다른 세상이 되었다. 달력도 일본 달력으로 바뀌어 있었고 일본의 첫 왕인 메이지로 시작하는 연호를 써서 서기 1939년을 2599년으로 표시했다. 조선 사람들이 서양 달력을 사용하면 일본 왕에게 충성하지 않는 비애국자로 간주해 경고를 받았다.

서양 사람들에 대해서도 노골적으로 행동을 제약했다. 외국인들은 택시도 이용할 수가 없었다. 전쟁의 바람은 서서히 해주까지 불어왔다. 일본 육군들이 단파 무선라디오를 빼앗아 가서 국제 뉴스를 들을 수가 없게 되었다. 장파 방송은 "극동에 새 질서를 정립하려는 일본을 아무도 방해할 수 없다"는 식의 '일본의 승리'를 강조하는 선전만 나왔다.

전쟁이 진행되자 나이 든 사람은 물론 나이 어린 학생까지 전쟁터에 징집되어 갔다. 셔우드는 남학교 교장을 겸임하고 있었는데 전사자가 한 줌의 재로 돌아올 때는 학생들을 인솔하여 역에 나가 마중을 해야 했다. 날이 갈수록 흰 상자의 수는 많아졌고 이 슬픈 마중도 더욱 빈번해졌다. 신병들이 전선으로 떠날 때도 학생들이 역에서 모여 그들을 전송해야 했다.

해주구세병원의 의사들도 부상병 치료 요원으로 차출되었다. 해주 같은 작은 도시까지 부상병들이 속속 들어오는 것을 보고 셔우드는 신문이나 라디오에서 들은 '빛나는 전투의 승리'는 사실과 다름을 짐작할 수 있었다. 우편물은 샅샅이 검열되었고 편지는 모두 압수되었다. 친지나 친구들과의 소식도 단절되었고 앞으로 닥쳐올 일까지 전혀 예측할 수 없게 되자 심한 좌절감에 빠졌다.

어느 날 밤, 셔우드는 모험을 하게 되었다. 창문을 커튼으로 가리고 불을 끈 다음 라디오에 청진기를 대고 다이얼을 조심조심 돌렸다. 귀에 익은 아나운서 '캐럴 알곳'의 목소리가 조그맣게 들려왔다. 청진기로 상해방송을 청취하였다. 이곳 방송과는 전혀 다른 내용이었다. 비로소 외부 사태가 어떻게 벌어지고 있는지 알게 되었다. 그러나 몰래 방송을 듣는 일은 늘 조심해야 했다. 성공회 선교사 채드웰 신부는 단파방송을 들었다는 죄목으로 10개월 형을 언도받았다.

선교사들은 신경전에 시달리다가 하나둘 조선을 떠났다. 그래도 셔우드 부부는 조선에 남아 있자는 의견에 한마음이 되었다. 고국의 친지들에게도 편지에 전쟁에 대한 언급을 삼가 달라고 부탁을 했다. 별 내용도 아닌데 편지 검열이 심했고 중간을 삭제한 편지도 읽어야 했다.

1940년 여름, 온갖 흉흉한 소문이 나돌았다. 일본 육군이 요양원을 접수한다는 이야기도 포함되어 있었다. 요양원 직원들이 일본 육군 징발 대상자로 이름이 올라 있다는 소문도 나돌았다. 시베리아에 망명 중인 조선인들이 공산군으로 무장하여 해주를 점령하려고 준비 중이라는 것이었다. 해주시는 중요한 전략 항구로 변해 있었다. 의사 중에서 조선 독립군으로부터 도와달라는 연락을 받았다고도 한다.

각 학교에서는 영어 과목이 없어졌고 영문으로 된 간판이나 표지판도 철거되었다. 조선 사람들은 성과 이름을 일본식으로 고쳐 쓰라고 강제 명령을 받았고 젊은 사람들은 일본 이름을 쓰고 있었다.

해주에 사는 영국 성공회 캐럴 신부는 셔우드 집에 자주 놀러 왔고 아이들도 그를 잘 따랐다. 가족 없이 혼자 지내고 있어 여름휴가 때 화진포로 같이 가자고 그를 초대했다. 그와 같이 화진포로 간 일이 일파만파의 어려움이 될 줄은 꿈에도 짐작하지 못했다.

1940년 여름, 가족들은 캐럴 신부와 화진포로 휴가를 떠났다. 해변은 조용했고 귀가 아프도록 스피커를 통해 들려오는 승전 방송을 듣지 않는 것만으로도 좋았다. 그들은 화진포의 별장 뜰에서 호수와 바다에 반사되는 석양의 아름다움에 취해 넋을 놓고 있었다. 멀리 금강산이 보였다. 아름다운 정경이 눈앞에 들어왔고 모든 게 평화로웠다.

그러나 이 평화는 폭풍 전야의 고요함에 불과했다. 캐럴 신부가 일본군의 주목을 받는 사람이라는 것을 안 것은 이튿날 아침이었다. 아침 7시쯤, 낯선 발소리를 듣고 일어났다. 평복을 입은 헌병 두 사람이 밖에 와 있었다. 그들은 캐럴 신부를 체포하려고 왔다고 했다. 일본 군대는 해발 20미터 이상의 고지대에서는 절대로 사진을 찍지 못하게 법으로 정해 놓고 있었다.

화진포 성은 해발 20미터보다 더 높은 곳에 있었다. 그런데 헌병들은 캐럴 신부를 체포하고 떠나기 직전에 별장 지붕으로 데리고 가서 강제로 사진을 찍으라고 했다.

"안 돼요! 사진을 찍을 수 없어요! 군부의 명령이기 때문입니다."

셔우드가 뛰어올라 소리치자 헌병들도 단념했다. 헌병들은 캐럴 신부의 체포에 대해 절대 입을 열어서는 안 된다고 가족들에게 경고했다. 그러나 아침 집회시간이라 사람들이 해변으로 모여들고 있었다. 캐럴 신부의 친구들은 헌병을 알아보고 무슨 일이 벌어졌는지 눈치 챘다. 캐럴 신부가 체포되었다는 소식은 그날로 성공회 세실 감독에게 전해졌다.

다음 날 셔우드는 '요양원 일로 해주에 급히 오십시오' 라는 전보를 받았다. 친구들은 함정일 수도 있다고 가지 말라 했지만 혹시 요양원에 급한 일이 있을지도 몰라 첫 기차를 탔다. 아무 일이 없어 다시 화진포로 돌아올 때는

'Pets Well'이라는 전보를 치기로 매리언과 약속을 했다.

해주에 돌아오니 전보 친 일이 없다며 휴가 떠난 분을 돌아오라는 그런 전보를 누가 쳤느냐며 의아해했다. 셔우드는 찜찜한 마음이었지만 매리언에게 'Pets Well'이라고 전보를 쳤다. 다시 화진포 별장으로 돌아가려고 열차를 타려는데 낯익은 헌병 두 사람이 불쑥 앞에 나타났다.

"죄송합니다만 셔우드 선교사님, 당신을 체포하게 됐음을 알려드립니다. 당신은 해주에서 유명한 분이니 이곳에서 체포하지는 않겠습니다. 당신이 명예를 존중하는 신사임을 알고 있습니다. 서울에 가서 도착하는 대로 헌병대에 출두하십시오!"

셔우드는 영문도 모르는 일이지만 상황이 이렇게 된 이상 가족들과 친구들에게 체포당한 사실을 알려 줄 시간이 필요했다.

"지금 떠나면 서울에 도착하는 시간이 너무 늦으니 내일 아침 헌병대로 가면 어떻겠습니까?

그들은 잠시 망설이더니 고분고분한 셔우드를 보고 자선이라도 베푸는 듯 말했다.

"내일 오전 10시까지 헌병대에 반드시 도착해야 합니

다! 오늘 밤은 푹 자두는 게 좋을 겁니다.”

헌병들은 날카로운 눈초리로 셔우드를 바라보며 말했다.

‘어떤 방법으로 이 위급한 사실을 알려야 할까?……’

셔우드는 해주 집으로 가지 않고 밤 기차를 이용해 서울로 향했다. 밤에 헌병이 체포하려 했는데 아침에 자진 출두하기로 했다는 사실을 화진포의 성에 있는 매리언에게 알리면 놀랄 것 같아, 서울 젠슨 씨 댁으로 갔다. 젠슨의 가족들도 휴가를 떠나 없고 그의 친구들이 보급품을 가지러 왔다가 그날 밤 그의 집에서 묵고 있었다. 그들에게 자신의 상황을 설명하고 영국 총영사인 핍스와 아내 매리언에게 이 사실을 알려 달라고 부탁했다. 자신이 직접 연락하는 건 감정이 개입될 수도 있어 별로 좋은 방법이 아니라는 생각이 들었다. 다음 날 아침, 작은 성경책 한 권만 들고 시간에 맞추어 헌병대로 갔다.

“당신은 약속을 잘 지키는 사람이군요!”

헌병들은 셔우드를 추켜세우는 척하며 옆에 있는 빈방으로 들어가라고 했다. 두 개의 의자가 마주 놓여 있었는데 그중 한 의자에 앉으라고 했다. 잠시 후 몸집이 크고 험상궂게 생긴 장교가 들어와 맞은편에 앉았다. 처음에는 정중한 태도로 생년월일, 출생지, 가족 사항 등의 의례적인 것을 묻고 세부적인 질문을 하더니 갑자기 돌변하였다. 헌병들은 셔우드에게 위협적인 자세를 하고 때릴 것 같은 손짓을 하며 고함을 질렀다.

"네가 스파이임을 알고 있다. 모든 걸 자백하면 더 이상 고문이나 문초를 받지 않을 것이다."

"나는 스파이가 아닙니다. 아무리 조사를 해도 혐의점을 발견하지 못할 겁니다."

"그런 건방진 대답이 어디 있어! 따귀를 맞아야겠구먼."

일본 헌병은 앞에 있는 서류 뭉치를 흔들며 손으로 책상을 쳤다.

"영국 스파이, 캐럴 신부를 잘 알고 있지? 너의 별장에서 얼마 전 체포했단 말이야. 그 스파이와 함께 있었잖아. 그건 바로 네가 스파이라는 걸 말해 주는 명확한 증거야."

셔우드는 화가 나서 다소 높은 목소리로 말했다.

"캐럴 신부는 친구이고 휴가를 함께 갔을 뿐이오. 나는 스파이와 접촉하지 않았소!"

헌병은 험상궂은 얼굴로 셔우드를 쏘아 보더니 말했다.

"우린 자백을 받아내는 여러 방법이 있단 말이야. 미리 말하지만 고생하지 않으려면 지금 자백하는 게 좋아. 우리는 증거를 가지고 있어. 당신 아내가 화진포 해안선을 촬영했어. 20미터 높이 이상에서는 사진을 찍지 못하게 되어 있는데도 말이야. 해주의 해안선도 촬영했어."

"예 맞습니다! 화진포는 해안 담당관 요청으로 촬영했습니다. 육군담당관 참석 아래 촬영한 것입니다. 해주의 경우는 전쟁이 나기 전에 찍은 것이고 그때는 사진 찍는 데 제한이 없었습니다."

셔우드의 조리 있는 답변에 그가 할 말을 잃었는지 갑자기 의자를 박차고 나갔다. 혼자 있는 시간이 불안하고 초조하여 가지고 온 성경을 읽으니 마음이 편안해졌다. 잠시 후 다른 장교가 나타났다. 그는 태도를 부드럽게 바꾸어 음식을 주문해 주겠으며 셔우드만 특별히 식사를 제공한다고 했다.

"나는 그 음식 대접을 고맙게 생각하지 않소. 내가 원해서 여기에 온 손님도 아니지요."

그는 못 들은 척하고 음식을 주문했다. 그때 비로소 세실 쿠퍼 감독도 갇혀 있다는 것을 알게 되었다. 음식배달 소년이 셔우드와 세실 쿠퍼 감독의 음식을 바꾸어 가져왔기 때문이다. 두 번째 문초하려고 들어온 장교는 셔우드를 협박하지는 않았다. 그는 부드러웠고 주로 경리 문제를 물었다.

"어느 정부에서 당신들에게 봉급을 지불합니까?"

"나는 정부로부터 봉급을 받지 않습니다. 감리교 선교위원회서 받습니다."

그가 이상하게 생각한 점은 '어째서 의사 부부가 그토록 적은 봉급을 받으며 조선에서 일하고 있는가?' 하는 점이었다. 그래서 스파이 자금이라도 받는다고 생각하는 것 같았다. 셔우드는 아무리 설명해도 못 알아들을 것 같아 그가 이해할 수 있는 비유로 이야기해야겠다는 생각이 들었다.

"당신은 군인이지요. 당신이 받는 봉급이 적든 많든 당신네 왕에게 충성합니다. 전쟁터에서 생명을 잃는 일이 있다 해도 말입니다."

그는 그렇다고 고개를 끄떡였다.

"우리 선교사들도 마찬가지지요. 우리의 주인이신 예수 그리스도께 충성하지요. 봉급이 적어도 또는 선교지에서 생명을 잃게 되는 일이 있다 해도 말입니다."

그는 이해가 되었는지 더 이상 묻지 않고 다른 질문으로 넘어갔다.

"당신은 닥터 더글러스 에비슨을 알지요?"

"네, 압니다. 우리는 토론토 의과대학을 함께 졸업한 친구입니다."

"그렇다면 당신은 닥터 에비슨이 왜 북경여행을 했는지 알겠군요."

셔우드는 그가 함정을 만들고 있음을 알아차렸다. 그래서 딱 잘라 대답했다.

"같은 의사이긴 하지만 그의 개인 활동에 대해서는 잘 모르고 내가 관여할 바도 아닙니다. 본인한테 직접 물어보시지 그랬습니까?"

그는 첫 번째 심문자보다는 지성인이었고 셔우드가 호락호락하지 않다는 것을 알아차렸다. 셔우드는 그에게 간절한 표정으로 부탁을 했다.

"우리 가족에게 내가 안전하다는 것을 전보로 알려 줄수 있겠습니까?"

놀랍게도 그는 쉽게 승낙했다. 그러나 그가 정말로 전보를 보냈는지는 알 수 없어 초조하였다. 나중에 안 일이지만 그는 전보를 보냈다. 일본어로 전보가 와서 매리언은 믿을 수가 없었다고 했다.

석방될 기미가 보이지 않았다. 항상 감시병이 곁에 있어서 화장실도 혼자 가지 못했다. 심문실에서 감방으로 보내졌다. 어둡긴 해도 기도할 수 있고 성경도 읽을 수 있어 다행이었다. 불안한 마음으로 감방에서 첫 번째 밤을 보냈다. 다음 날 오후였다. 투박한 발소리가 감방 앞에서 멈추었다. 감방문이 열리고 장교 한 사람이 부하 한 명을 데리고 들어왔다.

"닥터 홀, 당신을 석방하라는 명령을 받았소. 이곳에 갇혀 있었다는 사실을 누구에게도 말하면 안 된다는 조건이오."

"아내에게는 말해도 됩니까?"

"아내에게는 말해도 무방할 거요. 그러나 아이들이나 직원들 그 누구도 안 됩니다. 만일 발설했다는 사실이 우리 귀에 들리게 되면, 당신은 즉시 체포되어 이곳으로 다시 오게 되고 그 죄목만으로도 크게 곤욕을 치르게 될 것이오."

그 장교는 부하에게 셔우드를 데리고 역으로 가라고

말했다. 화진포로 가는 밤 열차를 바로 타는지, 누구와 만나는지 지켜보라고 넌지시 말했다. 돌아오는 열차 속에서는 아무 일도 없었다.

다시 가족이 있는 따뜻한 화진포의 성으로 돌아왔다. 매리언은 죽을 사람이 돌아온 것처럼 기뻐했다. 뭔가 어려운 일이 있었음을 직감으로 느낀 모양이었다.

헌병대에서 매리언에게 질문서를 보내왔다. 질문서에 답을 써서 곧 보냈고 더 소식이 없어서 무사히 넘어간 것으로 알고 안심하고 있었다. 그런데 며칠 후 뜻밖에도 매리언을 소환한다는 전보가 헌병대에서 왔다. 이 같은 일이 없길 바랐는데 어쩔 도리가 없었다. 매리언은 심문에 대답할 여러 가지 답변을 준비하여 서울로 떠났다. 매리언은 말을 재치 있게 받아넘기는 재주가 있기에 대답을 잘 할 것이라 믿으며 불안한 마음을 달랬다.

생각한 대로 매리언은 그들의 유도심문에 말려들어가지 않았고 결코 냉정을 잃지 않았다. 온종일 심문을 받은 매리언은 저녁 무렵 나올 수 있었다. 매리언은 화진포행 밤 기차를 타고 가족들 품으로 돌아올 수 있었다. 다시 못

돌아오면 어쩌나 하여 겁도 먹고 눈물이 났다고 하였다. 화진포 성의 불빛, 밤하늘의 별빛, 부드럽게 찰싹이는 파도소리, 모두가 정겨웠고 따뜻한 어머니 품속 같았다.

화진포에서 다시 해주로 돌아온 다음 날이었다. 필리스가 겁에 질린 목소리로 달려왔다.

"아빠, 큰 칼 찬 사람들이 언덕으로 올라오고 있어요!"

밖을 내다보니 긴 칼을 찬 다섯 명의 경찰들이 집을 향해 오고 있었다. 셔우드는 얼른 해주 해변의 사진을 스토브에 태워 증거가 될 만한 것을 없앴다.

"세 가지 물건을 찾겠소. 20미터 이상 높이에서 해안선을 찍은 것, 영사필름, 다른 나라 정부와 관련된 메모나 노트, 당신에게 지불된 돈의 출처를 말해 주는 통장이나 은행 거래장이오."

그들은 집안을 샅샅이 뒤져서 조금이라도 의심이 되는 것을 다 찾아냈다. 매리언이 취미로 찍은 풍경 사진, 대학에서 인턴교육을 받을 때 기록한 의료 메모장, 호놀룰루 교인들이 보내준 기부금 입금통장도 압수했다. 결핵요양원 운영비에 사용하라고 교인들이 보내 준 순수한 기부금이라고 해도 하와이는 독립운동가가 많은데 그들과의 관련성을 조사한다는 것이었다. 증거가 될 만한 물건을 챙겨 떠난 자리는 회오리바람이 강타한 것 같았다. 그날 오후 사사키로부터 연락이 왔다.

"가택수사는 제가 명령한 것입니다. 곧 육군에서 가택수사를 한다고 해서 증거가 될 만한 것은 미리 찾아냈습니다. 이 문제가 지나갈 때까지 극비에 붙여 두겠습니다."

그제야 경찰이 가택수사를 하며 "우리는 당신을 도우러 왔소" 하던 말이 생각났다. 셔우드는 사사키의 우정에 가슴이 뭉클했다.

그 일이 있은 지 며칠 후에 다시 일본 육군에게 가택수사를 받았고 셔우드 부부는 재판을 받게 되었다. 두 번이나 검사에게 불려갔고 일주일이 지나자 법정에 출두하라는 호출장이 왔다. 변호사를 쓰기로 했다. 40대 후반의 정평이 난 조선인 변호사였다. 그는 정말 멋지게 변호했다.

"닥터 셔우드 홀의 부친 제임스 닥터 홀은 청일전쟁 후 일본군을 치료하다가 돌아가셨고, 어머니 닥터 로제타도 수많은 병원과 맹아학교, 농아학교를 설립하고 여자의학교를 창립한 분입니다. 매리언은 만삭임에도 추운 겨울밤 외진 산골 마을에 왕진 가서 환자를 수술하여 생명을 살

렸고, 셔우드는 결핵퇴치 의사로 이국땅에서 죽음을 각오
하며 2대에 걸쳐 수많은 생명을 살린 찾아볼 수 없는 진실
한 선교사 가정인데, 이들이 어찌 스파이가 될 수 있겠습
니까?"

박 변호사의 명변호에도 셔우드 부부는 징역 3개월이
나 1천 달러의 벌금형 중 선택하라는 억울한 언도를 받았
다. 재판이 완전한 결말을 보지 못해 셔우드는 해주를 벗
어날 수 없었다.

일본 군부는 외국인을 조직적으로 괴롭혀 그들이 한국
을 떠나도록 만드는 정책을 펴고 있었다. 11월 중순 219명
의 미국인 선교사들이 조선을 떠났다. 닥터 쿤즈를 비롯
한 선교사 몇 명이 잔인한 '물 먹이기' 고문을 당했다는
이야기가 들려왔다. 강제로 물을 위 속으로 부어 넣는 것
인데 인간이 인내할 수 있는 한계를 넘는 고문이다. 셔우
드는 선교회 대표 영국총영사 핍스와 크리스마스 씰 보급
으로 도움을 준 일본인 오다 씨와 앞으로의 거처를 상의
했다.

"군부에 의한 엉터리 표적 재판인데 더 이상 법정에서
해결할 생각은 하지 않는 게 좋겠습니다. 상소하면 사태

만 악화시킬 뿐입니다."

오다의 말에 모두 동의했고 핍스가 결론을 내렸다.

"가능한 한 빨리 벌금을 물고 조속히 출국해야 될 것 같습니다."

셔우드는 밤새 번민에 잠겼다.

'태어나고 자란 땅, 부모님의 대를 이어 50여 년 의료 선교사로 섬긴 조선! 그 눈물겨운 헌신이 이제 많은 생명을 살리는 좋은 결실로 뿌리내리는 조선을 정말 떠나야 하나?'

매리언은 가족들의 안전을 위해서도 잠시 떠나는 게 좋겠다고 했다. 그러나 오랫동안 가족같이 사랑하며 치료하던 환자들과 병원, 직원들을 두고 떠나갈 생각을 하니 몹시 괴로웠다. 깊은 생각을 하던 셔우드는 매리언의 말을 따르기로 하고 떠나기로 결단을 내렸다.

가구나 석탄, 옷, 담요까지 돈이 될 만한 물건은 모두 팔았다. 교인들은 선교사들이 떠나는 것을 너무나 안타까워하며 눈물을 흘리는 교인들이 많았다. 몇 사람이 논을 팔아 벌금 내는 것을 돕겠다고 했다. 고마웠지만 벌금은 자신들이 만들어 보겠다고 했다. 전시라 생활용품을 좋은 가격에 팔 수 있었고 모자라는 돈은 친구와 친지들에게서 빌렸다.

드디어 벌금액 1천 달러가 모였다. 검사실로 가서 자유를 찾기 위해 '몸값'을 가지고 왔다고 하자 그는 눈이 휘둥그레졌다.

"당신이 그 많은 돈을 가져오리라고는 상상을 못 했소. 오늘 아침 당신이 들어갈 감방을 청소했소. 쥐가 많아 쥐 덫을 갖다 놓고 특별히 앉아 쉴 수 있는 의자도 갖다 놓고 준비를 잘해 놓았는데 쓸모없게 됐군요. 여하튼 당신이 우리의 '특별 손님'이 되지 않아 기쁩니다."

"나도 당신들의 그런 친절을 받지 않게 되어 더욱 기쁩니다."

셔우드는 검사에게 뼈 있는 대답을 하고 얼른 돌아섰다. 집에 도착하자마자 셔우드는 매리언과 아이들을 얼싸안았다. 이제 자유를 찾았다고 하자 매리언은 떠날 짐을 싸도 좋으냐고 물었다. 셔우드는 고개를 끄덕이고 미국행 선편을 주선해 달라고 서울에 있는 친구 데이비스에게 편지를 썼다. 편지를 부치러 가려고 하는데 전보가 왔다. 놀란 가슴에 또 안 좋은 소식이 온 건 아닐까 하여 전보 봉투를 열 수가 없었다.

"아빠, 어서 읽어보세요! 영어 글씨가 써 있는 것 같아
요."

아이들이 재촉해서 봉투를 여니 뉴욕의 선교위원회에
서 온 전보였다.

"인도 아지메르(Ajmer)의 결핵담당 의사로 즉시 전근할
수 있는지 답신 요망."

가족회의를 했다. 13살 된 윌리엄과 8살인 조도 신중
하게 의견을 말했다. 평생을 선교사로 헌신하기로 했는데
조선에서 선교의 길은 닫혔지만 하나님이 새 길을 열어
주셨다 생각하고 인도에 의료선교사로 가기로 마음을 모
았다. 선교위원회와 데이비스에게 빠른 시일 내에 인도로
가는 선편을 예약해 달라고 전보를 보냈다.

셔우드는 요양원이 잘 운영되기를 간절히 기도했다.
'호진재단'이라는 요양원을 후원할 재단을 설립했다. 요
양원의 땅, 건물, 병원 등은 결핵을 치료할 수 있도록 정부
에서 책임지기로 하고 모든 행정은 도지사가 주관하는 이
사회에서 운영하기로 했다. 난관이 있었지만 좋은 관계를
유지한 도지사와 간부들의 선처로 모든 절차를 순조롭게

마칠 수 있었다.

해주에서 80킬로미터 떨어진 송도의 남감리교 학교에서 셔우드가 교장으로 있는 의창학교와 합류하고 싶다는 제안을 해 왔다. 학교를 돌아보고 와서 두 학교를 합해서 기독교 학교로 맥을 이어가도록 이사회에 의견을 보냈다.

매리언은 수소문하여 자신의 후임으로 성실한 조선인 여의사를 찾아냈다. 아름다운 '화진포의 성' 별장은 병원 직원들과 지인들의 휴양지로 쓰도록 했다.

모든 일들이 다 정리되었다. 부모님께 물려받은 소박한 가구들, 소중한 물건들을 다시 볼 수 없다는 생각을 하니 마음이 아팠다. 남아 있는 것은 이웃에게 나눠 주라 하고 간단한 생활필수품만 들고 떠나기로 했다.

공식적인 환송회는 요양원의 '로제타 교회'에서 있었다. 김영순 목사는 사태가 호전되면 꼭 다시 돌아오라고 부탁했다. 송사 끝부분에서 김 목사는 울음을 터뜨렸고 셔우드도 답사를 하며 눈물을 흘렸다.

떨어지지 않는 발을 떼어 해주를 떠나 서울로 왔다. 쓸쓸해진 서울의 거리를 둘러보고 있는데 갑자기 사복 입은 경찰관이 나타났다.

'내가 또 잡혀갈 무슨 잘못을 했나? 혹시 보안지역에 잘못 들어왔나?'

불안한 눈빛으로 경찰관을 바라보니 그는 웃으며 정중하게 인사를 했다.

"그동안 당신을 미행했었는데 당신은 누구와도 만나지 않고 규칙을 잘 지켰으므로 압수했던 영사기 필름을 돌려드리겠습니다. 나와 같이 경찰서로 가면 돌려드리겠습니다."

셔우드는 또 자신을 가두려는 함정이 아닐까 두려웠지만 그를 따라가지 않을 수 없었다. 경찰서에 도착하자 그는 친절하게 압수한 필름을 주었다.

"법정에서 당신이 풀려났을 때 육군 담당관들은 펄펄 뛰었지요. 그러나 지금은 달라요. 당신이 고국으로 돌아가지 않고 인도로 간다는 사실을 알고 생각이 달라진 것이지요. 우리 일본은 대동아 공영권을 계획하고 인도도 포함될 것입니다. 인도로 진주할 때 당신이 영접위원이 되어 다시 만나게 되고 당신한테 진료도 받을 수 있다고 생각합니다."

셔우드는 씁쓸해진 마음으로 서울을 떠났다. 부산에 도착해 보니 일본행 연락선이 떠나려면 시간이 남아 있었다. 1926년 4월 신혼부부로 부산에 도착하여 환영을 받던 벚꽃이 만발했던 공원으로 세 아이들을 데리고 갔다. 11월의 공원은 쓸쓸했다. 처음 이 공원에 왔을 때의 찬란한 아름다움은 찾아볼 수 없었다. 조와 필리스는 즐겁게 뛰어놀았으나 철이 든 윌리엄은 아빠 엄마 곁에 있었다.

셔우드와 매리언은 지나온 시간을 되돌아보았다. 자신이 태어난 '고요한 아침의 땅' 조선에서 의료선교사로서 꿈을 향해 달려온 지 24년, 파란만장했지만 언제나 감격의 연속이었다. 아버지 닥터 윌리엄 홀이 전쟁 부상병을 치료하다가 전염병에 걸려 34세의 나이에 하늘나라로 가셨지만 어머니가 닥터 로제타 선교사로 아버지가 못하신 일을 이루었다. 병든 환자를 치료하고, 맹인들과 정신병 환자들, 고아, 과부를 섬기며, 교회를 개척하고, 의과대학을 세워 다음세대의 교육을 위해 헌신한 조선이다.

자신도 아내 매리언과 해주구세병원에서 환자들을 치료하고 결핵요양원을 세우고 크리스마스 씰을 만들어 결핵 퇴치에 주력하던 일들이 주마등처럼 지나갔다. 자신이 태어나고 부모님과 여동생 엘리스와 사산된 넷째가 잠들어 있는 양화진, 그 모든 것을 뒤로 하고 조선을 떠나려 하니 가슴이 에이듯 아팠다. 눈물을 흘리던 셔우드 내외는 기도하고 마음을 가라앉혔다.

출발시간이 가까워 셔우드 부부는 아이들을 불렀다. 셔우드는 주머니에서 아름답게 수놓은 태극기를 꺼냈다. 해주에서 조선 친구들이 기념품으로 준 것이다. 태극기를 나뭇가지에 걸어 놓고 가족들은 그 주위에 모여서 "만세!"를 외쳤다.

셔우드는 주머니에서 종이 한 장을 꺼냈다. 종이에는 루이스 해스킨스(MInnie L. Haskins)의 시 '새해로 들어가는 문'이 적혀 있었다. 셔우드가 시를 선창하고 가족들은 따라 읊었다.

"나는 새해의 문을 지키고 선 사내에게 말했다 / 내게 등불을 주시오 / 그러면 내가 모르는 길도 안전하게 갈 수 있으리다 / 사내가 말했다 / 어둠 속으로 들어가시오 / 그리고 하나님 손을 잡으시오 / 등불보다 그 편이 나을 것이요 / 아는 길을 걷는 것보다 그 편이 안전하오."

작별 행사를 마치고 가족들은 배를 타고 조선을 떠났다. 어두워져 가는 바다를 바라보았다. 어머니 품속같이 푸근하고 넓고 푸른 그 바닷가, 따뜻했던 화진포의 성 불빛이 그리워졌다. 물살을 거스르며 나가는 뱃전에서 셔우드는 눈물을 흘리며 북쪽을 향해 두 손을 흔들었다.

'나의 고향, 그리운 조선이여, 안녕!'

(닥터 셔우드 홀 부부는 본국으로 돌아가지 않고 인도 아지메르에서 결핵 치료 의료선교사로 22년간 헌신하였고 사명을 다한 후 캐나다 고향 마을에서 여생을 보냈다. 1991년 셔우드는 98세로, 매리언은 95세로 하나님의 부르심을 받았다. 그들의 몸은 한 줌 재로 양화진 가족묘역에 잠들어 있다.)

화진포의 성

The Medical Missionary Story of the Doctor Hall Family

지은이 황연옥
펴낸곳 주식회사 홍성사
펴낸이 정애주

국효숙 김의연 김준표 박혜란 손상범
송민규 오민택 임영주 차길환

2023. 9. 18. 초판 1쇄 인쇄   2023. 9. 27. 초판 1쇄 발행

등록번호 제1-499호 1977. 8. 1
주소 (04084) 서울시 마포구 양화진4길 3   전화 02) 333-5161   팩스 02) 333-5165
홈페이지 hongsungsa.com   이메일 hsbooks@hongsungsa.com   페이스북 facebook.com/hongsungsa
양화진책방 02) 333-5161

ISBN 978-89-365-0389-5 (03230)